CW01429781

Hans Fallada
Lilly und ihr Sklave

a aufbau

Erste Seite der bisher unbekannten Erzählung
»Lilly und ihr Sklave« aus der Gerichtsakte von 1926.

Hans Fallada

Lilly und ihr Sklave

Erzählungen

Herausgegeben
von Johanna Preuß-Wössner
und Peter Walther

aufbau

Die Texte in diesem Band werden erstmals bzw. erstmals in dieser
Textgestalt veröffentlicht (s. Editorische Notiz):

Lilly und ihr Sklave
Der Apparat der Liebe
Die große Liebe
Pogg, der Feigling
Robinson im Gefängnis
Wer kann da Richter sein?

Für die genannten Texte gilt nach §§ 70, 71 UrhG
© Aufbau Verlag GmbH & Co. KG, Berlin 2021

Mit 10 Abbildungen
(zu den Rechten vgl. S. 268 f.)

MIX
Papier aus verantwor-
tungsvollen Quellen
FSC
www.fsc.org   FSC® C083411

ISBN 978-3-351-03882-3

Aufbau ist eine Marke der Aufbau Verlage GmbH & Co. KG

2. Auflage 2021
© Aufbau Verlage GmbH & Co. KG, Berlin 2021
Einbandgestaltung U1berlin, Patrizia Di Stefano
Satz und Reproduktion LVD GmbH, Berlin
Druck und Binden CPI books GmbH, Leck, Germany
Printed in Germany

www.aufbau-verlag.de

Inhalt

Anhang

Lilly und ihr Sklave

Sybil Margoniner ist am Kurfürstendamm geboren, am Kurfürstendamm aufgewachsen und blieb, hatte sie schon später eine eigene Villa in einem westlichen Vorort, stets Kurfürstendamm.

Einziges Kind reicher Eltern, sah sie früh schon ihren Willen als maßgebend anerkannt, drang sie einmal nicht durch, befielen sie Kopfschmerz und Übelsein, und der ängstliche Vater mehr noch als die Mutter war froh, sein Lillyherze wieder lächeln zu sehen, um welchen Preis immer. Sie verachtete, die sie liebten, da sie stets Mittel fand, jene Liebe umzubiegen zum eigenen Vorteil. Glücklich war sie ganz, wenn sie ihr Ich herrschend, als Mittelpunkt der Welt fühlte, dies Ziel zu erreichen, fand sie Kranksein und Launen als leichtesten Weg. Ihre Zärtlichkeiten, ihre guten Worte hatten selten zu sein, ihre Stärke war, durch Schwäche zu herrschen.

Die Bonne, die Dienstmädchen, die Köchin, selbst der Hausmann, der die Kohlen zutrug, waren Wesen, über die sie Glück und Unglück nach Belieben verhängen konnte, eine Anzeige beim Vater über einen Schatz oder einen fortgetragenen Kalbsbratenrest entschied. Fest überzeugt war sie, dies seien mindere Menschen, zum Dienen geboren, ohne Eigenwillen und ohne Aussicht auf Glück. Saß sie mit der Mutter auf der Frauenseite der Synagoge und hörte die Thora verlesen, so lief ein stolzer Schauder über ihren Rücken, wenn sie jener dachte, die hierher nicht kommen durften.

Ihren ersten schweren Kampf bestand sie in der teuren Privatschule der Kurfürstenstraße, in die sie spät erst geschickt wurde. Vierzehn Mädchen, viele hübscher als sie, manche klüger. Dass sie nicht sofort als Erste gesetzt wurde, dass sie nach dem Willen der Lehrerin Fragen beantworten sollte, war ihr unfasslich. In den ersten Stunden verweigerte sie jede Antwort, sah sich bald als Letzte und von den Kameradinnen verhöhnt. Plötzlich wusste sie alles, glänzte mit Fleiß und Kenntnissen und erklärte stolz den überraschten Mädchen, ihr Stummsein sei nur Trick gewesen, die Lehrerin aasig zu ärgern. Sie erntete Beifall, in der nächsten französischen Stunde bei der verhassten Vroonth schwieg verabredet jede, und alle Vorstellungen vermochten weiter nichts, als ein Schluchzen hinter Taschentüchern laut werden zu lassen.

Die Lehrerin ahnte ein Komplott, sie ermahnte die Bravsten, die Rudelsführerin zu nennen, sicherte allen Straflosigkeit zu, die Klasse schwieg. Einzeln bei Seite genommen, erklärten sie unter Tränen, schweigen zu müssen, außer der einen, Sybil Margoniner, die, als ihr Verschwiegenheit versprochen war, Irmgard Fischer als Führerin angab. Die Lehrerin hielt ihr Wort, doch bald darauf ward Sybil Margoniner Erste, Irmgard unter die Letzten gedrängt.

Von diesem Tag an arbeitete Lilly genügend, sich auf ihrer Höhe zu halten, machte sich durch kleine Angebereien bei den Lehrerinnen, durch Geschenke von Süßigkeiten und Obst, auch durch Herleihen ihrer Thèmes bei den Mädchen beliebt. Sie bildete eine Gefolgschaft um sich, die zahlreicher und besser gekleidet war als die Anhängerschaft Irmgards. Kleine Plänkeleien zwischen beiden Parteien entschieden sich meistens zu Gunsten Lillys, die schlagfertiger und unbedenklicher in der Wahl ihrer Mittel war. Kam es auch noch nicht zu größeren Feindseligkeiten, so war Lilly doch stark um ihre Macht besorgt. Ihr Gesicht, breit über Schläfen und Wangenknochen, nach unten spitz zulaufend, das

Gesicht eines Füchsleins, war nachdenkend, lauernd, voller Gier, einen endgiltigen Sieg zu erringen. Ihr gelang, die Klasse zu schrankenloser Anschwärmung des Geschichtslehrers Wunderlich zu bekehren. Als eines Tages alles in Hemdbluse mit Stehkragen und Schlips zu seiner Glorie auftrat, war ihre Vorherrschaft entschieden.

Nur, dass die Vierzehnjährige wusste, ihr Sieg sei faul und ohne Dauer, da läppisch. Nicht umsonst hatte sie mancherlei Gespräch und Witzwort in der häuslichen Küche aufgefangen, auch in das Geheimnis ihrer Gouvernante hatte sie sich eingezwungen, als sie, beim Spazierengehen vorausgeschickt, doch hinter einem Busch versteckt, deren atemlose Küsse mit einem »Stiefbruder« beobachtet hatte. Lilly wusste mancherlei. Ging sie mittags nach Haus von der Schule, zog sie den weiten Weg durch die Tauentzien dem näheren durch die Kurfürstenstraße vor. Ihre Augen musterten die Pärchen, die sich dort elegant ergingen, zwanglos zusammenfanden; die Damen, die für den Anruf die Wendungen »Nun, Schatz?« oder »Na, Kleiner?« vorzogen, schienen ihr abgründig interessant. Auch hatte sie unter den Primanern von Teichmanns Presse in der Nürnberger Straße sich längst einen erwählt, der an Eleganz Wunderlich weit überlegen war, nur die Achtlosigkeit des Jünglings hatte eine Aufnahme der Beziehungen bisher verhindert.

Günstig traf es sich, dass zu dieser Zeit ein Vetter, Student der Juristerei im ersten Semester, häufiger Gast ihres Elternhauses wurde. Der Jüngling, der die Lilly nicht für voll nahm, achtete es doch nicht als Raub, in kleinen Geldverlegenheiten bei ihr seine Zuflucht zu nehmen. Sie half ihm gegen Geständnisse, die sie, ins Einzelne dringend, ihm abfragte, ließ sich auch Bilder des totschicken Verhältnisses zeigen, dezent bekleidete, doch einmal auch ein ausgezogenes, das sie Alex zurückzugeben sich weigerte, nun stets eine Waffe, ihn gefügig zu machen, in der Hand.

Im Sommer saß sie oft träumend, sah sich schön, leidenschaftlich, von allen Männern umschwärmt, über alle Männer herrschend, und, plötzlich die Tür verschließend, ihre Kleider abstreifend, verglich sie im Spiegel ihren Leib mit dem der andern, sehnte die Stunde seiner Reise herbei, übte ein Lächeln, eine gezierte Bewegung des Beins, den berauschenden Blick. Ihre Sinnlichkeit sog aus Bildern, Büchern, der schmeichelnden oder prickelnden Glätte und Rauheit der Stoffe, den süßen oder bitteren Würzungen der Speise, aus Worten, Andeutungen, Träumen stets neue Nahrung, ihre ungelenke Stimme bog sie zurecht an den Worten der Dichter, ihrer launenhafte Schwäche suchte sie das Kapriziöse von Romanheldinnen zu geben. Die schleichenden Tage solch namenloser Erwartungen waren ihr verhasst, erst so weit sein, dass man kein Kind mehr war, dass die Männer ihr nachsahen, war all ihr Wunsch.

Inzwischen stürzte sich Wunderlich selbst von dem Altar, auf den ihn die Verehrung seiner Schülerinnen gestellt. In einer Geschichtsstunde wurde die Aufmerksamkeit der Klasse von der Gestalt Albrechts des Bären auf seinen Schlips gelenkt, der sich unter den Bewegungen des Vortragenden langsam vom Kragenkontakte löste. Atemlos belauerten fünfzehn Mädchen dies Ereignis. Erschauernd nahm eine bestürzte Gemeinde wahr, welchen Abergötzen sie verehrt, als das kunstvolle Seidengeschlinge sich als überzogenes Pappdings erwies, mit einem Gummistrippchen über den Kragenknopf gehängt.

In der Pause tobten die Seelen. Die Partei Irmgard, unter missgünstigen Bemerkungen über die Begründerin dieses Kultus, war dafür, dem Schuldigen in nächster Stunde einen Seidenbinder auf das Pult zu legen. Lillys eigene Partei schwenkte der Feindin zu. Sie sah ihre Macht bedroht. Verächtlich erklärte sie den ganzen Wunderlichkultus für längst überholt und albern, in ihrem Alter schwärme man nicht mehr allgemein und ins Blaue, sondern schaffe sich eine Poussage an, was bei der bequemen Lage des Teichmann'schen Instituts nicht schwerfallen könne.

Sie sah Bestürzung, Zögern, Zweifel in den Gesichtern der Treuesten. Ob sie etwa zu feig seien dafür? Mama oder gar Wunderlich müsse wohl erst um Erlaubnis gefragt werden? Sie jedenfalls, sie wisse ihren Weg. Was den Wunderlichkram anlange, so sei einzig mögliche Strafe, in nächster Stunde ein letztes Mal noch in Hemdbluse zu erscheinen und mit scharfem Blick auf den lehrerlichen Schlips am eigenen zu nesteln. Erst hier und dort, dann aber, wenn er unruhig geworden, allgemein.

Dieser Vorschlag rettete Lilly, mehr noch, wurde mit solchem Jubel aufgenommen, dass sie die feindliche Führerin von allen Anhängerinnen verlassen sah. Einen letzten Versuch noch machte Irmgard, die Feindin zu schlagen, indem sie höhnisch fragte, wo denn sie ihren gepriesenen Mut bisher bewiesen? Nie noch habe man sie in Herrenbegleitung auf der Tauentzien eingehäkelt gesehen.

Eingehäkelt sei unfrei, erklärte Lilly überlegen, im Übrigen möge Irmgard nur die Augen öffnen. Wenn es ihr gefällig sei, wolle sie heute Nachmittag um vier sich dort nicht nur mit einem Herrn ergehen, sondern sogar ein Café besuchen.

Dies entschied. Sicher war, dass an diesem Nachmittage die ganze Klasse Patrouille gehen würde und dass Lilly, erfüllte sie die Erwartungen, die sie erregt, unbestrittene Führerin für immer sein werde.

Sie war es. Der telefonisch unter schwersten Drohungen herbeigerufene Vetter konnte den erbetenen Dienst nicht verweigern und wurde später allgemein als vollwertiger und schicker Kavalier anerkannt. Nebeneinander, in eifriger und zärtlicher, schien es, Unterhaltung gingen die beiden einige Male über den Strich, häufig grüßend und gegrüßt von stets neu ihnen begegnenden jungen Damen, deren Gesichter vor Ehrfurcht starr waren. Schließlich verschwanden die beiden in einem Café.

Hier nun trug Lilly ihrem Vetter Alex ihren neuesten Wunsch vor, sie einmal mit seinem Verhältnis in solchem Café zusammenzubringen. Seinen Weigerungen begegnete sie mit Drohungen, seiner Bitte um Begründung mit dem einfachen: »Ich will es nun einmal. Und dich kostet es ja nichts.« Seinem schließlichen Geständnis, das Verhältnis Emma sei wenig gebildet und in hiesiger Gegend wegen Bekanntengefahr nicht recht zu präsentieren, da kurz und gut ein Mädchen der Straße, setzte sie entgegen, dass ihr an einem Treffen hier wenig gelegen sei, auch der Bildung halber wünsche sie nicht gerade die Zusammenkunft. Alex ließ alles im Ungewissen, musste mit Emma erst sprechen, während Lilly sich, schon viel weiter, in der Hinterstube dieses kleinen Cafés umsah, die zerdrückten fleckigen Samtsofas betrachtete, das stumme, gerötete Zusammenhocken eines bürgerlichen Liebenspaares begutachtete – und plötzlich ein Kino als Abschluss dieses Nachmittags bestimmte.

Lächerlich war es schlechterdings, jetzt noch in die Schule zu gehen, artig auf Fragen zu antworten, Arbeiten anzufertigen und moralische Gedichte zu erlernen. Kaum noch zu bändigen war die Klasse, nachdem es ihr gelungen, den Doktor Wunderlich so in Verwirrung zu bringen, dass er den Unterricht abbrechen und sich erst im Spiegel auf der Toilette vom Zustand seiner Kleidung überzeugen musste. In Zukunft genügte das bedeutungsvolle Räuspern einer Schülerin mit Griff an den Hals, um den schönsten Schwung geschichtlicher Darstellung zu knicken und Lächeln an Stelle frommer Andacht zu setzen.

Als ein Misserfolg zwar erwies sich die Zusammenkunft mit Emma. Diese augenblicks sehr übelgelaunte Dame hatte weder Respekt vor Alex noch vor Lilly, erklärte sogar mehrfach entschieden, sie lasse sich von so eim noch lange nicht imponieren, und wurde erst versöhnlicher, als auf ihre Anregung Lilly ihr das goldene Geldtäschchen, das Margoniner erst vor kurzem der Tochter geschenkt, vorschob. Nun milder gestimmt, erging sie sich in Verwünschungen der jungen Schnösels von Ärzten, die ihr ewig den Wassermann machten, wofür sie jedes Mal auch noch acht Mark erlegen müsse, was doch offenbar Nepp sei. Als so die Unterhaltung für Lilly interessant wurde, musste sie erfahren, dass Emma leider etwas auf Anstand gab, denn nun wurde Alex abgekanzelt, dass er so ein Küken in solche Gesellschaft bringe, wo sie doch am besten wisse, wer sie sei. Und überhaupt, zum Bekucktwerden wie ein Affe im Zoo sei sie sich doch zu gut und die beiden möchten sich scheren.

Sie taten es etwas fluchtartig, belächelt von den übrigen Gästen, bei deren einem Emma noch in Anwesenheit des Verwandtenpaars Platz nahm. Stumm entwichen die beiden, aber kaum draußen, war Alex an allem schuld. Er hatte ein unmögliches Lokal gewählt, er war kein Kavalier, sonst hätte er jene acht Mark stillschweigend erlegt, er hätte unbedingt die Fortgabe des Goldtäschchens verhindern müssen. Seine Gegenreden verhallten ungehört, Lillys Stimme war scharf und schneidend, ihre Drohungen ganz unverhüllt, noch ihr Abschiedsblick versprach manches.

Doch in der milderen Stimmung der kommenden Wochen vergaß Lilly ihren Zorn. Jener lang beäugelte Gymnasiast, Primaner bei Teichmann, hatte sie entdeckt, seine orangenfarbene Mütze zog er zu winkligem Gruße vor Lilly. Sie dankte, hold erschreckt, sich erraten zu sehen, und dankte doch nur flüchtig, obenhin, wie einer Bekanntschaft, deren man sich im Augenblick nicht recht erinnert. Heimgehend, einen Tag später, konstatierte sie mit Wally Lichner, ihrer erwählten Freundin, dass der Primaner süß frech sei. Hinter ihnen gehend, führte er mit einem Freund vernehmliche Unterhaltung über die Zöpfe der beiden und gab dem trockenen glänzenden Schwarz Lillys schwärmerischen Vorzug. Für die Schleife in diesem Haar gebe er den ganzen Sommer.

Zu mehrerem kam es dieses Mal noch nicht, doch blieb am nächsten Mittag Lilly tollkühn mit Wally vor einem Bilderladen stehen und fragte sie, ob sie nicht wisse, von wem jenes herrliche Bild »Sweet home« sei. Noch ehe Wally auf den nicht undeutlichen Schriftdruck unter diesem Titel hinweisen konnte, bemerkte es hinter ihnen, dass der Maler Miller heiße, Algernon Miller. Die Bekanntschaft war gemacht, der Weg bis zur Ecke der Joachimsthaler Straße wurde gemeinsam zurückgelegt. Doch zeigte es sich, dass die Unterhaltung nur schwer in Fluss zu bringen war, Lilly war spitzig und kurz, Wally stumm, und das Weltmännische der beiden Herren verlor sich in der Nähe. Die Tatsache, dass der kürzesten Bemerkung über Wetter und Kino ein »Gnädiges Fräulein« angefügt wurde, genügte den Damen nicht ganz. Umso imponierender war wieder der Abschied, bei dem die Hacken zusammengeschlagen, der Rumpf gemessen und kurz vorgebeugt wurde, während die Mütze orangefarben und senkrecht vor den männlichen Brüsten stand.

Noch hoffte Lilly, umso mehr, als sie in ihrer Manteltasche ein Billetchen fand, das an die dunkelhaarige Unbekannte gerichtet war, von den Verheerungen durch schwarze Augensterne berichtete (Lillys Augen waren braun) und zum Schlusse in Prosa um ein Stelldichein bat. Der Verfasser hieß Hermann Treu. Lilly entschied, er müsse zappeln, zu viel Entgegenkommen schon war jene Frage am Bilderladen gewesen. Sie sah auf die Uhr, als die Treffzeit gekommen, und freute sich mehr im Ausmalen seines hoffenden, dann ungeduldigen, dann verzweifelnden Wartens, als wenn sie gegangen.

Kaum sahen sie sich am nächsten Tage, schien es besser zu zweien zu gehen, Wally und der dickliche Freund zogen voran, Lilly und Hermann folgten. Seinen Vorwürfen lauschte sie verständnislos, sie hatte kein Billet gefunden. Aufgefordert, in ihre Tasche zu greifen, fand sie's und erklärte nach flüchtigem Überfliegen, sie ginge nie mit einem Herren ins Café. Doch ließ sie's als möglich erscheinen, vielleicht am Nachmittag in den Tiergarten bei der Reitbahn zu kommen, kam auch, doch nur, um zu sagen, dass sie heute keine Zeit habe, da ihre Gouvernante um die Ecke warte.

Bestellte Treu für morgen, kam morgen nicht, aber am nächsten Tage war sie da. Sie gingen nebeneinander, hatten wenig zu reden, und ahnungsvoll schaudernd fragte sich Lilly, wann sie es wohl tun. Diesmal noch nicht, doch kam ein Handkuss zustande, der, überstürzt aus Furcht vor Fremder Blick gegeben, von einer Prinzessin empfangen, die Atmosphäre stark abkühlte.

Das nächste Treffen fand in Dunkelheit statt. Es regnete, unter *einem* Schirm gingen die beiden. Treu war fieberhaft lustig, redete von allem, was ihm in den Kopf kam, entwickelte Pläne. Plötzlich schlug er eine Wette vor, sie könnten unter dem Schirm, die Gesichter gegeneinander gekehrt, nicht eines des anderen Auge erkennen. Herzklopfend bestritt dies Lilly.

Sie näherten einander die Gesichter. Wie es mit den Augen stand, konnte Lilly nicht entscheiden, da sie die ihren krampfhaft geschlossen hielt vor der sich nähernden Gefahr. Plötzlich fühlte sie ihre Nase von etwas Feuchtem, Weichem gestreift, als habe sie ein Hund geleckt. Zurückprallend und wütend bemerkte sie: »Sie wollen mich überhaupt nur küssen. Denken Sie, das merke ich nicht.« Eine Äußerung, auf die von der anderen Seite nur verlegenes Lachen folgte.

Der Heimweg war wortlos und trist, die Bitte um ein Wiedersehen beantwortete Lilly kühl mit: »Ich glaube kaum.« Auf ihrem Zimmer überdachte sie das Geschehen und fand, dass ihr Kavalier unmöglich gewesen war. Wollte man schon küssen, sah man, dass man die richtige Stelle traf, ein Verhältnis, das mit solchem Fehlgriff begonnen, konnte sich nie gedeihlich entwickeln. Glaubte er, sie sei gut genug, Versuche mit ihr anzustellen? Sie erwiderte seinen Gruß nicht mehr.

Dies wurde ihr umso leichter, als die Tanzstunden begannen. Das weiße Kleid, die seidenen Strümpfe, die Lackschuhe hierfür anzuziehen, die kühle Luft um die bloßen Arme, im Ausschnitt zu fühlen war schon Genuss. Die schwarze Abendkleidung der Herren, das Flüstern untereinander, die Musik, dann das Entschweben regten auf wie Wein. So viele Gesichter! Wahl unter ihnen war schwer, den Begehrtesten sich zu erringen selbstverständlich. Sie verliebte sich um diese Zeit in das Wort languide, sie war schmachtend, schmelzend, wie hingegeben, ihr Augenaufschlag langsam und betont, ihr Blick schwer von vielem Wissen. Während die andern schwatzten und alberten, schwieg sie, sich keine Blöße zu geben, doch ihr Schweigen war voller Hinterhalt und voll Verächtlichkeit für diese viel zu Lauten.

Sie sah sich beachtet, geehrt. Einen Tanz von ihr zu erhalten war Gunst. Der Schickste von allen, Werner Meyer, zeichnete sie aus. Unter dem Tanzen flüsterte er ihr Worte zu, die niemand hören durfte, halb laut, wie toll. Sie hielt sich näher an ihn und schwieg, irgendwie vage lächelnd, als habe sie nichts gehört. Er tanzte weiter mit ihr, aus dem erleuchteten Raum in ein anderes Zimmer, in dem kein Licht war. Er zog sie an sich. Er stieß sie zurück. »Sie machen mich toll, Lilly!«, flüsterte er. Sie trat nahe an ihn, streifte ihn, ihre Hand spielte mit seinen Fingern. Er riss sie fort: »Komm mir nicht nahe! Deine Brust macht mich verrückt.« Sie lachte auf, ließ ihn stehen, ging zu den andern.

Hinterher verstand sie nichts und wusste doch, so hatte man zu sein, wenn man herrschen wollte. Sie erinnerte sich seiner gestammelten Worte, seiner abgerissenen Ausrufe, sie meine wieder den Glanz seiner Augen zu sehen. Hinter dem bekannten Gesicht war ein anderes hervorgekrochen, ein wildes Urzeitgesicht, unbezähmt, gierig. Und sie hatte es gerufen. Ihr Leib, nur das ganz sachte Streifen ihrer Brust an seinem Arm hatten's getan. Sie hätte wieder die Wärme seiner Hand, die Nähe beim Tanz spüren mögen.

Beim nächsten Male bat er um Entschuldigung. Sie verachtete ihn darum. Sie hätte ihn wieder so sehen mögen wie damals, und nun war er verlegen gerötet, bettelte mit niedergeschlagenen Augen. Sie verweigerte ihm Tanz um Tanz, sie sah ihn an den Wänden herumhängen, sein Blick drehte sich kreisend im Saal, wie sie tanzend kreiste. Sie zog andere vor, sie beachtete ihn nicht mehr. Es gab Briefchen, Verabredungen, hinter einer Efeuwand auf dem Balkon bog einer zuerst ihren Kopf in den Nacken und versengte ihre Lippen mit Küssen. Sie hielt den Mund geschlossen, sie erblühte nicht unter dem Verlangen des andern, in ihr atmete es ruhig wie Meer, sie war kühl. Sie lachte über jenen, der hinterher zarte Worte flüsterte, Treueschwüre tauschen wollte, sie tanzte mit dem Nächsten.

Dies alles war nichts wie Vorschule, das Große lag dahinter, vorderhand genügte es ihr, zu glänzen, zu herrschen, sich zu fühlen und ihre Macht. Sich küssen lassen und weitergehen, kaum den Namen wissen dessen, der es war, weitertanzen. Recht war's ihr, als sie ein Gespräch zweier Jünglinge belauschte, deren einer dem andern erzählte, wie er sie geküsst, wie sie ihn wild gemacht. Der Hörer – Meyer – verlangte Details. Sie wurden gegeben, doch die Lauscherin errötete nicht. Nur eine Gier war in ihr, zu wissen, die eigenen Wirkungen zu erfahren, die Macht kennen zu lernen, um sie besser noch zu gebrauchen.

Ein großer Ball gab den Abschluss. Es wurde wild getanzt, auch Lilly war wild. Der Sekt sang in ihrem Blut, ihr Mund war halb geöffnet, ihre Augen strahlten. Sie hätte tanzen mögen, ohne aufzuhören. Kaum hielt sie ein, am Buffet zwei, drei Gläser Sekt zu trinken. Ein Herr sagte ihr etwas, sie lachte laut auf, wirbelte schon wieder mit jemand los und hörte hinter sich noch die Worte: »Die Kleine hat einen Schwips.« Sie sah auf. Ihr Tänzer war Meyer. Er war blass und ruhig, ihr wild drängendes Tempo regelte er gelassen. Durch alle Zimmer tanzten sie, und plötzlich fühlte sie sich allein mit ihm, plötzlich von ihm umfasst, an seine Brust gerissen, plötzlich wild geküsst. Einen Augenblick überfiel sie Schwindel. Die Lust kam ihr, den Arm um seinen Nacken zu legen, wiederzuküssen, dem Eindringen des fremden Jungen zu begegnen. Doch es verflog, Wut überkam sie, sie riss sich los, sie schlug nach ihm, ein-, zweimal in sein Gesicht: »Feigling!«, rief sie. »Feigling!«

Und war schon wieder im Saal. Das Fest flog weiter, sang höher in ihrem Blut, das der Rausch, da zu sein, sich selbst zu fühlen, entzündete. Drehen, drehen und dann schrittweise vorwärtsdrängen, schrittweise zurückgedrängt werden von einem andern Leib, dessen Spannung sie spürte, gleichviel welchem, sich tanzen lassen auf dem Strudel, eine schimmernde Schaumbluse, und sich schöner werden spüren, jede Sekunde, die Lippen schwellend von Blut, die Brust gestrafft – das war Lust. Und in den Pausen sachte dann sitzen, kaum redend, lauschend kaum, verloren lächelnd, indes die Melodie fortsingt in ihr, sanft weiterklingend, und sich plötzlich vorbeugen gegen den plaudernden Herrn, dass das Kleid im Ausschnitt sich weitet, den Blick sehen und nicht sehen, das plötzliche Stocken der Worte fühlen, oder nur den Arm heben, am Haar zu nesteln, um durch den Schatten in der Achsel den andern toll zu machen – das war Lust.

Endlose Nacht, die immer schneller kreist! Um die Kronleuchter hängt strahlender Nebel, stäubt in den Saal, flimmert auf dem Parkett. Die schmückenden Blumen duften nach Schlaf oder Tod. Ein Tanz noch! Und noch einer! Es gibt keine Müdigkeit, es singt in ihr vom Fliegen, so fliegt sie, es ist alle Leichtheit der Welt, es ist wie das andauernde gläserne Klirren der Heuschrecken im Sommer, es ist Erfüllung viel mehr als jenes Stehen draußen in einer Nacht, die schon grau wird, und sich küssen lassen. Mit wie vielen stand sie schon hier? Heute, gestern, immer, ewig?

Dieser führt sie in ein dunkles Zimmer, nebeneinander auf dem Diwan, nah in seiner Wärme, hört sie sein Flüstern, spürt den Arm um sich, die Hand über der Brust, die süße Feuchtigkeit der schluckenden Küsse. Sie fühlt sich zurückgelehnt, hingleitend, ihr Kopf ist so müde. Plötzlich summt alles in ihm, die Welt, Leben und Sein sind ein Fall, der tosend durch ihn stürzt ... Nein, nein, es ist nur die Wasserleitung, hier nahebei, man hat sie nicht abgestellt, sie läuft, läuft ... Plötzlich bäumt es sich in ihr auf, alles ist schwarz, sie will aufspringen, schreien, sie flüstert tief innen: »Nein ... nein ... nein ... nicht doch ...« Und tausend Hände halten sie, tausend Krämpfe in ihrer Kehle, tausend Schmerzen in ihrem Leib ... Und nun *ein* Schmerz nur, schneidend, messerscharf, und Schwärze, immer schnellere Schwärze, immer tiefere Schwärze, sie fällt, sie fällt ...

Es ist Licht um sie, ihr trübes Auge sieht fragend in so viele Gesichter. Sie liegt auf einer Chaiselongue, mit einer Decke zugedeckt. Die Mutter schilt: »Natürlich auf mich hört man nicht. Das unsinnige Tanzen ... Ist dir besser jetzt, Lilly?« Sie nickt langsam, sie kommt von weit her, aus einer Dunkelheit. Sie spürt's, als sei sie nur freigelassen zeitlich aus ihr, sie fühlt sie hinter sich stehen, nein, drinnen, hier, zu einem Kern geschrumpft, der sich wieder ausdehnen kann und sie ganz einholen.

»Können wir nach Haus fahren?«, fragt die Mutter. Lilly nickt wieder. Die andern verabschieden sich, sagen bedauernde Worte, ein lachender Zuruf – und sie sucht in diesen Gesichtern, trübe, langsam, aus einem bösen Traum heraus, welches es gewesen sein könnte, das sie in diesem Traum geängstet. Sie erkennt es nicht, sie errät es nicht.

Alles war wohl Traum. Und doch, in dem kurzen Augenblick, da sie allein, hebt sie – plötzlich ganz wach – die Decke, späht an sich hin, knöpft schon, ordnet, streicht zurecht, legt den Kopf zurück, und nun erst kommt das Weinen, wild, stoßweise, nicht mehr zu hemmen.

Lilly ist krank, ihre Laune finster. Sie jagt das Haus um sich, sie quält die Eltern, sie will keinen Arzt. Nun hat sie Kopfschmerzen, jetzt flieht sie der Schlaf, und kommt er, kommt er mit Träumen, so voller Ekel, so voller Hässlichkeit, dass sie von Übelsein gepeinigt erwacht. Was am meisten peinigt, ist der gedemütigte Stolz. Ihn rächt sie an allen, die ihr nahen. Sie müssen tiefer noch fallen, viel tiefer noch als sie. Kein Spott zu scharf, keine Zurückweisung Zärtlicher brüsk genug. Sie, Sie, Sie, Sie – Lilly Sybil Margoniner, die herrschen wollte, ist zu einem Werkzeug gemacht worden, zu einem dummen, rohen Instrument wie die Nächstschlechteste! Sie, die herrschen wollte, hat dienen müssen dem niedersten Trieb.

Sie träumt, sie träumt wachend von ihrer Rache. Sie ist reich, sie ist gefeiert, sie ist angebetet, sie ist betörend schön. Um ein Lächeln von ihr töten sich die Männer, um ein Wort von ihr lassen sie Weib und Haus, Geld und Ansehen. Sie nimmt alles, sie gibt nichts. Sie lässt sie stehen, und wimmern sie um Gnade, um ein gutes Wort nur, sie lässt sie doch stehen. Eine Frau kommt zu ihr, sie erniedrigt sich so tief, für ihren Mann zu flehen, er möge erhört werden ein einziges Mal, dass er doch wieder leben könne. Sie verspricht es, und lachend bricht sie Versprechen und Treue und lässt ihn verkommen. Sie schickt die Männer in Wüsten, Gefahren, Gefängnisse – sie lächelt. Sie thront kalt über ihnen allen, sie ist ein hohes Marmorbild, sie ist ohne Gnade.

Sie träumt … und weiß doch, die äußerste Erniedrigung

steht noch bevor. Sie muss sich aufraffen, sie muss zu jenem Arzt, den sie fürchtet. Er ist alt, klein, mit klugen Augen, er hat das Kind schon nicht geliebt, sie weiß es. Aber er ist der Einzige, in dessen Hand sie sich zu geben wagt, der schweigen wird, der dies nicht als Waffe gegen sie gebraucht. Zweimal geht sie und schweigt davon. Sie möchte es ihn erraten lassen, sie möchte ihn das erste Wort sprechen lassen. Es schmerzt unerträglich, bis zur Bitte sinken zu müssen, bis zur Bettelei.

Muss es doch. Muss vor seinem Nein und wieder Nein sich so tief demütigen. Siehe doch, sie lässt sich ganz herab, sie liegt auf dem Teppich, sie fleht. In ihr ist die fliegende Angst vor den andern, den Freundinnen, den Männern. Wenn sie dies von ihr erfahren, wird sie nie die sein können, die im Leben zu herrschen sich versprach. Es muss fort, es muss vertuscht werden. Ist dieser denn kein Mann, dass ihn nichts rührt? Sie spielt sich hin vor ihn, sie droht, sie fleht, er schickt sie fort mit seinem Nein.

Welch Heimgang! Welche Nacht! Sie denkt an Sterben, sie hat ihm mit Sterben gedroht, sie weiß, wo der Revolver des Vaters liegt. Wenn sie einmal schösse, sich leicht verletzte, ob er es dann täte? Ach, sie kennt diesen kleinen Menschenverächter zu gut, er kennt sie zu gut! Er lässt sich nicht zwingen. Er durchschaute sie gleich. Besser schon, noch einmal zu ihm zu gehen, noch einmal zu betteln, noch einmal zu flehen.

Und am frühen Morgen schon ist sie da. Sie wartet, dass das Haus aufgeschlossen wird, sie zittert, als sie die Klingel drückt. Sein kluges, spitzes Gesicht lugt schon über Büchern und Papieren nach ihr aus. Er ist so munter, er fragt sie bodenlos spöttisch: »Nun, noch nicht tot, Lilly?«, dass sie spürt, die Szene von gestern ist unmöglich. Plötzlich fühlt sie, sie kann auch schlicht sein, ganz einfach und wahr. Sie erzählt von ihrer Nacht, vom Plane, sich zu verwunden, von dem, was sie abhielt. Er nickt: »Sehr vernünftig, Lilly. Das erste vernünftige Wort, was ich von dir höre.« Und nun sieht sie schon ihren Weg, sie spricht ein erstes Mal nicht von sich, sie spricht von ihren Eltern. Sie erzählt, wie es geschah. Sie erspart sich nichts, sie ist voll schöner Reue.

Er nickt, dann sagt er: »Dieses eine Mal, Lilly. Merke es dir. Dieses eine Mal. Nie wieder. Was auch geschehe, nie wieder.« Und dann tat er es.

Sie kommt heim. Jener dort hinten, dieser Arzt, dieser Pädagoge dachte wohl, sie zu bessern, da er sie leiden ließ, ihr Angst vor dem Flatterspiel des Leichtsinns einzuflößen, da er ihr die Folgen schwer machte. Sie, die dort in ihrem Zimmer liegt, weiß nur, auch dies, was sie jetzt gelitten, wird sie den andern zurechnen, ihre Rache wird übergroß werden. Sie ist strahlend gewesen und verführerisch, als sie von diesem allen noch nichts wusste, wie sehr erst wird sie strahlen können und verführerisch sein, da dies hinter ihr liegt, tief innen von ihr gewusst wird. Ach, sie wird nicht mehr leichtsinnig sein, sie war es nie, aber wie ganz anders wird sie die Männer jetzt zum Leichtsinn verlocken!

Und nach allem diesen – eines Tages geht sie wieder zur Schule. Was ist sie? Ein Schulmädel, siebzehnjährig, kaum. Aber in der Bank, zwischen den andern, den Schwätzerinnen, den Leichtsinnigen, fühlt sie den ungeheuren Vorsprung, den sie vor ihnen allen, den sie vor jedem jungen Mädchen hat. Alle Vorteile dieser sichern ihr noch Alter und Stellung, alle Vorteile der Frauen die erlittene Wissenschaft. Sie kann scherzen mit den andern, plötzlich sind wieder die kleinen Poussagen wichtig, mit Wally und ein oder der andern flüstert sie im Dämmern ihres Mädchenzimmers über Gehörtes, Witze werden erzählt … *Sie* ahnt nicht bloß dunkel, sie weiß das Große Drohende, das dahintersteht, sie weiß es.

Nun, bei Tennispartien, Ruderfahrten, Segeleien, immer mit jungen Männern zusammen, sieht sie vorsichtiger um sich, überschaut die Welt und prüft sparsam ihre Kraft. Küsse –

o wohl, dann und wann, eine Ermunterung, eine Ermahnung zum Ausharren, ein Fieber, in fremdes Blut filtriert. Aber viel schwerer ist es, die Erste im gemeinsamen Gespräch zu werden, jene, für die allein alle Männer sprechen, die sie doch sein muss, schon um den Sport begründet verachten zu können, für den ihr Körper sich untauglich erweist. Sie lernt zuhören, voller Beziehung und Wissen zuhören, spricht man von Büchern oder Bildern. Sie fasst rasch, was der andere ausführt, sie färbt es auf ihren Ton, ihre Art und weiß bei nächster Gelegenheit ein Wort einfließen zu lassen, einen beziehungsreichen Hinweis zu tun. In Galerien wartet sie, bis der Erfahrenste, Geltendste vor einem Bilde Posto fasst, sie folgt der Richtung seines Blicks, rühmt ein Detail und sieht sich schon freudig bestätigt. Ihr rascher, alles überfliegender, an nichts haftender Geist erleichtert das Lesen selbst schwieriger Bücher, sie sucht sich einen Einzelzug, dessen Feinheit nur sie errät, und trifft sie einmal selbst das Falsche, weiß sie wichtigste, entscheidende Verteidigung hinter einem Lächeln ahnen zu lassen.

Die Zurückhaltung, die sie hier üben muss, die weise Beschränkung rächt sie an denen zu Haus. Ihre Wünsche sind tausend, und keines Erfüllung befriedigt sie. Die Dienstboten jagt, die Eltern ängstet sie mit Launen, mit kleinen Krankheiten. Den Spott, die Verachtung, die sie draußen nicht merken lassen darf, übt sie hier. Der Vater ist ihr ein Trottel, die Mutter eine fette Gans. Sie verlangt irgendein großes Opfer, jener Liebe zu erproben, und kaum ist's ihr gebracht, verspottet sie die Geber ob ihrer Weichheit, ihrer Gefühlsduselei. Endlos kritisiert sie die Art zu essen, sich anzuziehen, sich zu geben. Befolgt man die ihr mit Mühe abgelisteten Ratschläge, so ist alles falsch gemacht und albern. Des Vaters erste Frage früh an das Dienstmädchen erkundigt sich nach der Laune des jungen Fräuleins, hat er Ärger im Geschäft gehabt, wagt er sich, seines Gesichtsausdrucks nicht sicher, kaum nach Haus. Die Mutter muss ihren liebsten Verkehr aufgeben, da die Tochter die Person gewöhnlich findet und mit Bosheiten verfolgt.

Sie herrscht. Will sich einer aufbäumen, klagt einer nur, gleich ist sie krank und leidend. Den alten Hausarzt verbittet sie sich, und bei nächster Gelegenheit dankt er's ihr, listig lächelnd. Noch eine Demütigung, die den andern zuzurechnen bleibt. Seltsam, sie entziehen sich ihr, sie lassen sich nicht halten. O ja, sie kommen, sie schwärmen, sie sind verzaubert, sie werden toll – und entschwinden wieder, tanzen weiter. Was fehlt ihr noch, dass sie diese nicht hält, ihnen das Letzte nicht zufügen kann? Vielleicht ist sie noch zu sehr junges Mädchen, schwärmen die andern, wissen sie schon, eine Erfüllung mag oder darf sie noch nicht geben, und verstricken sich bei denen, die solche Erfüllung halten? Wieder warten, wieder älter werden und den Durst stärker in sich spüren denn je, endgiltig oben zu sein, Schicksal zu halten.

Eine Schale streift sie wieder ab: die Schule. Sie war längst nur Farce, Unsinn. Reine Duldung, Lehrer und Lehrerinnen schwatzen zu lassen und sich das Zeugs anzuhören! Sicher war doch, wie hoch die schon redeten, sie hatten das Wichtigste im Leben verpasst, sonst ständen sie nicht dort.

Und nun reisen, fort von diesen allen. Ihre Brust gibt Vorwand genug, ins Gebirge zu gehen, in ein Sanatorium. Dort findet sie die ihr gemäße Art zu leben entwickelt. Immer umsorgt zu sein, immer klagen zu dürfen, kleine Leiden zu haben, sich bedauert zu sehen, das gefällt ihr. Aber dann, wenn das geringste Interesse kommt, gesund sein, alles tun dürfen mit der ungehemmten Freiheit, die den Launen der Kranken gewährt wird, eine Stunde froh sein und sprechen dürfen und zehn Stunden kränkeln und sich verwöhnen lassen, das ist Leben.

Diese Männer hier sind reizvoller als die unten in der Stadt. Sie sind lang hinhaltend, gleichgiltig, voll ungefährer Versprechen wie Frauen und flammen plötzlich auf, genießen in Hast bis zur letzten Neige und wissen schon nichts mehr von allem, sind Kameraden, ohne Forderung, ohne Gier, ohne Erinnerung.

Einen Schriftsteller findet sie, der ihr zum ersten Male von »ihrer Linie« spricht, einen hässlichen, spottsüchtigen Mann, der unbarmherzig ihre kleinen Faxen verlacht. Er lehrt sie die wirklichen Verstellungen, die Tiefen der Frau, bei denen sie kaum noch weiß, ist sie wahr, ist sie verstellt. Ein Absterbender erzählt ihr seine Erfahrungen, er grinst höhnisch und wünscht ihr viele Opfer. Ihre ungefähre Menschenverachtung begründet er, er zeigt ihr den lächerlichen Tanz um Liebe und Geld und mahnt sie, weise zu sein, da sie durch beides herrschen kann. Er macht Übungen mit ihr, indem er ihr rät, wie sie diesen oder jenen Gast umstricken, sein Interesse fesseln, ihn plötzlich vernichtend fallen lassen kann.

Sie hört zu, sie lernt. Sie hat dies alles von je gewusst, es kommt zu ihr wie Luft zu atmen. Oft scheint ihr erklügelt, was er spricht, und sie überrascht sich schon beim Tun, als sei es Natur. Er gleicht dem Arzt von damals, auch gegen ihn kann sie schlicht sein und wahr, nur dieser Klügere selbst das noch durchschaut und ihre Demut und Offenheit als Mittel, ihn zu gewinnen, entlarvt. Da liegt er, hässlich, mager, eingefallen, entkräftet, doch in ihr ruht nicht der Trieb, auch ihn möchte sie belebter sehen, ein wärmend Wort hören, einen Händedruck spüren.

Er spottet schonungslos. Sie hasst ihn, da er sie als Tierlein schildert, geschaffen, leiden zu machen, ohne selbst leiden zu können, eine leere, glänzende Puppe, in die sich die Affen vergaffen. Sie hasst ihn, und ihr Hass wird spitzerer Sporn nur, auch ihn einzufangen, ihn unten zu sehen. Sie kann nicht leiden? Wie sie gelitten hat damals, wie sie jetzt leiden wird, wenn sie ihm erzählt!

Sie tut es – und ein unfassbar schönes Lächeln glänzt auf

aus den Falten des Kranken, eine entkräftete Hand tastet nach dem schönen Arm und liebkost ihn. »Nun bist du erst ganz schön, meine Puppe, da ich dies von dir weiß. Wer sich so sehr in ahnungsloser Jugend schon Erlebnis einzufügen weiß in den einen Sinn seines Daseins, der muss weit gehen.« Er phantasiert, er spricht abgerissen vor ihr, er sendet sie aus, seine Hässlichkeit an der Schönheit der Welt zu rächen, durch sie soll seine Klugheit siegen, die stets im Kampf gegen die Dummheit erlag. Sie harrt aus bei ihm, der Ekelscheuen bleibt der Ekel vor diesem zerfallenden Freund. Auch sie will eine Probe, den letzten Beweis, dass sie für die draußen ganz fertig ist. Sie feiert sein langsames Sterben, sie bewegt sich in seinem Rhythmus, noch die Blumen auf dem Tisch fügt sie so, dass sie sacht einklingen oder darüber frohlocken. Sie beugt sich über sein Lager, ihre weiße Hand, schlank, mit aufgebogenen Fingerspitzen, kühlt seine Stirn, ihr Atem streift, ihre Brust schmeichelt ihm.

Er kennt sie, er spielt das Spiel mit ihr. Er grinst gegen Leben und Tod an, er weiß, wie wertlos dieses ist, da solch eine herrschen wird, wie wichtig jener ist, da der Sterbende doch weiterleben wird in seinem Geschöpf. Spiel ja – er fordert sie heraus, er ist ohnmächtig, nur den geheuchelten Schauspielerinnenkuss auf seiner Stirn zu fühlen, erwachend legt er Glut in den Blick, ihrer Glut zu begegnen. Er spielt, sie spielt, seine Sarkasmen werden zärtlich fast, seine Peitschenhiebe fallen sanft wie Lob. Er schmiegt sich ein in diesen jungen Frauenleib, noch einmal nimmt der Sterbende Maß in ihm wie zu einem Grab.

Sie spürt's, und sie überspielt den Meister, sie überrumpelt seine Kühlheit: sie bleibt fort. Er sendet Boten, Zettelchen, Anfragen –: sie bleibt fort. Eine quälende Leere steht in seinem Zimmer, die Vorhänge hängen, die Stühle stehen, das Bett ist nur zum Sterben da. Sein Geschöpf ist fort, das Wesen, dem er Gehen und Sprechen gelehrt, ist fort, ihm bleibt nichts, als zu sterben. Zwei Tage, drei Tage, zehn Tage vielleicht noch und nichts zu tun, als langsam Glied für Glied, Muskel für Muskel, Nerv für Nerv zu sterben.

Er tut das Unerhörte, er steht auf, er zieht sich an, er klettert in ihr Zimmer hinab: sie ist nicht da. Er schickt in die Liegehalle: sie hat keine Zeit jetzt. Er lächelt, auf ihrem Sofa liegend, inmitten ihrer Dinge, im vertrauten Geruch ihres Parfüms lächelt er: sie ist sein Geschöpf, sie beweist es ihm mit all ihrer Gnadenlosigkeit: sie lässt den Schöpfer allein sterben. Er stirbt, sein Gesicht fühlt noch einmal das glatte Schmeicheln der Seide, die sie trug, es erkaltet dann. Und sie sieht ihn nicht mehr, sie weigert sich, dieses Zimmer zu betreten, kaum dass sie ihre Sachen wiedernehmen mag. Sie hat ihn immer gehasst, am meisten damals, als sie seine Liebe erzwang und fortblieb. O! dies war der Opfer größestes, das sie je gebracht, unten zu sitzen, nicht zu kommen, das Leiden nicht auf seinem Gesicht zu sehen, das Sterben nicht zu verfolgen und ihm im letzten Augenblick nicht noch zu sagen, dass sie ihn hasst, hasst, hasst. Sie ist sein Werk, in Stimme und Gang, in Gedanken und Gefühl spürt sie den Meister, der sie geformt, aber dieser Meister wäre ein Stümper geblieben, wäre sein Geschöpf nicht stark gewesen, den Schöpfer zu zerbrechen.

Der Apparat der Liebe

1.

Ich glaube, ein junges Mädchen, das einmal Lehrerin war, wird die Nachwirkungen dieser Tätigkeit in gutem wie in bösem Sinne ihr Leben lang spüren. Dabei spreche ich natürlich nur von den wirklichen Lehrerinnen – nicht von denen, die nur so – um eben nicht zu Haus zu sitzen – den Beruf ergriffen. Ich wenigstens verdanke meiner Ansicht nach den ausgesprochenen Sinn für Ordnung und Pünktlichkeit, den Hang, alles in ein System zu bringen, und nicht nur das Äußerliche, sicher meinen Lehrjahren. Nichts ist mir verhasster als Unordnung und Faselei, und ich glaube, alles ertragen zu können, selbst das Schwerste, wenn ich mir die organische Ursache, die es bedingt, nur klarzulegen vermag.

Das ist ein seltsamer Anfang für eine, die es sich vorgesetzt hat, auf den nachfolgenden Seiten von ihren ehelichen und nebenehelichen Erlebnissen mit einigen Männern zu erzählen. Man wird ja auf diesen Blättern meine Stellung zum Ehebruchsproblem klargelegt finden, ohne dass ich darüber viele Worte zu machen brauchte, die Tatsachen sprechen für sich, wie man sagt.

Übrigens glaube ich nicht, dass ich mehr Erlebnisse als andere Ehefrauen in meinem Alter – ich bin Anfang der vierzig – aufzuweisen habe. Diese drei Seitensprünge sind quantitativ meinen Beobachtungen nach eher unter als über dem Durchschnitt. Umso seltsamer ist die Krankheit, die mein

Gefühlsleben infolge dieser wenigen Erlebnisse ergriffen hat und die ich »Routine des Gefühls« nennen möchte. Ich wundere mich über einige meiner Geschlechtsgefährtinnen, die sich unermüdlich von einem Abenteuer in das andere stürzen, ich verstehe sie nicht.

Meine Unternehmungslust in dieser Hinsicht ist wohl endgiltig vorbei, ich fühle eine Lähmung meiner seelischen Spannkraft, einen Pessimismus in Hinblick auf das Neue, das mir das Leben etwa noch zu bieten hätte, der grenzenlos ist.

Eine boshafte Freundin hat einmal von mir gesagt, ich trüge auch seelisch einen Klemmer. (Ich benutze ein Glas.) Wenn sie damit gemeint hat, ich verabscheue das Schrankenlose, das Vage, das Gefühlsduselige, das Chaos, so hat sie zweifellos recht.

Hat sie jedoch damit gemeint, ich könne mich nicht entschließen, die Konsequenzen meiner Erkenntnisse zu ziehen, meinem Mann und meinen Kindern Valet zu sagen und – eine andere Nora – in die Welt hinauszugehen, so hat sie wiederum recht.

Ganz abgesehen davon, dass über das Betrügen des Ehemanns mancherlei zu sagen bleibt, dass die ganze Redensart von dem auf einer Lüge aufgebauten Leben eben nur eine Redensart ist (denn welches Leben ist ohne Lüge –?), gehört zu einem solchen Valet ein sehr handfester Glaube an das Leben. Und, so bedauerlich ich das für mich auch finde, diesen Glauben habe ich eben nicht mehr, ich kann nicht mehr mit gutem Gewissen dem Leben diese tiefe achtungs- und hoffnungsvolle Reverenz machen.

Nebenan tollen die Kinder, Franz sechzehn, Emmi vierzehn und Ernst zwölf Jahre alt. Mein Mann ist Professor an einem Gymnasium und unterrichtet in den alten Sprachen, unsere Wohnung hat fünf Zimmer – eigentlich viel zu wenig! – und liegt dort im Westen Berlins, wo er lange nicht mehr fein ist, wo er längst Steglitz heißt. Ich habe zu tun, um das Gehalt bis zum Vierteljahresletzten reichen zu machen.

Das wäre das äußere Drum und Dran bei Lauterbachs, und ehe ich nun recht eigentlich von mir zu reden anfange, muss ich von meiner Schwester erzählen und wie es kam, dass ich durch viele Jahre einen Abscheu vor der »Liebe« behielt.

Ich wurde aus dem Paradiese (wenn es schon so heißen soll) vertrieben, ehe ich noch den Apfel gegessen hatte.

2.

Violet war, als dieses Ereignis sich zutrug, sechs Jahre älter als ich, einundzwanzig Jahr. Den ungewöhnlichen Namen hatte sie dem Vater zu danken, der zur Zeit ihrer Geburt grade für eine so benannte Heldin in einem sentimentalen englischen Roman schwärmte. Als ich geboren wurde, war er bereits drei Monate tot, und so heiße ich denn auch nur schlechthin Marie, gesprochen Mieze oder Mie. Ich bin ihm ebenfalls zu Dank verpflichtet, nämlich dafür, dass er sich in meine Benamsung nicht gemischt hat, denn ich möchte wohl wissen, was ich guter Durchschnitt, und im Aussehen kaum das, mit solch einem Namen hätte anfangen sollen.

Weio, denn so nannten wir sie natürlich, und so schrieb sie sich auch, passte er aber vorzüglich, sie kleidete alles. Sie war das schönste Mädchen, das ich in meinem Leben gesehen habe, sehr groß und kräftig, blauäugig und mit einem Haarblond von der hellsten Hanffarbe. Ihre Schönheit hatte etwas völlig Triumphierendes, sie war immer schön, so wie ein Sommertag ewig und ewig blau ist, und sie war so jung und gesund wie ein Apfel an seinem Zweig. Heute weiß ich, dass das Bezwingendste an ihr ihre völlige Reinheit war, sie war – etwas ganz Seltenes bei einem jungen Mädchen – wis-

send rein, sie kannte die andern Dinge dieser Welt, sie verurteilte und sie verabscheute sie nicht, aber sie betrafen sie
gar nicht, ihre Luft war Reinheit und nur Reinheit.

Wir wohnten in einem alten weitläufigen Haus mit einem
riesigen verwilderten Garten, dort in jener Gegend Berlins,
wo jetzt die Landhausstraße die Kaiserallee kreuzt. An unser Grundstück stieß eine große Gärtnerei mit vielen Glashäusern, in die wir häufig unsere Entdeckungsreisen machten.

»Komm, Mieze, wir wollen zu Viktor, ich habe rein keine
Blumen mehr für die Vasen«, rief Weio, und wir fassten uns
bei der Hand und eilten die düstere, ganz mit Gras und Moos
überwachsene Buchenallee hinunter, bogen rechts schräg
über eine Lichtung, wo das Gras schilfig und hoch, ganz mit
Sauerampfer, Hundsschierling und Klette durchwachsen
war, krochen durch eine Zaunlücke und liefen, laut »Viktor!
Viktor!« rufend, zwischen den langen säuberlichen Gemüse-
beeten auf das größeste Glashaus zu.

Dann stand Viktor schon in der Tür und winkte uns mit
seiner feinen, kleinen Hand und lachte und rief: »Schnell,
Weio! Lauf, Mieze! Ich habe euch etwas zu zeigen.«

Er hatte uns immer etwas zu zeigen, aber ehe es so weit
war, küsste er stets erst lange und ehrfürchtig Weios Hand.
»Nicht dir allein huldige ich damit, Weio«, hat er einmal gesagt, »ich huldige aller Reinheit und Schönheit dieser Welt.
Es gibt gute Blumen, und es gibt böse Blumen, es gibt reine
Farben, und es gibt unreine Farben, ich züchte die guten Blumen, ich pflege die reinen Farben, das ist mein Beruf. Sie alle
grüße und liebe ich in dir.«

Natürlich waren die beiden verlobt, und ein närrischeres
Brautpaar als diesen kleinen, mageren, blassen, blonden Blu-
menzüchter und meine strahlende große Schwester konnte
es kaum geben. Sie hätten lange verheiratet sein können, am
Auskommen lag es nicht, und unsre Mutter war schon damals

stets krank und saß Tag und Nacht fröstelnd in ihrem Lehnstuhl und sagte zu allem Ja und Amen. Aber die beiden wollten noch nicht.

»Siehst du, kleine Mieze«, sagte Viktor einmal, als wir davon sprachen, »das große Geheimnis ist, warten zu können. Ich bin Gärtner, und in die großen Blumenhandlungen nach Berlin schicke ich den Flieder zu Weihnachten und die Maiblumen zu Neujahr. Die kommen aus den Treibbeeten. Aber man soll eben nicht treiben. Wie sieht der Flieder nach zwei Tagen aus und die Maiblumen in einer Woche? Und nicht nur die Blüten sind hin, die ganze Pflanze stirbt. Ich liebe meinen Flieder zu Pfingsten, ich treibe nicht, ich warte …«

Und auch Weio hat es mir einmal in ihrer Art gesagt. »Oh, Mieze!«, hat sie gerufen, »du weißt ja nicht, wie schön das Leben ist! Morgens selig erwachen und etwas haben, von dem man träumen kann, und der Schlaf ist so leicht und leise und dünn wie ganz tiefes Atmen! Und immer steht hinten wie eine ganz schöne weiße Wolke am blauesten Sommerhimmel die Hoffnung auf etwas noch Schöneres, noch Seligeres! Kann es denn das Herz jetzt schon fassen, muss es nicht erst noch viel, viel weiter werden?«

Schöne tote Schwester! ich habe dich damals als dummes Schulmädel, das ich war, nicht recht verstanden, und auch heute noch würde ich nicht handeln wie du. Später habe ich die Menschen immer in zwei Parteien geteilt: die eine isst den schönsten Apfel zuerst, die andere nimmt sich die wurmstichigen und angefaulten vor und spart sich den besten für den Schluss auf. Aber – weiß ich denn, dass ich nach dem wurmstichigen noch Appetit auf den guten haben werde –? Doch, ich, die ich mir nun den Magen an einer ganzen Menge wurmstichiger Lebensfrüchte verdorben habe, weiß, dass mir aller Hunger völlig vergangen ist. Dass es aber so schlimm mit dir ausgehen würde, Schwester Weio, dass aus deiner weißen Sommerwolke eine so schwefelfarbene Gewitterwolke werden würde, das hätte keiner gedacht!

Eines Tages war Weio in die Stadt hineingegangen, den langen stillen Weg durch die Felder, um eine Besorgung zu machen, und war abends spät nach Haus gekommen. Ich habe schon im Bett gelegen und geschlafen, aber ich bin dann doch wach geworden aus meinem tiefen Kinderschlaf, von einer Unruhe oder einem Geräusch, und habe, halb benommen noch, gelauscht und gehorcht, was das wohl sei. Und da habe ich das Unfassbare und Unbegreifliche gehört, von Kissen erstickt und doch nicht zu ersticken: Weio, meine wundervolle schöne große Schwester Weio, weinte!

Ich bin mit einem Satz aus dem Bett gesprungen und habe sie angesprochen und habe mich niedergekniet neben sie und habe gefragt und habe gefleht, und immer ist das Weinen, ein herzzerbrechendes leises Weinen, neben mir hergegangen. Und ich habe ihre kalte Hand zwischen meine Hände genommen und habe um ein Wort gebettelt und habe ihre schönen vollen lebendigen Zöpfe gestreichelt und habe aus lauter Mitleid und Verzweiflung mitzuweinen begonnen und habe ins Bett zu ihr kriechen wollen, wie ich das sonst tat, wenn *ich* irgendein Leid bei ihr bergen wollte. Und da hat sie mich von sich gestoßen und hat gerufen: »Rühre mich nicht an! Bitte, bitte, rühre mich nicht an!« Und das sind alle Worte gewesen, die ich in dieser Nacht und in vielen andern noch von ihr zu hören bekommen habe.

Am Tage darauf aber, als ich aus der Schule kam, hat sie mich bei der Hand genommen und hat mich angefleht, zu Viktor zu gehen und ihm zu erzählen, dass sie krank sei und heute und die nächsten Tage ihn nicht sehen könne. Und ich dürfe und dürfe nicht verraten, dass sie des Nachts geweint habe. Ich dummes Ding habe ihr den Willen getan. Als ich ihr dann aber erzählte, wie er blass geworden ist und kaum ein Wort hat sagen können und gezittert hat, wo ich doch nur von einer leichten Erkältung gesprochen habe, da hat sie schwer aufgestöhnt und gesagt: »Es ist zu schwer! Was soll ich nur tun? Was soll ich tun?«

Ihre Schönheit ist in wenigen Tagen eine ganz andere geworden, wie krank war sie, blass, aber noch unter tausend Tränen hervorleuchtend. Sie ist auch kaum noch aus dem Haus gegangen, sie saß viel am Fenster von der großen Stube und schaute hinüber zu den Glashäusern, die in der Sonne blitzten. Und ihr Wesen ist ganz sonderbar geworden, immer hat sie an sich waschen und reiben und putzen müssen und hat nur noch weiße Kleider tragen wollen, die sie am Tage dreimal gewechselt hat. Und ihre stete Frage ist gewesen, ob sie nicht da einen Fleck habe oder dort. Ich habe schon geglaubt, sie wird wunderlich im Kopf, aber dann, eines Nachts, habe ich alles verstehen müssen und freilich hören, dass ihr Elend viel größer gewesen ist, als ich mir manches Mal rätselnd und ratend im Einschlafen ausgemalt habe.

Vorher aber musste ich erst noch einmal den Viktor zu ihr führen und habe der beiden Abschied mit ansehen müssen und redlich meine Tränen mit den ihren fließen lassen. Sie hat ihn, der über ihr Aussehen völlig erschrocken gewesen ist, bei der Hand genommen und hat ihm gesagt: »Mein lieber lieber Junge, du darfst mich nichts fragen. Sieh, du weißt, ich habe dir immer die Wahrheit gesagt und nie ein Geheimnis vor dir gehabt. Und wenn ich dir nun sage, dass wir uns heute trennen müssen, so musst du mir, ohne zu fragen, glauben, dass es so sein muss. Wenn du ohne Frage von mir gehst, so kann ich vielleicht noch weiterleben mit meiner Miezeschwester und darauf hoffen, dass wir uns einmal in vielen vielen Jahren wiedersehen dürfen. Aber wenn du mich fragst, so ist alles vorbei.«

Er hat sie nichts gefragt, aber er hat geweint und gefleht, sie soll ihn bei ihr lassen, er will warten, er will sie nie drängen, er will nur hoffen dürfen.

Aber sie hat nicht nachgegeben, und als er nicht innegehalten hat und nicht hat fortgehen wollen und sein Jammer nicht mehr anzusehen gewesen ist, hat sie mich bei der Schulter genommen und ist mit mir vor ihm auf die Knie gefallen und hat gerufen: »Bitte du mit für mich, Miezeschwester, dass er fortgeht und deiner Schwester das Leben lässt. Denn sie lebte gerne noch ein wenig und wäre es auch nur, um an ihn zu denken und davon zu träumen, wie schön alles einmal war.«

Da ist er fortgegangen, ganz bleich und ohne einen Laut. Kaum aber war die Tür hinter ihm zu, ist die Violet ohnmächtig geworden, das erste und einzige Mal in ihrem Leben. Und ich Kind habe sie zur Besinnung bringen müssen und ihren schönen Kopf an meine arme knochige Schulter genommen, und ich habe sie getröstet, denn die Mutter war ja krank, und die Dienstboten durften von all dem Jammer nichts hören.

Und in dieser Nacht habe ich erfahren, was sich mit der Weio begeben hat an jenem Nachmittag, da sie nach Berlin gegangen war.

Sie hat ihre Besorgungen gemacht und ist heimgegangen dann in der halben Dämmerung durch den schönen Sommerabend. Und allmählich ist sie aus den heißen, lauten Stadtstraßen hinausgekommen da hin, wo die Schuttplätze sind und schon Bauplanken gezogen waren und Ziegelhaufen standen. Und ist weitergegangen, und ein erster kleiner Kornacker hat seinen schütteren Bestand zwischen den Schmutz und Auswurf geschoben, und Kartoffeläcker sind gekommen, und sie hat den Duft von Samenklee gerochen. Da ist es schon fast völlig dunkel gewesen.

Und als sie kaum noch zehn Minuten von unserm Haus entfernt war, ist vor ihr Lärmen und Johlen auf dem Weg laut geworden. Da hat sie gezögert, ob sie weitergehen solle, aber wie sie immer mutig und ohne Furcht gewesen ist, hat sie sich nur kurz besonnen und ist weitergegangen. Plötzlich, wie sie schon ganz dicht an dem Lärm war, ist es vor ihr still geworden, und als sie ein paar Schritte weiterging, haben drei, vier Kerle um sie gestanden, und einer ist dicht an sie herangetreten und hat gefragt, ob das Fräulein nicht ein kleines Schnapsgeld für sie hat.

Sie hat sich blitzschnell überlegt, dass, wenn sie jetzt ihr Geld hervorzieht, es sicher nicht bei einem kleinen Schnapsgelde bleiben werde, sondern dass sie ihr alles Geld nehmen würden. Sie hat den Kopf geschüttelt und an dem Mann vorübergehen wollen. Beinahe ist sie schon vorbei, da fasst er sie beim Arm und sagt, wenn sie denn kein Geld für solche armen Kerls habe, so solle sie doch jedem ein Küsschen schenken.

Und in demselben Augenblick hat sie gespürt, dass der Mann vor ihr sinnlos betrunken gewesen ist, ein böses, wildes Tier. Da ist Angst über ihr zusammengeschlagen, sie hat alle Besinnung verloren, sie hat dem Kerl ins Gesicht geschlagen, mit aller Kraft, und Kräfte hatte sie, die Violet!

Als er zurücktaumelte, ist sie losgelaufen, in die Dunkelheit hinein, und die haben hinter ihr dreingehetzt, mit Rufen und Johlen. Sie hat ihre Röcke hochgenommen und ist gelaufen wie ein Hirsch und hat nach Viktor gerufen und nach mir.

»Es hat mir nichts geholfen. Ich bin über einen Stein gefallen, und da sind sie über mich gewesen und haben mir die Kleider zerrissen und mich genommen. Ich habe geschrien und gefleht und gebettelt, dann aber bin ich still geworden. Denn aus dem Dunkel der Nacht haben sich Gesichter über mich gelegt, und es hat mir geschienen, als seien dies keine Gesichter von Menschen, sondern von großen, wilden, drohenden Tieren.

Sie sind lange schon fort gewesen, und ich habe immer noch gelegen und habe das lebendige Dunkel um mich gespürt, sich regend von tausend Fratzen, und habe gefühlt, dass sie alle gegen mich waren, Feinde. Habe gewusst, dass dies das Leben war, das wirkliche Leben, und dass stets das Unreine Sieger ist über das Reine.

Ach! zu sehr bin ich auf meine Reinheit stolz gewesen! Mir ist plötzlich ein Wort aus der Schule in den Sinn gekommen vom Neide der Götter, mir ist eingefallen, dass auch Gott schlecht ist, denn auch er hat Hiobs Glück und Reinheit beneidet.

Und dazwischen habe ich an Viktor denken müssen, dass alles mit uns vorbei ist, dass wir nur ein kindisches, törichtes Spiel gespielt haben, das das Leben in unserer Hand zerbrochen und beschmutzt hat.

Aber ganz zuletzt bin ich die Sterne über mir gewahr worden, die funkelten und stille vergingen und immer deutlicher aus der Schwärze der Kuppel hervortraten mir zu. Und ich habe plötzlich mich der Christenverfolgungen erinnert, an die gemarterten, ermordeten, verbrannten Menschen, ich habe an die ersäuften Hexen denken müssen, an die Guillotine, die den Kindern vor der Eltern Augen den Hals durchschnitt, an den Dreißigjährigen Krieg, an die Gefängnisse, Mörder, Diebe, an alles Blut, allen Tod und Tränen habe ich gedacht und dass die Sterne immer darüber geleuchtet haben und dass es so weitergeht, immer weiter.

Und habe mich selbst liegen gefühlt unter diesen Sternen und habe staunend gedacht, dass auch dies vorüber und weitergegangen sein und sich wiederholen wird, ewig und ewig, solange die Erde steht und Menschen auf ihr wandeln, dass dies das Leben ist und nichts wie das Leben und dass Viktor und ich Träumer waren, feige, verräterische Träumer.

Und ich bin aufgestanden und nach Haus geschlichen. Und erst, als ich in unser Haus kam und in unser weißes helles Zimmer, in dem du deinen festen seligen Schlaf schliefst, der auch von nichts wusste, und erst, als ich mich im Spiegel sah und das zerrissene Kleid und die Wäsche voll Blut und Schmutz und meinen armen gequälten Körper, da erst ist mir wieder in den Sinn gekommen, dass doch *ich* dieses Leben lebe und dass ich gar nicht nur ein bedeutungsloses Glied in einem großen gleichgiltigen bösen Geschehen bin, sondern dass ich für mich und dich und Viktor etwas Besonderes und Bedeutendes war und dass nun alles zerbrochen und alles vorbei ist.

Ich habe doch meinen Körper geliebt und gepflegt, und wir sind immer eins gewesen. Aber nun habe ich es empfunden, als sei mein Leib etwas anderes, etwas Böses, das mich hasste, und als müsse auch ich ihn hassen, weil er schmutzig und voll niedriger, hässlicher Bedürfnisse und Verrichtungen ist. Ich habe meine Hände angesehen, und meine Hände haben die Haut an meinem Leibe gehasst, und alles, alles, was eben noch eins, was Ich war, ist voller Feindschaft und Hass und voller Gemeinheit gewesen.

Und ich habe das Licht nicht mehr ertragen können und mein Auge nicht im Spiegel und habe es dunkel gemacht und bin ins Bett gekrochen, und mir ist nichts geblieben, als zu weinen, zu weinen, zu weinen und zu wissen, dass das Weinen nichts nütze ist.«

So hat mir meine Schwester Weio in jener und in mancher folgenden Nacht erzählt, denn nun, da sie den Mut gehabt hat, zu einem Menschen zu sprechen, hat sie immer davon gesprochen, als würde ihr dadurch klarer, was ihr armer gepeinigter Kopf zu erkennen versuchte. Und habe ich auch damals wenig genug von alledem verstanden, so habe ich doch ihre kalte Hand zwischen meinen halten dürfen und konnte meinen Kopf wieder an ihre arme gepeinigte Brust legen und über all den herztiefen Kummer endlich mit ihr weinen.

Verstanden habe ich von alledem wenig genug, das, was sie mir vom Leben erzählte, gar nicht, aber dieses selbe Leben hat ja dann später dafür gesorgt, dass ich manche der Erkenntnisse Weios beiwegelang aufsammeln durfte. Was aber die Männer eigentlich mit Weio angefangen hatten, das war mir erst recht nicht klar, denn ich hatte nur eine düstere Vorstellung von alledem, und als noch ganz geschlechtsloses Schulmädel auch nie Interesse dafür gehabt. Dass ich aber jetzt nicht fragen durfte und konnte, das verstand ich wohl.

Und dann hatte ich ja auch nur eine sehr kurze Zeit zu warten, bis ich das alles mit der größten Deutlichkeit erfahren sollte. Das Leben ließ meine arme Weio noch lange nicht aus seinem Griff, es spielte ein bisschen Katze und Maus mit ihr, ließ sie da hocken und Atem holen und streckte langsam und spielend schon die Tatze zum nächsten Schlage aus.

Wir aber holten Atem. Ich habe sicher Weio in diesen schlimmen Wochen gutgetan, wir sind immer, sobald es die Schule nur zuließ, beieinander gewesen und haben geschwatzt und unsere schüchternen kleinen Pläne für die Zukunft gemacht. Damals ist festgesetzt, dass ich Lehrerin werden solle, und nach meinem Examen wollten wir dann aus unserm Hause hier ein Pensionat machen, alles voller Kinder. Und Weio sollte die Hausfrau werden, und sie konnte sachte und schön lächeln, wenn sie an all den Lärm und Jubel dachte, den die Kinder um uns erheben würden.

Von Viktor sprach sie nie mehr, und ich habe ihr auch nichts von ihm gesagt, trotzdem er mir jeden Tag auf meinem Schulweg aufgelauert hat. Er hat mich angefleht und gebeten, ihm zu erzählen, was mit Weio geschehen sei, denn er hat mir wohl angesehen, dass ich es wusste, ich habe ihm aber leider stets widerstanden, und wollte mir das Herz einmal schwach werden, lieber zu meinen Beinen Zuflucht genommen als zu meiner Zunge.

Denn das war fest zwischen Weio und mir ausgemacht, dass nie jemand etwas von dem Geschehenen erfahren dürfe, denn ich sah wohl ein, wie sie nie jemandem würde ins Auge sehen können, wenn einer davon wüsste. Ich habe ihr wohl einmal gesagt, dass sie die Männer doch anzeigen müsse, aber sie hat bloß mit dem Kopf geschüttelt und gesagt: »Nein-nein, Mieze, die können doch auch nichts dafür. Die haben es tun müssen.«

Denn daran hat sie fest geglaubt, dass an allem das Leben schuld sei und jeder in seinen Händen ein Werkzeug, ein gutes oder schlechtes, ungefragt.

So sind die Wochen verstrichen, und es ist mit meiner Violet besser geworden und besser, und ich habe sie manchmal schon überreden können, mit mir in den Garten zu gehen, wo ein milder Frühherbst das Laub bunt tönte. Aber plötzlich ist sie ganz verändert gewesen, sie hat viel geweint und hat etwas Heftiges in ihrem Wesen bekommen, als fliehe sie ständig vor etwas Schlimmem, und hat ein Schaudern bekommen, wenn ich ihr von unsern Zukunftsplänen sprach mit dem Haus voll Kinder.

Ich bin viel in sie gedrungen, sie solle mir doch sagen, was sie quäle, aber sie hat mich stets zurückgewiesen und gemeint, ihr sei nichts. Ich bin dann wohl nach Kinderart trotzig und verstockt um sie geschlichen, bis ihr Kummer mir wieder das Herz erweicht hat und ich in ihre Arme geglitten bin und ihr tausend Schmeichelnamen gegeben habe. Und ich habe gefühlt, wie sie es mir hat sagen wollen und es nicht gekonnt hat, wie sie zusammengeschaudert hat vor einem großen, dunklen Grauen, das ganz dicht um sie lag.

Immer trüber und schwerer ist sie geworden, sie hat nicht mehr aufzusehen gewagt und ewig in ihrer Stube gehockt; niemand hat sie sehen wollen, auch mich nicht. Als ich ihr aber gesagt habe, dass die Dienstleute schon unsere Mutter aus der Apathie ihrer Krankheit aufgeschreckt hatten und dass ihr ein Arzt geschickt werden solle, hat sie gejammert: »Nur das nicht! Nur das nicht!«

Und hat mich beschworen, ich solle mit der Mutter reden und ihr von einem Zerwürfnis mit Viktor erzählen. Ich habe nicht gewollt, und erst als sie mir versprochen hat, sie werde mir dann auch ihren neuen Kummer erzählen, habe ich eingewilligt. Da hat sie mir eines Tages einen Zettel in die Hand gesteckt, und darauf hat gestanden: »Ich bekomme ein Kind. Lies im Lexikon nach …«, und dann hat sie die Stichworte aufgeführt.

Erst habe ich nichts verstanden, aber das Lexikon, dieser Ersatz für schämige Eltern, hat ja dann dafür gesorgt, dass es taghell in meinem Klein-Mädel-Hirn geworden ist, eine schreckliche, grauenhafte Helle. Ich weiß die Stunde noch wie heute, und um ihretwillen ist es, dass ich mein Leben nie, nie wieder leben möchte. Denn wie da der Vorhang von den Dingen geglitten ist und das Leben mich angefletscht hat als ein böses gleichgiltiges Tier, das weiß ich nicht zu sagen und nicht zu schreiben.

Ich bin später einmal, schon als verheiratete Frau, in einem sogenannten anatomischen Museum gewesen, aber was einem da in Spiritus, Wachs und Buntdruck geboten ist, das war ein lieber freundlicher Zaubergarten gegen das schrecklich tatsächliche Bild, was mir die nüchternen Holzschnitte und Fachausdrücke des braven Meyer vormalten. Für viele, viele Jahre ist da meine Sinnlichkeit verschüttet worden und mir die Liebe wie ein grauenhafter Apparat erschienen, eine richtige umständliche tote gefährliche Maschine mit Rädern und Sehnen und Übertragungen und Spannungen, recht wie ein Katapult aus unserm römischen Geschichtenbuch. Es ist alles zugedeckt worden, und ich habe geschaudert bei dem Gedanken an einen Kuss und habe dann auch richtig ein paar Jahre später einen kleinen Studenten übel zugerichtet, der mir das Küsschen in Ehren etwas stürmisch abverlangte. Und mein Körper ist mein Feind geworden, und ich habe ihn gehasst und verachtet und gequält und habe mit Lust auf den harten Dielen geschlafen, weil er nur leiden sollte, und habe ihn hungern und dürsten lassen und wachen.

Aber all das kam viel später, kam allmählich, jetzt hatte ich erst einmal gar keine Zeit, an mich zu denken, ich habe an meine unselige Schwester denken müsssen und die schrecklichen vier, die sie überfielen. Und bin zu ihr gestürzt und habe mit ihr geweint und habe sie sehr gut verstanden, als sie gesagt hat: »Sieh, Mieze, ich will und kann es nicht wachsen lassen in mir und auf die Welt bringen und um mich gehen haben und mich anschauen mit seinen bösen Tieraugen. Fühle ich doch jetzt schon, wie es in mir sitzt und mich hasst und sich über meinen Kummer freut und sich bläht. Ich kann es nicht leben machen.«

Das habe ich wohl verstanden, denn mir ist die Zeichnung eines Embryos in den Sinn gekommen, wie es in der Mutter liegt, und ich habe das alte grinsende Gesicht dieses Wechselbalgs oder hydrokephalen Gnoms gesehen und habe es ihm auch nicht gönnen wollen, dass es ans Licht käme und meine schöne Weio quäle.

Darüber waren wir uns ohne Worte einig. Aber wie wir dies Ziel erreichen sollten, wußten wir ganz und gar nicht. Und wir waren schon so weit, zu einem Arzt zu gehen, der wohl, wenn er diesen Kummer und Elend angehört hätte, meine Weio von ihrer Plage erlöst hätte, aber wie man einmal, ist man schon ins Unglück geraten, immer tiefer hineingerät und alle Versuche zur Rettung nur in ein schlimmeres Elend stürzen, so ist denn auch Violet wieder auf einen andern Artikel im Lexikon geraten.

Und Wochen haben wir uns gequält, und ich habe dem armen schönen Mädchen die Füße mit heißem Wasser verbrühen müssen, ich habe aus den breiten Nadelfächern unsers guten Sadebaums Abkochungen gemacht, und zum Schluss sind wir denn richtig auch noch auf die passenden Inserate in den Zeitungen geraten, und ich habe Tees gekocht und Mittelchen eingegeben, und nichts hat geholfen.

Ich wünsche keinem Menschen, solch namenloses Elend

zu erleben wie diese Monate stumpfester Verzweiflung, irr-
sinnigsten Wartens, flackerndster Hoffnung. Ich hatte ja ne-
benbei noch meine Schule und kam mir wie eine Fremde aus
fernem Lande zwischen den andern Mädels vor und hörte
mir ihr Gelächter und ihre Scherzchen und Witzchen mit
schmerzenden Ohren an. Manche halblaut geflüsterte Bemerkung verstand ich nun wohl besser als die sie machte,
aber das war eine traurige Wissenschaft. Und ich schlich auf
meinem Heimweg aus der Schule, um nur das Elend ein paar
Minuten später zu Gesicht zu bekommen, denn schließlich
war ich trotz aller Engelmacherinnen-Künste nur ein Kind,
und hätte ich jetzt den Viktor auf der Straße getroffen, hätte
ich ihm vielleicht doch alles Elend hingeschüttet.

Die Weio aber ist immer finsterer und verschlossener geworden, sie hat auch mit mir nicht mehr reden wollen und
hat allein für sich gehockt und keine Hand mehr rühren wollen. Ich weiß noch, wie ich sie einmal angefleht habe, ein
neues Mittel zu versuchen, von dem ich bestimmt hoffte, es
würde helfen, und sie hat nur so eine Bewegung durch die
Luft gemacht und gesagt: »Es ist eben alles aus. Mieze, man
will es nicht glauben, man möchte immer noch hoffen, aber
eines Tages weiß man: es ist alles aus. Wenn man das aber
weiß, mit allem Körper und mit aller Seele gelernt hat, dass
man es nicht nur aus-, sondern auch inwendig weiß, dann
gibt es auch keinen Schmerz mehr, dann ist eben alles aus.«

Das hat dieselbe Weio gesagt, die das schönste und seligste
Mädel auf diesem Erdboden war. Wir mögen eben noch so
schön und rein sein, es macht uns klein, das ist eine traurige
Gewissheit und für die Schiechen und Neidischen ein elen-
der Trost.

An einem Tage aber hat mich Weio beiseitegenommen und
hat mir wieder so ein Inserat in der Zeitung gezeigt und mir
gesagt, das wäre nun bestimmt das Rechte und das hülfe ihr.
Ich bin froh gewesen, dass sie doch einmal wieder aus ihrer

Starrheit aufgewacht ist, und habe gerne eingewilligt, selber den langen Weg in den Norden der Stadt zu machen und das Mittel zu holen, weil sie gesagt, sie könne nun nicht länger mehr warten und sie müsse es noch heute versuchen und fühlen, dass sie frei werde. Sie hat mir eingeschärft, was ich sagen solle und was ich verheimlichen müsse, sie hat mich immer wieder geküsst und mich ihre liebste Miezeschwester geheißen.

Als ich schon weit den Feldweg hinunter gewesen bin, hat sie noch weiß am Tore gestanden und mir nachgewinkt. Ich aber bin richtig meinen Weg nach Berlin gegangen und habe auch zu dieser Frau hingefunden und mein Anliegen heruntergebetet. Da bin ich mit großen Augen angesehen worden, denn Schulmädchen wie mich hat man im Allgemeinen wohl nicht zu solchen Botengängen verwendet, bin auch nicht an der Tür abgefertigt, sondern in die gute Stube hereingebeten.

Wie diese gute Stube aussah und wie sie roch, das werde ich wohl mein Lebtage nicht vergessen, alle Schmierigkeit und aller fettiger Schmutz haben dort geklebt, und wenn mich heute jemand fragen würde, ob ich weiß, was Angst ist, so würde ich nur an den Geruch, der dort festsaß, denken und mit dem Kopfe nicken.

In dieser Stube hat noch eine dickliche Dame mit hellblonden Locken gesessen, über deren Tätigkeit ich seit kurzem nun auch nicht mehr im Unklaren war, und die beiden Weiber haben nun ein Kreuzfeuer von Fragen über mich ergehen lassen. Aber ich habe nicht den Mut verloren, und wenn ich auch über Namen und Ort wie ein Steinbild geschwiegen habe, so haben die beiden doch aus meinen Antworten auf eine so tiefgehende und bittere Einzelkenntnis geschlossen, dass ihre Verblüffung und Staunen und Neugierde ganz in ein echtes Mitleid untergegangen sind. Ich bin eben wie ein Kind gewesen, das ein gemeines Wort auf der Straße aufgeschnappt hat und unschuldig und harmlos wiederholt. Sie haben mir denn auch das Mittel gegeben mit genauesten Anweisungen, und es werde fast sicher helfen, wenn es auch schon reichlich spät sei, und haben mir auch nicht viel mehr abverlangt, als in der Zeitung gestanden hat.

Ich aber habe gesessen dort und geantwortet und ein leises Gefühl des Grauens ist immer stärker und bewusster in mir geworden, wenn ich diese beiden, die pudelköpfige Geschminkte und die Dicke, die wie zerfallend aussah vor lauter Fett, anschaute. Grauen, dass diese beiden nun ewig und für alle Zeiten mit meinem Leben und dem Leben der Weio verknüpft gewesen sind. Und es ist mir vorgekommen, als sehe ich diesen Webeteppich Leben ganz von Nahem, wo sich die klaren, bunten Farben, die man aus der Ferne schaut, in einzelne Fäden zerlegen und als wäre alles viel verwirrter und geheimnisvoller, als ich je geglaubt. Und mir und Weio und allen blieb nichts, als die Hände in den Schoß zu legen und sich blind treiben zu lassen, weil wir eben doch nichts verstehen könnten und ganz anders gewebt würden, als wir hofften, meinten und fürchteten.

Aber schließlich bin ich dann doch aufgestanden und habe mich verlegen bedankt und einen Knix gemacht und bin draußen gewesen in einem hässlichen, nassen, frösteligen Novemberabend. Und als ich noch einmal zurückgesehen habe und hinauf an dem Haus, haben die beiden im Fenster gelegen und mir nachgewinkt, grade wie mir Weio vor ein paar Stunden nachgewinkt hatte.

Da ist plötzlich der Gedanke an Weio mir schwer aufs Herz gefallen, wie sie so viele Stunden schon an diesem trüben, trostlosen Nachmittage allein gesessen hat, und ich habe an den Teppich denken müssen und an die vielen Fäden darin, die ich doch nicht verstehe. Und ich habe zu laufen begonnen und bin in eine Bahn gestiegen und wieder in eine und in noch eine, bis ich eben auf der letzten Haltestelle gestanden habe, nur noch zehn Minuten Feldweg vor mir.

Es ist ganz dunkel gewesen, und der Wind hat in den Ästen der alten Bäume gebraust, und Regen ist mir ins Gesicht geschlagen, und ich bin oft auf dem nassen Lehm ausgeglitten. Und ich bin gelaufen und gelaufen, die Angst im Herzen, was geschehen sein könne, und die Baumstämme sind an mir vorbeigehuscht, und doch ist es mir gewesen, als nehme der Weg kein Ende.

Bis an einer Biegung unser Haus vor mir gelegen hat – und da bin ich trotz aller Eile, die mich eben noch trieb, stehen geblieben, und mein Herz hat ganz schwer und langsam geklopft, als wolle es beim nächsten Schlage stehen bleiben. Denn was ich den ganzen Heimweg gefürchtet hatte, das habe ich nun deutlich gesehen: es war etwas geschehen. Denn das ganze Haus ist von oben bis unten beleuchtet gewesen, und die Gaskandelaber auf der Straße haben gebrannt und zwei Wagen vor der Tür gehalten.

Ich aber habe mich langsam Schritt vor Schritt wieder in Bewegung gesetzt, und hätte ich nur gewusst, wohin sonst laufen, ich hätte keinen Schritt auf das erleuchtete Haus zugemacht. Schließlich bin ich vor der Tür angelangt und habe gezögert, ob ich die Kutscher, die dort bei ihren Pferden standen, fragen sollte, und habe vor Angst keinen Ton herausgebracht und bin die Stufen emporgestiegen und habe an der Tür geklingelt.

Zwei- oder dreimal habe ich klingeln müssen, ehe jemand kam, und hörte innen doch Laufen und Reden, dann hat die Erna mir die Tür aufgemacht. Ehe ich sie aber noch etwas habe fragen können, ist sie zusammengefahren bei meinem Anblick und ist ins Haus gelaufen und hat gerufen: »Die Mieze ist da. Die Mieze ist eben gekommen!«

Ich bin weitergegangen, und wie ich auf dem Vorplatz gestanden habe, ist die Tür zum Wohnzimmer aufgegangen, und ein großer Herr mit einem weißen Vollbart ist auf mich zugekommen und hat »Guten Abend« gesagt und mich bei der Hand genommen, als kennte er mich, und hat mich in das Wohnzimmer geführt, wie ich ging und stand.

Das ist voll gewesen von Leuten: ein junger Herr und Viktor, der ganz bleich war, und ein Herr in Uniform und zwei Krankenschwestern und der Gärtner und ein Stubenmädchen. Alle aber haben mich angesehen, und ihre Gesichter sind weiß gewesen, und keiner hat einen Laut gesprochen. Und plötzlich hat es einen Schrei getan von irgendwoher, da sind alle zusammengefahren und haben einander angeblickt, als hätten sie Angst, und ihre Lippen haben gezittert.

Aber der Weißbärtige hat ein Wort zu der einen Schwester gesagt, und die ist zur Tür gegangen und ist dort wieder stehen geblieben und hat gefragt: »Herr Doktor, kommen Sie nicht mit?«

Da hat der Alte wieder eine Bewegung zu dem jungen Mann gemacht, und der ist mit der Krankenschwester hinausgegangen, beide dicht beieinander, als ängsteten sie sich allein. Und der Alte hat mich angesehen und hat ganz sanft gefragt: »Was haben wir denn da, mein Kind?«, und ich habe ihm mein Paketerl hingestreckt. Er hat es aufgemacht und hat es angesehen und mit den Achseln gezuckt und hat gesagt: »Das ist nun freilich nicht mehr nötig, kleines Mädchen.«

Ich habe ihn angesehen und habe fragen wollen, was geschehen ist und wer vorhin den Schrei getan hat, und habe bitten wollen, dass sie mich zu der Weio lassen, und habe kein Wort sagen können. Und da habe ich Viktor plötzlich ansehen müssen, und der hat mich so angelächelt, als wisse er vor Tränen nicht was tun, und da hat er ganz sanft zu mir gesprochen: »Mieze! Miezeschwester, hättest du mir nur ein Wort gesagt!«

Der alte Herr hat abgewehrt: »Scht! Scht! Das ist doch nur ein Kind! Nur ein Kind!«

Und in demselben Augenblick ist es über mich gefallen, dass wir beide, die Violet und ich, viele, viele Wochen wahnsinnig gewesen sind und dass wir immer tiefer in die Finsternis gelaufen sind, wo doch überall Lichter waren und Helligkeit. Da ist es plötzlich aus mir gebrochen, und ich habe schreien müssen und nur noch schreien können.

Und erst viele, viele Wochen später, als meine schöne Weio längst unter der Erde war, habe ich nach und nach erfahren, dass sie sich an jenem Nachmittag den Leib mit Benzin begossen und sich selbst angezündet hat, weil sie nicht mit solchem Kind und Feinde im Leibe im Grabe hat liegen wollen, wie sie geschrieben hat.

3.

Es ist mir ein Segen, dass ich heute Abend mit der Geschichte von Violet zu Ende gekommen bin, ich hätte sonst wohl auch diese Nacht wieder nicht schlafen können. Nie und nie habe ich das alles auch in dieser Ausführlichkeit erzählen wollen, aber als ich zu schreiben begann, ist mir gewesen, als sei ich wirklich wieder die kleine Miezeschwester von vor dreißig Jahren und meine schöne Violet sitze einsam und mit all ihrem Elend und Kummer in unserer Stube. Ich habe ja nur erklären wollen, wie es gekommen ist, dass ich für viele Jahre einen Abscheu und einen Ekel vor der Liebe behalten habe, wie sich mit diesem Worte für mich fest der Begriff von einem grausamen, seelenlosen Apparat verknüpft hat, dem wir alle ausgeliefert sind. Wenn ich auch jung gewesen bin und mein Kopf mit den Jahren weniger an diese schrecklichen Monate gedacht hat, mein Körper und meine Nerven, alle meine Neigungen, die haben nicht vergessen können, die haben sich erinnert.

Und nun muss ich erzählen, wie ich doch, kurze neun Jahre später, geheiratet habe, eine Ehe eingegangen bin mit einem guten treuen Kameraden, die heute noch hält; trotz alledem und wegen alledem geheiratet habe, ohne Liebe, aber mit einer sicheren Freundschaft in eine gute Geborgenheit hinein.

Nach dem, was in jener Nacht geschehen, und als ich wieder gesund geworden, bin ich weiter zur Schule gegangen und habe meine Selektaprüfung gemacht und bin nach Frankreich und England gegangen und habe mein Erlerntes in diesen Sprachen geübt und ausgebaut. Natürlich bin ich für andere kein erfreulicher Umgang gewesen, und mir selbst habe ich mehr zur Last gelegen, als mir lieb war, aber schließlich habe ich doch nicht allzu sehr von meinen Mitschwestern abgestochen. Ich war eben ein Einzelgänger und ein verschlossener Mensch. Ich habe selber schwer daran getragen und oft genug versucht, aus dieser Haut, die mir so gar nicht passen wollte, hinauszukriechen, aber damals ist es mir noch nicht gelungen.

Dann habe ich mein Examen gemacht und bin nun wirklich Lehrerin gewesen, einundzwanzig Jahre alt. In den Städten habe ich nicht bleiben wollen, ich bin zu sehr in einem Garten aufgewachsen, um an ihnen Gefallen zu finden, und so bin ich aufs Land gegangen, zu einem Oberförster, dem ich seine beiden Töchter erziehen sollte.

Da habe ich es so einsam und still gefunden und voller Baumpfade, Tiere und Blumen, wie ich es nur wünschen konnte, aber es hat mir doch nicht gefallen. Auch an den Kindern war nichts auszusetzen, nur viel zu still und verschüchtert waren sie. Überhaupt kroch alles in diesem Haus voll Angst umher, und das machte der Alte, der Oberförster, der wirklich verdrehter und wilder war, als erträglich schien.

Er soll früher ein ganz umgänglicher, nur etwas trotzköpfiger Mann gewesen sein, aber dann hat er einen Streit mit dem Pastor bekommen um einen Acker oder um Wild, das irgendwo im Korn Schaden getan hatte, was weiß ich. Da hat er sich recht aufs Prozessieren gelegt, und als er dabei nicht Recht bekam, auf den Pastor eine Todfeindschaft geworfen. So war es eine Weile mit Schurigeleien hin und mit Schurigeleien her gegangen, bis ihm auch das nicht genug war und er sämtliche Pastoren in seinen Hass einbezogen hat.

Das war ja nun so weit gut, denen tat es nicht weh. Aber nun geriet er darauf, dass er alle Leute zu seinem Glauben bekehren wollte und überall zum Kreuzzug gegen die Baalspfaffen aufrief. Da aber legte sich seine Behörde ins Mittel und verbot ihm den Mund. Doch ebenso schnell fand er einen neuen Ausweg, nun wollte er ein Gesangbuch herausgeben, ganz wie das kirchliche, und jedes Lied sollte auch ganz nach der kirchlichen Melodie gehen, aber in jedem Lied wollte er eine Schandtat der Pfaffen bedichten.

Das trieb er nun schon ein paar Jahre, saß ewig über Büchern und Scharteken, war brummig, finster und wortkarg und taute nur auf, wenn er ein neues, recht saftiges Schelmenstückchen seiner Feinde gefunden hatte. Das servierte er uns allen dann zum Mittag- oder Abendessen und hatte seine rechte Freude daran, wenn er seinen zitternden Kindern eine gebratene Hexe oder auch nur einen geräderten Bauern, der am Zehnten gespart hatte, in allen Einzelheiten vorsetzen konnte.

Da half keine Gegenrede, er schrie einfach lauter. Wenn ich nie eine Freundin der Geistlichkeit und christlicher Lehre gewesen bin, solchen Schandredereien gegenüber habe ich den Mund nicht halten können, aber es nützte nichts. Am schlimmsten war es nachts, wenn er seine drei, vier Glas Grog getrunken hatte und nun durch das schlafende Haus sang:

>»Die Pfaffen fingen ein Jüngferlein,
> Halleluja!
> Sie zogen ihr aus das Hemdlein fein,
> Ehre sei Gott in der Höhe!
> Sie legten sie auf ein hölzern Brett,
> Hallelulja!
> Und schmierten sie ein mit Teer und Fett,
> Ehre sei Gott in der Höhe!«

Da sind manches Mal die Kinder in ihrer Angst zu mir ins Bett gekrochen, und wir drei haben Stunden wach gelegen und mit Zittern gewartet, bis endlich sein Rausch über seine Singlust Herr wurde.

Ich habe immer von dort fortgewollt und habe es doch nicht übers Herz gebracht, die armen Kinder ganz allein zu lassen. Und stets habe ich mir den Kopf zerbrochen, wie man dem Mann seinen Mund stopfen könnte.

Eines Nachts, als das Geheule unten wieder losging, sind wir Hausbewohner alle, Kinder und Mägde und ich, vor seine Tür gezogen und haben das gleiche Kirchenlied, das er grölte, angestimmt, aber mit den rechten Worten. Und je lauter er gebrüllt hat, umso lauter haben wir gesungen, und wenn er eine Weile gewartet hat, haben wir auch gewartet, um mit ihm schön richtig wieder anzufangen.

Schrie er: »Ein' feste Hur' der Pfaffen Glück«, so sangen wir: »Mit unsrer Macht ist nichts getan«, sang er: »Das Kind werd ich abtreiben«, so sangen wir lauter: »Das Reich muss uns doch bleiben.« Es war zum Weinen, zum Lachen und zum Verzweifeln.

Schließlich hat er die Tür aufgerissen und sich unser Singen verbeten. Darauf habe ich ihm gesagt, wir würden jetzt immer singen, wenn er auch singe, und ihn allein lassen, wenn er seine wüsten Geschichten erzähle. Da hat er mich groß angesehen und nur »Soso!« und »Ach was!« gesagt, und am nächsten Morgen habe ich meine Entlassung bekommen.

Da habe ich denn freilich von meinen schluchzenden und jammernden Schäflein Abschied nehmen und sie ihrem wüsten Kerl von Vater überlassen müssen. Ich habe mich nach einer neuen Stellung umgesehen, und weil ich es diesmal ganz gut treffen und vor allen Rüpeleien sicher sein wollte, habe ich gewartet, bis ich etwas »sehr Feines« bekam, und bin in ein gräfliches Haus als Gouvernante der beiden Komtessen gegangen.

Feiner hätte ich es ja nun sicher nicht treffen können, aber zufrieden habe ich mich dort in allen den zwei Jahren nicht eine Stunde gefühlt. Zuerst bin ich auf die äußere Liebenswürdigkeit und die guten Formen hereingefallen, aber es hat nur wenige Tage gedauert, bis ich gemerkt habe, dass gar nichts hinter all dieser Liebenswürdigkeit steckte und dass ich und jeder Bürgerliche hätten sterben und verderben können, ohne dass die ganze Gesellschaft auch nur den Hals nach uns gedreht hätte.

Das Haus wimmelte immer von Besuch, aber unter einem simplen Adligen wurde es nicht getan, und in den zwei Jahren sind der Hauslehrer des jungen Grafen und ich die einzigen Bürgerlichen gewesen, die ihre Füße unter diesen Tisch stecken durften. Geredet haben wir alle zwei an dieser Tafel aber kein Wort außer einmal ein Flüsterwort zu den Kindern.

Dabei ist mir der Hauslehrer zuerst aufgefallen, denn der Herr Graf hat die seltsame Angewohnheit gehabt, sobald eine Frage offen war oder eine Meinungsverschiedenheit entstand, nach dem unteren Tischende zu fragen: »Nun, was meinen Sie, Herr Doktor?«

Dann hat der kleine blasse schwärzliche Mann den Kopf hin und her gewiegt, hat aber kein Wort gesagt, und der Herr Graf ist auch von dieser Antwort völlig befriedigt gewesen und hat mit seinen Baronen und Freiherren weitergeredet.

Dieser Graf ist überhaupt ein seltsamer Mann gewesen und gar nicht dumm, sondern im Gegenteil höllisch klug und, wie ich oft genug habe hören können, ein brillanter Plauderer. Aber sein Feinheitstick war so, dass ich oft über ihn habe lachen und mich noch öfter schändlich ärgern müssen.

So einmal, gleich ganz im Anfang, als ich noch nicht gewusst habe, dass der Park von zwei bis vier für die Grafenfamilie reserviert und für alle anderen verboten ist, und ich da dem lustwandelnden Grafen begegne und zur Seite trete und ihn grüße. Aber er ist an mir, die vor einer Stunde noch an seiner Tafel gesessen hat, vorbeigegangen und hat mich nicht gesehen, weil er doch nicht sehen darf, wie eines seiner Verbote übertreten wird. Oder wie sie eine große Telefonanlage auf dem Gute und Schloss gebaut haben und sie nach einer Woche wieder herausreißen mussten, weil sich herausgestellt hat, dass die einfachen bürgerlichen Beamten den Herrn Grafen anrufen konnten, während er doch nur sie anrufen wollte. Ja, mit dem Geld hat er nie gespart, seine Freiheit konnte kosten, was sie wollte, da war nichts teuer genug.

Doch mit ihm war es schließlich noch erträglich, aber sie! Dann und wann erschien sie zum Schulunterricht und sagte, liebenswürdig durch das Lorgnon äugelnd: »Lassen Sie sich gar nicht stören, liebes Fräulein Schildt, ich will auch ein wenig meine Kenntnisse auffrischen.« Und saß da und horchte auf jedes Wort und nahm mich nach der Stunde beiseite und sagte dann: »Liebes Fräulein Schildt, belasten Sie das Hirn der Komtessen doch mit keinem Gedächtnisballast. Plaudern Sie ihnen den Stoff vor, einem jugendlichen Hirn fliegt alles zu.«

Und wie ich da mein Knixchen machte und etwas einwenden wollte, fuhr sie fort: »Und dann, liebes Fräulein Schildt, was ich noch sagen wollte: Sie gaben da der Komtesse Hildegard den Rat, die Beine unter dem Tisch ruhig zu halten. Solch ein Wort!« Sie sah mich ernst, betrübt und von Schildpatt eingerahmt an, schüttelte den Kopf und sprach weiter: »Die Komtessen haben keine Beine, Fräulein Schildt! Wenn dieser – Körperteil nun einmal genannt werden muss, so wollen wir doch lieber Ständer sagen. Guten Morgen, Fräulein Schildt. Es war sehr anregend für mich.«

Und ich stand dann nach solcher Reprimande zwischen Lachen und Weinen da und merkte, wie wenig es mir half, meine hochgeborene Brotherrin »Pute« zu titulieren, sie blieb fein, und ich war grob. Da habe ich oft mit Seufzen meine langen dänischledernen Handschuhe angezogen, und wir, die Komtessen und ich, sind in die Gärtnerei gegangen und haben Blumen geschnitten, mit denen wir alle Vasen und Schalen des Schlosses zu versorgen hatten. Wir hätten es alle drei wohl lieber ohne Handschuhe getan, aber dagegen lag strenger Befehl vor: Haut und Nägel der Komtessen mussten geschont werden, und die Gouvernante hatte mit gutem Beispiel voranzugehen.

So manchen Nachmittag und Abend habe ich da hilflos und verlassen in meinem Zimmer gesessen und hab auf das Grün der Parkbäume und den sonnenglitzernden See hinausgeschaut und habe gewusst, dass dies schön und friedlich sei, und habe mich gefragt: Und weiter? Werde ich immer so nachmittags und abends auf herrschaftliche Parks und Seen hinausschauen in zehn, in zwanzig, in dreißig Jahren noch? Und werde solch wunderliche governess wie in den von Papa geliebten Romanen geworden sein und werde meiner Zöglingin mit Überzeugung sagen: »Komtess Ruth, Sie haben sich nicht das Bein aufgeschlagen, oh shocking! Sie haben sich Ihren Ständer verletzt!« –? Und ich habe mit Neid darauf gehorcht, wenn abends nach dem Souper die Diener und Zofen und Mädchen und Stall- und Gärtnerburschen lachend in den Park gelaufen sind, und hätte auch zu ihnen gehören mögen und die ganze Feinheit von mir abschütteln.

Ich hätte es auch nie zwei Jahre ausgehalten, wenn nicht – – Nun, wie ich eines Mittags auf das Tischzeichen warte und ein wenig abseits von den andern in der Halle stehe, da ist der kleine blasse schwärzliche Grafenerzieher auf mich zugetreten und hat mich gefragt: »Nun, Fräulein Schildt, freuen Sie sich auch pflichtschuldigst wie ich auf Ihre sechs mit der Noblesse von sechzehn Ahnen servierten Gänge, die Radieser und den Käse nicht gerechnet?«

Ich habe erschreckt und belustigt mit einem Blick auf die andern gemurmelt: »Aber, Herr Doktor, Sie werden doch

54

hier nicht angesichts so vieler erlauchter Ahnen«, denn sie hingen in Öl und teilweise wirklich übermäßig scheußlich überall um uns herum, »und bei diesen Zuhörern Spott mit dem Heiligsten treiben?!«

Da hat er ruhig gesagt und seine Stimme kein bisschen dabei gesenkt: »Liebes Fräulein Schildt, Sie sind zu kurze Zeit hier, um auch nur eine blasse Ahnung davon zu haben, wie vollständig piepe denen ist, was wir denken und sagen. Sie dürften ruhig sagen, dass unsere Frau Gräfin eine Pute ist«, ich fuhr zusammen, und er lächelte, »es machte ihr gar nichts, denn sie wüsste es besser. Aber versuchen Sie nur einmal, vor ihr durch die Tür zu gehen …« Er lächelte wieder. »Und hat das schließlich nicht etwas Versöhnliches?«

Hatte mir schon sein sibyllinisches und ganz und gar nicht befangenes Kopfwiegen bei Tisch gefallen, so gefiel mir diese Art, zu denken und zu reden, noch besser, und unsere kurzen Schwatzminuten vor Tisch sind mir viele Wochen ein wahrer Trost gewesen. Ich hätte gern einmal ein längeres Gespräch mit ihm geführt, aber er wohnte in einem Flügel vom Schloss und ich im andern, und das war, als sollten Kurfürstendamm und Wedding zusammenkommen. Und im Park bekam ich ihn nie zu sehen.

Er hat aber nicht so töricht wie ich darauf gewartet, bis Seine Majestät der Zufall sich selbst einmal herabließ, uns zusammenzubringen, sondern hat mich eines Mittags einfach gefragt: »Wollen Sie nicht einmal mit mir rudern, Fräulein Schildt?«

Und als ich ihn etwas verdutzt angesehen und ganz naiv gefragt habe: »Dürfen wir denn das?«, denn ich habe ja nie erraten können, was eine geborene und auch noch verehelichte Reichsgräfin für unpassend hielt, da hat er ganz verwundert mit dem Kopf geschüttelt und gefragt: »Aber! Aber! Fräulein Schildt? So wenig erst gelernt? Sie können tun und lassen, was Sie wollen, in Ihrer Freizeit, heißt das, Frau Grä-

fin und Herr Graf werden doch nicht die Verpflichtung übernommen haben, für die Moral ihrer Bediensteten einzustehen! Meinen Sie, Frau Gräfin macht sich Sorge, was der
Gärtnerbursche Klappsch abends tut? Oder sind Sie so
größenwahnsinnig zu meinen, in den Augen Ihrer hohen
Herrin sei ein erheblicher Unterschied zwischen den Wesen
Klappsch und Schildt?«

Ich hatte es bisher doch gemeint, wusste aber im gleichen
Augenblick, da er sprach, dass er recht hatte, und war aus-
nahmsweise auch einmal völlig damit einverstanden, da es
mir zum Rudern half. Und so haben wir diesen Sommer bis
spät in den Herbst hinein und den nächsten Sommer wieder
die schönsten Fahrten über den großen Storkower See gemacht, häufiger aber noch den Kahn ins Schilf gleiten lassen, und ich habe in den Himmel geguckt, während er mir
nacheinander die Odyssee und die Ilias vorgelesen hat. Und
ist eine besonders schöne Stelle gekommen, so habe ich sie
auch in Griechisch hören müssen, um »den Zauber der Ur-
sprache zu empfinden«, wie man sagt und er auch. Den habe
ich nun freilich nicht empfunden, und manchmal hätte ich
mich wohl ohne die Eintagsfliegentänze über dem Schilf und
ohne die Wasserhühner mit ihren Jungen und ohne die sachten langsamen Sommerwolken böse langweilen müssen. Aber
dann habe ich immer wieder empfunden, was für ein guter,
verdrehter, schwärmerischer Junge mein Visavis gewesen ist,
und habe es nicht übers Herz bringen können, ihm zu sagen,
dass mir sein Erzfeind Voltaire zehnmal lieber gewesen ist als
sein kühler Homer mit dem Göttergewimmel.

Denn das habe ich ja schnell genug herausgehabt, dass dieser überlegene, skeptische Doktor der Philosophie Hans Lauterbach ein sehr verletzliches und empfindliches Menschlein
gewesen ist und dass ihm die Graferei mit all ihrem Anhang
nur eben darum nicht hat weh tun können, weil sie es eben
nicht konnten. Wen er aber einmal einließ zu sich und teil-

haben ließ an sich, der konnte ihm höllisch weh tun, und dann wurde er immer stiller und stiller und hing wie eine Topfblume, die man eine Woche nicht begossen hat, den Kopf.

Das war nicht gut, dass wir nie einen rechten Streit miteinander gehabt haben. Wenn der eine Weiß und der andere Schwarz sagte, so kam es eben zu nichts, hier blieb Weiß und dort drüben Schwarz, während nach einer rechten heftigen Streiterei eine Einigung fast immer erfolgt. Aber er saß nach einem raschen Wort von mir so verschüchtert und vergrätzt da, dass er mir in der Seele leidtat und ich bei mir dachte, lass das dumme Weiß schon Schwarz sein und wenn du es zehnmal besser weißt, da du doch siehst, dass du diesem armen Kerl eine Freude damit machst.

Und ich hatte ja selber Freude, wenn ich sah, wie er bei dem ersten einlenkenden Worte von mir wirklich aufleuchtete und dann ganz eifrig wurde, mir seine Gründe darzulegen. Ich musste dann freilich schweigen, wenn ich nicht die eben geschlossene Versöhnung wieder rückgängig machen wollte. Und ich habe auch meistens geschwiegen. Bekömmlich ist dieses Schweigen aber für beide Teile nicht gewesen.

Das Schlimme war ja eben, dass das alles gar keine Anstellerei und Tückscherei von ihm war, sondern wirkliche Schüchternheit und Scham. Und je mehr er einen Menschen liebte, umso weniger konnte er gegen ihn einwenden und umso größer wurde seine Empfindlichkeit. Er war eben eine Mimose und ist es auch geblieben, und heute noch habe ich manches Mal den fünfzigjährigen Professor Hans Lauterbach zu trösten und zu begöschen, wenn er meint, einer von seinen Bengels in der Schule habe ihm eine ganz persönliche Sottise gesagt.

Doch vorläufig sind ich und er noch zwanzig Jahre jünger und rudern über den Storkower See oder fahren Schlittschuh auf ihm und sind die besten Freunde von der Welt. Er hat mir mit rührender Offenheit sein ganzes Leben erzählt und hat nie von mir Vertrauen um Vertrauen gefordert, vielleicht hat er gespürt, dass der Deckel über dem Kasten Kindheit sehr fest bei mir verschlossen gewesen ist. Und wie er zum zweiten Herbst seine Anstellung in den Staatsdienst bekommen hat, habe ich mich redlich mit ihm gefreut und habe ihn als einen guten lieben Freund abreisen lassen, habe ihm nachgewinkt und bin nach Haus gegangen und habe gedacht: der kann eben nicht anders sein. Denn von Liebe ist zwischen uns nie auch nur mit einem Worte die Rede gewesen, und große Verabredungen wegen Briefschreiberei haben wir auch nicht getroffen.

Wie ich dann aber so allein auf meinem Zimmer gesessen habe und allein über den See gerudert in dem Boot, das er mir vermacht hat, und wie sein Nachfolger gekommen ist, der nun glücklich auch ein Adliger war und bei Tisch hat mitsprechen dürfen, da habe ich gedacht, es sei nun der Feinheit für ein Menschenleben genug, habe der Frau Gräfin meinen Wunsch, mich zu verändern, mitgeteilt und zur Stunde ein liebenswürdiges Zeugnis und ein sparsames Abschieds-douceur erhalten.

Ich aber bin weitergezogen und diesmal ganz ins Hinterpommersche hinein und bin da auf ein Original gestoßen, das in Puncto seiner Einzigkeit dem Förster in Mecklenburg nichts nachgegeben hat. Ich muss überhaupt sagen, dass ich an Originalen, an wirklich sonderlichen Einzelmenschen, nie so viele getroffen habe wie in der norddeutschen Tiefebene auf dem Lande. Dort saßen sie, und da sitzen sie sicher auch heute noch. In der Stadt freilich sind sie nicht zu finden.

Also ich habe da einem Rittergutsbesitzer Walter seine achtjährige Tochter unterrichten und erziehen müssen, soweit er es dazu kommen ließ. Saß mir bisher in der Stunde die Gräfin auf den Hacken und verdarb mir die Laune, so tat es hier der Vater. Mit einem großmächtigen Knösel im Munde, aus dem er unaufhörlich rauchte, saß er im Lehnstuhl, und wenn ich dem Kind etwas erzählte, so knurrte er von Zeit zu Zeit: »Glaub's ihr nicht, Petta, glaub's ihr nicht! Lass dir's beweisen.«

Und wenn ich dann »beweisen« wollte, dass die Erdkugel rund sei und das Schiff mit seinen Masten anbrachte, so stürzte er triumphierend aus seinen Verschanzungen und bewies mir, dass mein Beweis falsch sei.

Noch heute höre ich manchmal im Ohr den scharfen, bellenden Ton seiner Stimme, und noch im Traume schallt es: »Glaub's ihr nicht, Petta, glaub's ihr nicht! Lass dir's beweisen.«

Das waren tolle Schulstunden. Am Ende saßen regelmäßig das Kind und ich da und horchten auf das, was er uns erzählte, bis er mit seinem ewigen: »Glaubt's mir nicht, lasst's euch beweisen!« uns aus aller Atemlosigkeit und Zuhörerei riss. Er war schon ein sehr kluger und gar nicht denkfauler Mann, nur dass er den Sparren hatte, keine Hilfe von andern annehmen zu wollen. Da mochte der schönste grade Weg für ihn offenliegen, er suchte sich selbst einen, und musste er tagelang darüber nachdenken.

»Sehen Sie, Fräulein«, hat er mir gesagt, »das ist ja kein bloßer Sport von mir, um Sie zu ärgern und das Kind zu quälen, sondern das Kind soll denken lernen, wirklich von selbst denken. Welcher Mensch kann denn heute noch beobachten? Alles wird geglaubt, wenn es irgendein Affe nur recht laut brüllt. Fass den Tisch an, Petta!«, rief er. »Und Sie auch, Fräulein!« Wir taten's. »Und nun die Ofenkachel.« Wir taten auch das. »Was ist kälter, Fräulein?«

»Die Ofenkachel«, sagte ich prompt, denn es war im Sommer. Er lachte: »Nun, Petta?«

Das Kind dachte nach: »Ich will es mir überlegen, Vati.«

So war sie, sagte nie etwas Voreiliges, dachte wirklich nach, während ich oft voreilig war und hereinfiel.

»Mein Kummer ist nur«, sagte er auch, »dass die Petta einmal schön wird. Sehen Sie das Kind an, es wird einmal sehr schön werden. Und Schönheit ist für ein Weib eine Strafe. Alle Hunde sind gleich hinter ihr her, und wenn sie die Waffen nicht hat, sich ihrer zu erwehren, wird sie die Beute des ersten schlechtesten. So wie Sie, Fräulein, muss ein Mädel aussehen«, sprach der denkerische Grobian. »Wenn Sie einmal einen Mann kriegen, so können Sie sicher sein, dass – trotz alledem vielleicht nichts in ihm steckt.«

So sprach mein Brotherr, und so war er. Ich habe damals oft den Kopf über ihn geschüttelt und mich ein Redliches über ihn geärgert, wenn er mein schönes Konzept völlig durcheinander- und mich so in Verwirrung brachte, dass ich mit all meiner Schulweisheit nicht aus noch ein wusste. Später aber, als ich mich und meine Kinder erzogen habe – denn wir Frauen fangen ja eigentlich mit unserer bewussten Selbsterziehung erst an, wenn wir unsere eigenen Kinder zu erziehen haben –, da habe ich gemerkt, dass vieles von dem, was dieser seltsame hinterpommersche Murrkopf erzählt hat, mir eine rechte Hilfe und ein guter Wegweiser gewesen ist.

Dieser Walter war auch ein völliger Heide. Nicht, dass er ein Feind der christlichen Kirche und des Christentums gewesen wäre, nein, es gab die einfach nicht für ihn. Und er besaß auch jene löbliche Eigenschaft der Heiden: jeder Bekehrungseifer war ihm fremd. Mochten die andern glauben, was sie wollten.

»Wollen Sie dem Kinde gern biblische Geschichten erzählen, Fräulein?«, fragte er mich einmal im Anfang. »Wenn Sie mögen, gerne. Aber Sie müssen mir dann auch schon erlauben, dass ich auf meine Art dazwischenrede und die Geschichten Petta in meiner Beleuchtung zeige. Nicht? Nun, mir ebenfalls recht. Sie sind auch grade keine Freundin davon, haben sich freigemacht vom alten Kinderglauben? Kämpfe gehabt? Nein? Sehen Sie, das ist das Rechte. Wenn

man Kämpfe hat, ist noch immer irgendetwas faul. Bei mir –
die Sprüche und Lieder und Geschichten wanderten zum einen Ohr herein und zum andern wieder hinaus. Sie gingen
mich einfach nichts an.«

Ich erzähle immer vom Mann (wobei ich gestehen muss,
dass mir, wie fast allen Frauen, die Männer erheblich interessanter sind als meine Geschlechtsgenossinnen) und vergesse darüber die Frau, die nach außen hin doch als die eigentliche Führerin des Betriebes auftrat. Das macht aber, ich
hatte mit ihr fast gar nichts zu tun. Wenn ich aufstand, war
sie stets schon aufs Feld geritten, in Stulpenstiefeln und Man-
chesterjoppe, eine dicke Zigarre qualmend und ein Einglas
im Auge. So kommandierte sie mit den Leuten herum, dass
es nur so seine Art hatte.

Es war eine komische Ehe. Die Eheleute scheinen sich gar
nicht umeinander zu kümmern, und wie sie einmal zusam-
mengekommen sind, das kann ich mir nicht einmal mit Zu-
hilfenahme aller meiner Phantasie ausmalen.

Aber mit dem Sich-nicht-Kümmern war es auch nur sehr
scheinbar, wenn auch einseitig. Es fing ganz sachte damit
an, dass die Frau mich bat, ihr einen eiligen Brief zu schreiben, grade wenn es Essenszeit war – es mache mir doch
nichts aus, allein nachzuessen? Oder sie holte mich ins Ge-
wächshaus, wenn die Zeit zum Spaziergange war, den ich
mit dem Kinde machte und dem sich fast immer der Mann
anschloss, und ließ mich eine Zeichnung durchsehen, in der
vom Architekten die Heizröhren natürlich wieder ganz
falsch eingezeichnet waren. »Können Sie's zurechtkriegen,
Fräulein Schildt? Na also! Grete kann ja mal die Ecke mit
dem Kinde gehen.«

Ich Unschuldslamm habe das ja manchmal ein bisschen
sonderbar gefunden, besonders als ich, die Gouvernante, einmal zwei Wochen lang die Kartoffelmarken auf dem Felde
ausgab, weil eben gar kein Ersatz für den kranken Statthal-

ter aufzutreiben war – weiter Gedanken habe ich mir also nicht über die Sache gemacht. Da musste erst der Mann selber kommen und mir ein Licht aufstecken. Es war eben an einem Morgen, als ich wieder um sechs aufs Kartoffelfeld hinauswollte, da kam der Mann quer über den Hof auf mich zu. Ich wunderte mich recht, denn Frühaufstehen war seine Sache gar nicht. Da sagte er schon: »Wenn es Ihnen zu dumm wird, Sie brauchen nur zu winken. Ich mache dem Spuk ein Ende.«

Ich habe ihn wohl nur verständnislos angestarrt.

»Gott, Fräulein Schildt«, hat er gelacht, »Sie in der Wolle weißes Lamm haben wohl noch nicht gemerkt, warum Sie Kartoffelmarken ausgeben?«

»Weil der Möller krank ist«, sagte ich gehorsam wie ein Schulkind.

Er hat den Kopf geschüttelt. »Liebes Kindchen, weil die hohe Fürstin auf Sie eifersüchtig ist. Gucken Sie nicht so. Das erleben wir hier nicht zum ersten Male. So, und nun geben Sie mir die Markentasche, und da werde ich denn mal heute die Marken ausgeben. Damit hat es wohl ein Ende.«

Und es hatte ein Ende. Am nächsten Tage war ein Ersatz für Möller da, und Wiederholungen gab es nicht. Aber es war eigentlich alles für mich damit zu Ende. Meine Unbefangenheit war fort, der kameradschaftliche Ton mit dem Manne war nicht mehr möglich, seit ich wusste, eine gequälte Frau hörte zu. Ich sah schon, ich würde wieder ein Haus weitergehen müssen und wieder einmal versuchen, ob ich nicht am Ende doch einmal die ideale Stellung erwischen würde. Ich war nun fünf Jahre Hauslehrerin gewesen, und ich hatte es recht satt, mich nur um fremder Leute Kinder zu kümmern, und dachte öfter als früher darüber nach, wie es wohl wäre, wenn ich ein paar eigene Bälger auf dem Schoß hätte.

Aber dann kam immer wieder der Gedanke an Violet und die Angst vor all dem Apparat, und ich schauderte. Ja, hätte ich die Kinder ohne Mann bekommen können, ich wäre schon einverstanden gewesen.

Und in eine dieser Stimmungen geriet ein Brief von Hans Lauterbach, ein Brief, bei dem mich Lachen und Weinen mit Gewalt überkam. Ich habe noch genug Briefe im Leben bekommen, aber nie habe ich eine so närrische und hilflose Liebesepistel in der Hand gehalten. Er sei nun fest angestellt, schrieb er, und Oberlehrer und beziehe das und das Gehalt. Dienstwohnung habe er nicht, doch baue man jetzt in den Berliner Vororten sehr bequeme Fünfzimmerwohnungen, sogar mit Kohlenaufzügen und Gaskochern. Und ein Dienstmädchen könne man sich ja unter allen Umständen bei dem Gehalt leisten. Seine Lehrtätigkeit mache ihm Freude, trotzdem er vorläufig nur bis Obertertia unterrichte, und seine Mutter ließe mich auch grüßen. Wenn ich einmal Zeit hätte, solle ich ihm doch wiederschreiben, und er denke in aller Freundschaft an mich.

Ja, was sollte man da sagen, und was sollte man vor allen Dingen schreiben? Denn dass dieser Unglücksmensch da in Berlin sitzen und jede Stunde auf meine Antwort warten würde, das war mir ohne weiteres klar. Ich hatte ihn herzlich gern, aber mir war nie der Gedanke gekommen, dass er einmal mein Mann sein könnte. Wenn ich an all das gedacht hatte, so hatte ich immer gehofft, eine ganz stürmische wilde Liebe würde mir eines Tages über meine Hemmungen weghelfen. Und nun so?

Ich habe mich nicht entschließen können und habe am Ende vor lauter Einwänden und Wenns und Dochs nicht mehr aus noch ein gewusst. Und schließlich habe ich etwas getan, was ich heute noch nicht bereue: ich habe dem Walter mein Herz ausgeschüttet und ihm alles erzählt.

Er hat sich eine Weile bedacht und hat schließlich gesagt: »Heiraten Sie! Mädel, heiraten Sie ihn! Sie wollen es doch, sonst würden Sie mich nicht fragen. Sie wollen nur hören, dass ich Ja sage. Und was das andere angeht, so ist es ein Experiment. Aber nicht größer und kleiner als bei jeder bürgerlichen Ehe, wo sich die Kontrahenten üblicherweise erst nach dem großen Rütlischwur kennen lernen. Geht's schief, geht's schief. Das gab ich jedem Paar auf den Weg zum Standesamt, Ihnen nicht anders als allen andern.«

Ich habe mich wieder über ihn geärgert und gefreut, gefreut, weil er natürlich den Nagel auf den Kopf getroffen hatte, und geärgert, weil er alle meine schweren Bedenken für gar nichts gehalten hat. Ich weiß jetzt, am liebsten hätte ich mit ihm eine lange Diskussion geführt und mich nach ein paar Stunden schwitzend und widerwillig zu einem Ja bekehren lassen. Er hat mir wieder einmal völlig das Konzept verdorben und hat wieder einmal völlig recht gehabt, so zu tun.

So habe ich denn mein Ja geschrieben, habe es aber doch nicht lassen können, ihm meine Bedenken darzulegen – denn wenn wir jung sind, sind wir ja noch eitel auf die Schmerzen, die wir erlitten haben, und denken nicht daran, dass ein jeder sein hübsches Bündelchen davon aufzuweisen hat. Das Ja hat er angenommen, und über die Bedenken hat er rein stillgeschwiegen, bis ich dann als junge Ehefrau sah, was ich Unglückswurm angerichtet hatte.

Der Hans ist ja stets ein sehr empfindlicher und zarter Mensch gewesen, und wie sehr er mich geliebt hat, das habe ich erst so nach und nach in meiner Ehe gemerkt. Und grade weil er mich so geliebt hat, ist ihm das, was ich ihm da von meinen Bedenken und Hemmungen geschrieben habe, so sehr eingegangen, und er hat sich Gedanken über Gedanken gemacht und sich Wunder eingebildet, was er da für ein Ding voller Verkehrtheit sich anheirate.

Und er hat mir um Gottes Willen nichts zuleid tun wollen und ist um mich herumgestrichen wie um eine Wachsprinzessin und hat mich nicht anzurühren gewagt und ist so still und sacht gewesen, als könne ein lauter Ton alle Furien der Hölle in mir entfesseln und mich für immer von seinem Herd und Haus vertreiben. Ich junge Ehefrau habe das mit angesehen, und meine Augen sind wohl immer größer und größer geworden, und eine Stunde habe ich mich geärgert, und eine Stunde habe ich geweint.

Als ich also schließlich in meiner schönen Berliner Fünfzimmerwohnung noch einen Monat nach meiner Hochzeit genauso wie in meinen hinterpommerschen Lehrerinnentagen dagesessen habe, hat der Ärger doch in mir überhandgenommen, und ich habe diesem närrischen Theater ein Ende machen wollen. Ja, das war aber schwer, da wurde mir erst klar, dass es leichter war, dem Hans einen Schrecken einzujagen, als ihn wieder wegzureden. Er war ja so verschüchtert wie ein verprügelter Hund, und wenn ich bei Tisch alle meine Künste zusammengerafft und ihm einen verliebten Blick zugeworfen habe, so hat er scheu und mit schlechtem Gewissen in den Teller geschaut, und wenn ich ihm auf den Fuß getreten habe, so hat er seine Beine schuldbewusst unter den Stuhl gezogen und mich um Verzeihung gebeten.

Manche Stunde bin ich vollkommen verzweifelt gewesen und habe schon geglaubt, das wird nie ein Ende nehmen, bis ich mich dann schließlich auf meine Evaskünste besonnen habe und als eine rechte Potiphar ihm aller Ecken und aller Stunden nachgestellt und ihn Schritt für Schritt verführt habe, bis ich ihn hatte oder er mich.

Das aber weiß er bis zur Stunde nicht, warum ich da plötzlich aufgelacht habe und mich gar nicht beruhigen konnte, und er hat sicher gedacht, dass etwas Rätselhafteres als seine junge Frau ihm noch nicht den Weg gekreuzt habe. Denn aus dem Lachen, das ich in meiner Verzweiflung über den albernen Leidensweg, den ich bis hierher gemacht habe, habe tun müssen, ist bald ein tiefes Nachdenken und ein stilles Verwundern geworden, und ich habe mich staunend gefragt: ist das alles? Darum hast du dich so geängstet und dir beinahe das Leben verdorben, und deswegen machen die Menschen so viel Aufhebens? Das ist alles?

Nein, ich bin nicht glücklich gewesen und gar nicht verändert und kein bisschen selig. Als ich am nächsten Morgen das strahlende Gesicht von Hans sah und gespürt habe, wie stolz er auf mich ist und wie viel sicherer und bestimmter, da habe ich den Kopf geschüttelt und ihn ein wenig lächerlich gefunden und sehr, sehr übertrieben. Ich habe das alles nicht verstanden. Ich habe noch immer traumlos und tief geschlafen, viele Jahre lang, und am Anfang meines Ehelebens hat nach wie vor die kleine Miezeschwester gestanden, die sich vor den Holzschnitten im Lexikon gegrault hat.

Ich habe den Hans gerne gemocht, aber ich habe ihn nicht geliebt. All dies Gefasel über Liebe ist mir völlig zuwider gewesen, und ich habe ihm oft seine Übertriebenheiten vorgeworfen, wenn ich sein Glück und seine Dankbarkeit gesehen. Denn das ist das Seltsame, dass dieser Mann mich die zwanzig Jahre durch ohne Aufhörens geliebt hat. Seit er die kleine Erzieherin in der Schlosshalle angesprochen, hat er mich geliebt, und seine Liebe ist nie schwächer geworden, nie die bequeme sichere Zuneigung des Gatten. Der Fünfzigjährige geht heute noch so leidenschaftlich gerne jeden Gang für mich, den er mir abnehmen kann.

Ich muss ehrlich sagen, mich hat diese schrankenlose Liebe, die nie abgeirrt ist, oft ungeduldig gemacht. Es ist sehr schön, eine Frau neunundzwanzig Jahre hindurch zu lieben, aber es ist – verzeiht mir, o Dichter! – für die Frau oft recht lästig. Und – wer bin ich denn schließlich, dass man mich ein ganzes Leben lieben sollte? So viel ist doch schließlich nicht mit mir los!

So ist denn unsere Ehe angefangen, und so ist sie weitergegangen, ein Tag ist wie alle Tage gewesen. Was ich von ihren Stürmen zu sagen haben werde – wenn ich schon das Wort Sturm dafür gebrauchen will –, das wird am Rande der nun folgenden Erlebnisse erzählt werden. Bis ich aber dahin komme, muss ich noch ein kleines Vorkommnis im fünften oder sechsten Jahre meiner Ehe berichten, das mir nicht grade Mut zu Abenteuern gemacht hat.

Ich hatte damals grade den Franz bekommen, und wie ich und das Kind einigermaßen so weit waren, sind wir zwei in den Wald gezogen, in irgendein kleines Pensionat, um Ruhe und gute Luft zu haben.

Die Luft ist gut genug gewesen, nur mit der Ruhe hat es böse ausgesehen. Denn neben uns beiden hat ein Ehepaar gewohnt, das vom frühen Morgen bis in die späteste Nacht die lebhaftesten und ungeniertesten Diskussionen geführt hat. Dass ich die Wahrheit sage: *sie* hat geredet. Er hat geschwiegen, und nur ganz selten ist seine milde sanfte Stimme mit einer Vorstellung oder einem beruhigenden Wort vernehmlich geworden. Und da der Franz und ich ja noch keine Ausflüge machen konnten und auf Stube und Veranda angewiesen gewesen sind, so haben wir von früh bis spät diese Unterhaltungen mit anhören müssen. Aber weil der Franz viel geschrien hat, habe ich in Geduld dieses Kreuz tragen müssen und bin manches Mal mit schmerzendem Kopf aus meinem Halbschlafe gefahren und habe gefragt: geht es wieder los? Und es ist immer wieder losgegangen.

Wie ich nun eines Tages an der Tür von den Nachbarn vorbeigehe, da springt die plötzlich auf, und ein langer blonder Mensch stürzt heraus, schlägt sie zu, bleibt erschrocken vor mir stehen und ruft verzweifelt aus: »Großer Gott, gnädige Frau, sind Sie auch verheiratet?«

Über diesen seltsamen Schmerzensschrei habe ich lachen müssen, trotzdem der Mann da so verzweifelt und verwirrt und traurig vor mir gestanden hat. Und kaum habe ich losgelacht, so hat sich sein ganzes Gesicht verändert, ist glatt und jung geworden und auch lächelnd, und er hat gesagt: »Nicht wahr, ich bin ein schrecklicher Esel?«

Jetzt war ich aber verwirrt, denn ich habe beim besten Willen nicht gewusst, was ich diesem wildfremden Menschen darauf antworten sollte, und habe zudem das Gefühl gehabt, da drinnen stehe jemand an der Tür und lausche nach uns hinaus. Und gleich ist er ganz förmlich geworden und hat eine Verbeugung gemacht und sich vorgestellt: »Steinlein ist mein Name. Und – entschuldigen Sie nur, gnädige Frau. Und – guten Tag übrigens.«

Damit ist er die Treppe hinuntergelaufen und in den Wald hineinverschwunden, wie ich von meiner Veranda gesehen habe, denn nachsehen musste ich ihm doch. So habe ich die Bekanntschaft des Dichters und Schriftstellers Steinlein gemacht. Er ist aber mehr ein Schriftsteller als ein Dichter gewesen. Als ganz junger Mensch hat er mit einer einfachen kleinen Liebesgeschichte einen großen Erfolg gehabt, so mit einer der Art, die ein anderer Dichter später »bittersüß« getauft hat. Und nun hat er immer wieder dieselbe Liebesgeschichte geschrieben, immer mit ein bisschen Herbigkeit und Süße und Sehnen und Heimweh und grünen Bergen. Nur den Ort hat er jedes Mal anders genommen, ganz danach, wo er seine letzte Sommerfrische verbracht hat. Es ist nicht direkt Schund gewesen, was er da geschrieben hat, aber es hat wirklich nicht sehr weitab davon gelegen. Und das habe ich ihm auch gesagt.

»Gott«, hat er gemeint, »gnädige Frau, ich weiß ja. Aber mein Verleger will's so, und den Leuten gefällt's, und Geld verdienen muss ich auch. Ja, wenn die Frau nicht wäre …« Und hat zu seinen Fenstern hinaufgeschaut.

Ja, dort saß die Frau, und schlimm war sie schon. Er hatte damals bei seinem ersten großen Erfolg sein Schreibmaschinenfräulein geheiratet. »Und ein frisches lebendiges Mädel ist es gewesen, wenn Sie es mir auch kaum glauben können, Gnädigste! Ich möchte wohl wissen, welcher Teufel mir meine blonde Herrlichkeit so ganz sachte unter der Hand in diesen schrecklichen Schrei- und Quatschwanst umgetauscht hat!«

Ich habe ihn schnell durchschaut, diesen Steinlein, und er war ja nicht schwer zu durchschauen. Er hat sich ehrlich gegrämt über sein zänkisches Hauskreuz. Oft ist er zu mir rübergelaufen gekommen und hat mit Tränen in den Augen geschworen, es gehe und es gehe nicht mehr und er laufe in die Welt, und hat fünf Minuten darauf meinem Franzerl die Klapper geschüttelt und gelacht und gealbert mit dem Kind und all seinen Kummer und Sorgen von eben vergessen gehabt.

Ich weiß nicht, wie es gekommen ist, dass ich diesem Mann zuliebe beinahe dem Hans untreu geworden bin, oder doch, ich weiß es recht gut. Der sachteste und überredendste Verführer ist immer das Mitleid, und er hat mir leidgetan, wenn er da in seiner Trostlosigkeit und Zerfahrenheit gesessen hat und zu entzwei war, einen Finger zu heben. Ich habe mir schon gesagt, dass er doch nur ein Luftikus und ein Windhund ist und dass sein Kummer nicht weit reicht, ich habe gefühlt, dass etwas Gutes in ihm steckte, und es hat mir leidgetan, es so zu Grunde gehen zu sehen.

Ich habe es auch nicht lassen können und habe mit dem Steinlein immer wieder den Plan zu einer großen neuen Arbeit durchgesprochen und habe mich erwärmt darüber und bin eifrig geworden, und es ist mein Ehrgeiz gewesen, mit diesem Manne doch etwas zu machen, und habe über alledem nicht gemerkt, dass er längst nicht mehr zugehört hat, was ich sagte, und mit welch seltsamem Ausdruck seine Augen an meinen Lippen gehangen haben.

Eines Tages ist seine Frau ganz besonders schlimm gewesen, und er hat sie nur dadurch zur Ruhe und vom Halse gekriegt, dass er sie auf die Bahn gebracht und nach Berlin geschickt hat, sich ein neues Kleid zu kaufen. Er aber ist zu mir gekommen und hat sich hingesetzt und geweint wie ein kleines Kind und hat gejammert, er hielte es nicht mehr aus und ginge vor die Hunde und kein Mensch auf der weiten Welt stände ihm bei.

Da habe ich mir nicht zu helfen gewusst, ich habe ihm sein Haar gestreichelt und ihm gut zugeredet, und als das nichts geholfen hat, habe ich seinen Kopf an meine Brust gelegt, und als er immer noch weitergeweint hat, habe ich angefangen, ihm auf die Stirn zu küssen, und so sind wir dann sanft weitergegangen, bis wir Mund auf Mund gelegen und uns so in das Küssen vertieft haben, dass an Trösten und Jammer kein Gedanke mehr gewesen ist.

Und ich muss gestehen, dieses Küssen hat mir gar nicht schlecht gefallen, und ich habe vergessen, dass ich sonst immer klar gewusst habe, wohin dies führte. Denn das hat doch schließlich von der Violet fest gesessen, dass ich nicht an all die süßen Listen und Umwege und Schleichpfade der Liebe geglaubt habe, dass die mich nicht täuschen konnten, sondern dass ich vom ersten Augenblick das Ende gesehen habe. Und dass dieses Ende mir trotz Kind und Mann nicht verlockend gewesen ist, dass ich's grade habe dulden, aber gar nicht wünschen mögen, das glaube ich auch schon gesagt zu haben.

An diesem Abend aber hat das Grauen geschlafen, und wir beide haben uns in den Armen gehalten und immer wieder geküsst. Und wenn ich ihn angefleht habe, nun in sein Zimmer zu gehen, hat er meinen Kopf nur weiter nach hinten gebeugt und mich wilder geküsst. Und ich bin Schritt für Schritt zurückgegangen, bis wir an meinem Bett gestanden haben, und ich habe es geduldet, dass er mir die Kleider abgestreift hat, und bin ins Bett gehuscht und bin wild gewesen und habe mich nach ihm gesehnt und ihn nicht erwarten können.

Da ist er zu mir gekommen und hat mich an sich gezogen. Und als ich die Augen aufgemacht und ihn angesehen habe, da sind plötzlich das Grauen und der Ekel in mir hochgeschossen, ich habe beide Fäuste gegen seine Brust gestemmt

und habe geschrien: »Geh fort, geh fort! Du bist zu blond!
Du bist zu blond!«

Das ist nun freilich ein sonderbarer Rückweisungsgrund
für einen Liebhaber gewesen, der schon das Vorgärtchen der
Seligkeit betreten hat, und er hat sich auch nicht beruhigen
und alles für eine junge-frauen-hafte Schämigkeit nehmen
wollen. Doch ich bin wie irre geworden, ich habe ihm gedroht, Leute zu rufen oder aus dem Fenster zu springen,
wenn er nicht sofort ginge, und bin am ganzen Körper von
Entsetzen geschüttelt worden.

Da ist er still aufgestanden und hat seine Sachen genommen und ist ohne ein Wort aus dem Zimmer gegangen. Ich
aber habe hinter ihm abgeschlossen und habe noch Stunden
wie vergiftet dagelegen. Ich habe zuerst wirklich geglaubt,
dass es darum gekommen ist, weil er so blondes Haar hatte
und ich und der Hans doch ganz dunkel sind, aber allmählich ist es heller geworden in mir, und ich habe gewusst, dass
es das Alte war, das Große, das Schwere, dass es keine Über-
listungen für mich gibt und keine Umwege.

Der Steinlein ist dann auch bald abgereist, er ist die letzten Tage um mich herumgestrichen, ganz wie ein trotziger
Junge, den der Bock stößt, und hat kein Wort mehr zu mir
gesprochen. Das ist mir aber nur recht gewesen, denn auch
ich habe von dieser Nacht an gar kein Interesse mehr an
dem Steinlein gehabt. Und bin dann zu meinem Mann zu-
rückgefahren und habe geglaubt, von aller Neigung zu Eskapaden für immer und ewig geheilt zu sein.

4.

Es ist ein seltsam Ding, wenn man einmal in das Nachdenken darüber gerät, wie man Menschen kennen lernte, die
später entscheidend für einen wurden, wie Umstände zusam-

menkamen, ein Ereignis zu ermöglichen. Welche Zufälle! Welch abenteuerliche Romantik! Welch geradezu kinomäßige Verknüpftheit!

Wäre Weio nicht an jenem Nachmittage nach Berlin gegangen … Wäre sie zehn, wäre sie fünf Minuten früher heimgekehrt … Wäre nicht grade in Storkow beim Grafen eine Stellung frei gewesen …

Spürt man hinter alldem die Hand eines Lenkers? Die kommen mir vor wie die Wilden, die im Blitz und Donner ihre Götter erkannten und fürchteten. Und ist doch alles nicht mehr und nicht weniger als das Leben, dem wir hilflos ausgeliefert sind, das mit uns spielt, dem wir gleichgültig sind, das von Liebe wie Hass nichts weiß, die Sphinx, die über uns hinlächelt, die große Katze, die kein Herz hat und spielt. O wie feige ich es finde, sich vor dieser Erkenntnis zu verkriechen und aus sich ein ganz spezielles Separatgeschöpf zu machen, um dessen Wohlergehen sich ein Gott höchstpersönlich bemüht!

Ich habe mir nicht träumen lassen, dass grade Hans die entscheidende Wendung in meinem Leben heraufbeschwören würde, und auch er hat natürlich nicht gewusst, was er tat, als er mir auf meinen Geburtstagstisch eine Summe legte und bat, mich malen zu lassen. Ich bin gar nicht sehr entzückt davon gewesen, habe mir aber gesagt, als ich sah, wie sehr sein Herz daran hing: tu ihm schon den Gefallen.

Und habe gleich an einen Maler gedacht, von dem ein paar Bilder mir in Ausstellungen aufgefallen waren. Es waren seltsame Porträts gewesen, rechte Bilder unserer Zeit schienen es mir zu sein. Es war, als habe sich ein Mensch vorgenommen, kalt und unbeeinflusst, nur nach seiner Vernunft, nur nach seiner verstandesgemäßen Erkenntnis zu malen. Wie die Augen saßen und die Stirn sich darüber fügte, in welchem Punkt des Bildes die Nase saß, all das war wie errechnet, war wie die Schwärmerei eines Mathematikers für die Proportionen des goldenen Schnittes.

Und fing ich an, darüber nachzusinnen und die Beziehungen zu untersuchen, die Verhältnisse der einzelnen Teile zueinander, dann war mir, als glimme ein Funken auf, in den Augen glühte ein Blick wie aus aller wilden Eiszeit heraus, oder im Winkel des Mundes hing unfassbar ein Lächeln, oder es fiel nur Haar in die Stirn – und über aller Rechnerei und Klarheit und Vernunft und Erkenntnis erhob sich eine stolze, schwärmerische, gütige Seele.

Ich wusste nicht, wie alt der Maler war, wo er wohnte, ob er eine Größe war oder ein kleiner Anfänger, aber ich wusste, dass es mich reizen würde, grade von ihm gemalt zu werden, denn auch ich glaubte an den Verstand und erlag ihm mit meinem Gefühl. Ich erkundigte mich und erfuhr, dass er wirklich in Berlin lebte, und schrieb ihm ein paar Zeilen. Ich hatte eine Weile zu warten, aber dann bekam ich doch Antwort, ich möge eines Nachmittags einmal zu ihm kommen, dass man sich kennen lerne. Es werde sich ja dann herausstellen, ob ich noch Lust verspüre, von ihm gemalt zu werden, und ob er Neigung habe, mich zu porträtieren.

Ich ging hin. Man kam durch einen ganz verwilderten Garten, der voll von Gipsschutt lag, überall sahen in ihn die blanken Glaswände der Ateliers, und ich hätte nie geglaubt, dass hinter der nüchternen Berliner Straßenfassade solch weltferne Wildnis stecke. Ein Mädchen öffnete, nahm mir die Sachen ab, rief etwas in eine Tür, aus der Stimmengewirr und Zigarettenrauch drangen, und ich stand in einem riesigen Atelier, dessen Scheiben in der Dämmerung nur noch matt leuchteten. Ich hörte um mich Geräusche, hatte das Gefühl, eine Menge Menschen seien hier, und fühlte mich gehemmt und verlegen.

Eine Stimme rief: »Mach doch einer Licht!« Doch es blieb finster, und das Rascheln dauerte an. Dabei merkte ich, dass diese Geräusche alle von der Erde her kamen, als liege die ganze Versammlung auf glattem Boden, und meine Unsicherheit wurde noch größer.

Die Stimme rief von neuem: »Will denn keiner Licht machen? Hertha, du musst direkt unterm Schalter liegen.«

Eine Frauenstimme sagte faul: »I wo, ich liege mindestens zwei Meter ab. Da liegen noch ganz andere näher.«

Wieder rief der Mann: »Ist denn kein einziger –? Herrschaften, wir können diese unselige Frau doch nicht im Dunkeln stehen lassen! Sie reißt aus, das Honorar geht flöten, denkt an das Honorar!«

Eine Mädchenstimme: »Nebbich, Honorar! Du hast so zu viel Geld.«

Die Männerstimme seufzte: »So muss denn ich –!« Jemand strich an mir vorüber. Es war hell. Ich sah ungefähr ein halb Dutzend Menschen, Männer und Frauen, die auf großen Lagern zwischen vielen Seidenkissen auf der Erde wie eine griechische Tafelgesellschaft lagen. Vor mir stand ein kleiner rotblonder schlanker Mann, der mich lächelnd beschaute, mir dann die Hand gab und sprach: »Also ich bin denn der Kunstmaler Heinz Delbrück, von dem Sie gemalt sein wollen. Und, Kinder, schaut her, dies ist die Frau Gymnasialprofessor Lauterbach, die von mir gemalen sein will. Und nun legen S' sich hierhin, gnädige Frau, und erzählen, wer Ihnen die Idee in den Kopf gesetzt hat, dass grade ich Sie malen soll.«

Kaum lag ich, war es wieder dunkel. Am liebsten wäre ich ausgerissen, ich fand alles hässlich, übertrieben, forciert, weil zu salopp. Ich war gar nicht der Ansicht dieses Kunstmalers, der nun behaglich aufseufzend sagte: »Schauen Sie, nun ist's wieder gemütlich. Und jetzt erzählen Sie!«

Ich hätte beim besten Willen nichts Vernünftiges erzählen können, diese ganze Art reizte meine Nerven, ich redete also so etwas dahin, ich hätte Bilder von ihm in einer Ausstellung gesehen und die hätten mir gefallen.

Aber er ließ nicht nach. Er war wie ein Zahnarzt, seine Stimme war lieb und sanft, aber er bohrte doch weiter: »So, die haben Ihnen gefallen? Und warum haben sie Ihnen denn gefallen?«

Ich war so wehrlos dagegen. Ich hätte wütend werden mögen und grob, aber seltsam, ich hatte gleich in diesen ersten Minuten das Gefühl, das habe gar keinen Zweck dieser Stimme und diesem Mann gegenüber. So wurde ich denn nur trotzig und sagte verstockt: »Sie haben mir eben gefallen. Einfach so.«

Der Bohrer knarrte weiter: »Einfach so? Freilich! Freilich! Da sind Sie hingekommen und haben hingeschaut und haben gerufen: Das sind einmal ein paar feine Bilder, die gefallen mir schon!«

Stille. Irgendjemand kicherte. Eine tiefe Frauenstimme sagte: »Heinz, du bist wirklich gemein!«

Aber der ging ungerührt weiter: »Gehen Sie, gnädige Frau, erzählen Sie doch. Sie wissen schon gut, warum Ihnen die Bilder gefallen haben. Weshalb erzählen Sie's also nicht?«

Ich schwieg. Ich weiß nicht, wie es kam, aber ich hätte plötzlich für mein Leben gern gesagt, was mir an den Bildern gefallen, und sei es auch nur um jener schönen, klaren Frauenstimme willen, aber ich konnte keinen Ton herausbringen. Schlimmer noch, ich spürte geradezu mit Entsetzen, dass mir das Weinen in der Kehle steckte, und peinigte mich mit dem Gedanken, was es in aller Welt denn eigentlich für mich zu weinen gäbe, dass ich doch eben nur in eine schlecht erzogene, ganz unmögliche Gesellschaft hineingeraten sei …

Da sagte die schöne Stimme: »Nun geh, Heinz. Lass die Frau doch zufrieden. Du denkst immer, jeder verträgt deine Art.«

Der Mann protestierte: »Meine Art! Was ist hier meine Art? Sie soll doch halt nur sagen, was sie gedacht hat, als sie die Bilderchen sah. Das ist rein eine Verstandessache.« Mehrere protestierten. »Schon gut! Schon gut! Ich weiß schon! Ich bin wieder einmal roh gewesen. Ich geb's auf.« Er seufzte schwer. Und sagte plötzlich einschmeichelnd, weich zu mir herüber: »Aber gelt, gnädige Frau, wenn Sie wenigstens was Neues wüssten –?«

Es klang so hinreißend schmalzig, dass mich im nächsten Augenblick schon das Lachen überraschte. Ich lachte laut, ungeniert, wild darauf los, dachte noch, aber so darfst du doch nicht lachen, und schon hatte mich das Schluchzen überwältigt, ich weinte, weinte unhemmbar und nicht zu halten, schämte mich und war froh, dass es dunkel war.

Die Männerstimme sagte tief befriedigt: »Na also.« Und plötzlich hielt mich eine Frau im Arm, die schöne Stimme flüsterte: »Hören Sie nicht auf ihn. Weinen Sie ruhig weiter.« Und rief laut: »Nun ist's genug. Drückt euch, ihr alle.« Sie gingen wirklich, und wir waren allein.

Und ich habe richtig geweint, dort im Dunkel des großen Ateliers, im Arme einer unbekannten Frau, und habe nicht gewusst, warum ich weinte, fühlte nur, das müsse so sein. Die Frau aber, die mich hielt, ist still gewesen, sie hat kein Wort mehr gesagt, nur mich gehalten, und doch ist sie allein es gewesen, die gemacht hat, dass das Weinen stiller wurde und ruhiger, dass das Gefühl stark in mir wurde, mir sei etwas abgenommen und leicht gemacht, unbestimmt noch, was.

Dann hat sie Licht gemacht, und ich habe mein Gesicht gewaschen und habe mich umgewendet und habe die Frau angesehen. Sie war dunkel und voll, es war nicht schwer, zu sehen, dass sie eine Jüdin war. Sie ist nicht besonders schön gewesen, und doch habe ich gemeint, nie eine schönere Frau gesehen zu haben. Sie war so stolz und frei und sicher, sie hat gelächelt und hat gesagt: »Ich bin also die Frau vom Heinz Delbrück«, und mir ist gewesen, als habe sie etwas ganz anderes gesagt, als sei mir von ihr das feste Versprechen gegeben, mir werde geholfen werden und nicht nur dieses Mal, sondern ich werde nie wieder allein sein.

Ich habe ihr die Hand gegeben und gedankt, und sie hat noch gesagt: »Später einmal werden Sie verstehen, dass der Heinz Sie nicht aus Grausamkeit gequält hat. Er ist gütig. Später einmal werden Sie wissen, warum dies war.«

Und sie hat ihren Mann gerufen, und ich habe mich von ihm verabschiedet, und er hat gelacht: »Kommen Sie wieder, gnädige Frau, wir werden noch einmal Freunde.«

Da habe ich gesagt: »Gewiss komme ich wieder«, und habe dabei das Gefühl gehabt, als seien wir schon Freunde, als kennte ich diese Menschen besser und näher als alle andern, und habe ihn gar nicht mehr unmöglich und bohrend gefunden.

Dann ist jene Zeit meines Lebens gekommen, wo ich mit jedem Tag gemeint habe, ich werde freier und sicherer, wo es mir wie der Violet in ihrem ersten Glück gegangen ist, dass ich jeden Morgen früh erwacht bin und mich auf den Tag gefreut habe und alles segnen konnte, was er brachte.

Alles? Doch nicht. Ich habe bezahlen müssen, es ist doch Unfreiheit in mir geblieben, weil es eben nicht nur die im Atelier gab, bei denen ich fast jeden Nachmittag zubrachte, sondern weil da auch der Mann und die Kinder waren. Als ich an jenem ersten Abend nach Haus gegangen bin, fühlte ich, ich würde Hans nicht erzählen können, was geschehen war, er würde es einfach nicht verstehen. Er würde glauben, seine Frau sei von einem verbummelten, sittenlosen Bohemien beleidigt worden, und würde dagegen protestiert haben, dass ich wieder dorthin ginge.

Und könnte ich es ihm schon begreiflich machen, was mir dort geschehen, so würde er es nicht verstehen *wollen*, denn er liebte mich doch. Er liebte mich – und ich weiß, dass ich schon an diesem Abend plötzlich stehen geblieben bin und geflüstert habe: »Aber was ist denn das für eine Liebe?«

War diese Liebe nicht am glücklichsten, wenn sie mich allein für sich hatte, wenn sich alles auf den engen Zirkel unserer Existenz beschränkte? Er würde das Eindringen fremder Menschen – und noch so wertvoller – als Beeinträchtigung empfinden, er würde fürchten – und vielleicht mit Recht fürchten –, dass ich ihm fremder und ferner werde. Er würde unglücklich werden.

Sollte ich lügen und ihn weiter glücklich sein lassen?

Oder sollte ich ihm die Wahrheit sagen und ihn unglücklich machen? Da waren auch die Kinde – –. Ich habe diese Fragen damals noch nicht klar gesehen, ich habe nicht gefühlt, dass sich hier zwei Wege trennten, ich habe ganz instinktiv entschieden: Als ich nach Haus kam, habe ich ihm eine Geschichte erzählt von dem Künstler und seiner Frau, besonders von der Frau, die ich kennen gelernt, recht nette Leute, und ich würde in den nächsten Tagen wieder einmal hingehen.

Ich habe gelogen und vielleicht, weil ich ganz gefühlsmäßig den Weg des Lügens gewählt habe, vielleicht hat darum jene junge Freundin doch recht, die gemeint hat, ich trage auch seelisch einen Zwicker.

Ich habe gelogen. Es hat sich ja erst nur um die eine Lüge gehandelt, über grade diesen Abend. Aber dann habe ich wieder hingewollt, und dann habe ich von dem Bild erzählen müssen, das nie gemalt wurde, und dann erklären müssen, warum es nie fertig wurde. Und dann habe ich die wahnsinnige Idee gehabt, den Hans und den Heinz miteinander bekannt zu machen, und der Hans hat natürlich den Heinz nicht ausstehen können und hat mich flehend viele, viele Male gebeten, diesen Verkehr doch aufzugeben, und hat schrecklich darunter gelitten, bis ich gesagt habe: ja, ich habe ihn aufgegeben. Und bin weiter zu Heinz gegangen und habe die Abwesenheiten motivieren müssen, und Bekannte von Hans haben mich mit dem Heinz gesehen, und ich habe lügen, lügen, lügen müssen. Es hat einen Scharfsinn erfordert und ein Gedächtnis, dass ich manchmal hätte verzweifeln mögen.

Denn ich habe wirklich nicht gerne gelogen, nicht nur aus ethischen Gründen, sondern weil ich einfach wenig Talent dafür gehabt habe. Und die Mühe und der Verstand, die ich an meine Lügengebäude gewendet habe, haben mich gereut, es ist mir alles so dumm und albern vorgekommen. Wenn ich abends dem Hans Adieu gesagt habe und er hat mich freundlich über seinen Skriptumheften angelächelt und hat gesagt: »Amüsiere dich gut im Theater, Miezel«, und wenn ich ihm dann am nächsten Tage von einer Aufführung erzählt habe, die ich nie gesehen habe, und er ist so ahnungslos gewesen und so zufrieden, da bin ich mir so niedrig und gemein vorgekommen.

(Warum erzähle ich das eigentlich alles in der Vergangenheitsform? Ist es denn nicht noch so?)

Aber ich habe mich immer damit getröstet, ihn mache ich glücklich, ihm nehme ich wenigstens nichts, bis ich eines Tages auf die Idee gekommen bin: vielleicht handelt es sich hier gar nicht um ihn? Vielleicht ist es ganz belanglos, ob er belogen wird oder nicht? Vielleicht handelt es sich hier um dich und nur um dich?

Da habe ich eine große Furcht gefühlt, und die Möglichkeit ist mir aufgedämmert, dass ich vielleicht doch noch einmal den andern Weg würde gehen müssen, den ohne Lügen, und allein um meinetwillen.

Ich habe das alles schon jetzt erzählt, trotzdem das Lügen sich natürlich erst allmählich entwickelt hat, durch die Jahre hin, bis heute, denn es ist ja nicht nur der Heinz gewesen, den zu sehen ich log. Es ist eine langsame Entwicklung gewesen, und es ist ein mehr als kleiner ferner Schatten in einem großen glänzenden Bilde gewesen. Denn was ich bis dahin nicht kannte, nun habe ich es kennen gelernt: das ganze, große Glück, ein freier, ungehemmter Mensch zu sein. Ja, ich bin glücklich geworden und glücklich gewesen, soweit man eben glücklich sein kann, heißt das.

Ich habe nicht lange gewartet, bis ich das nächste Mal zu Delbrücks ging, und bin immer öfter gekommen. Zu Anfang ist es die Frau gewesen, viel mehr als der Mann, um deren willen ich kam.

Es ist ein seltsames Leben gewesen, in das ich da geraten bin. Oft bin ich aufgefahren und habe mir gesagt, aber es ist ja unmöglich, dass du, Marie Lauterbach, hier sitzest und dies anhörst und mitlachst und mitsprichst! Das ist Traumspuk, Mittsommernachtsspiel. Alles, was ich gelernt habe, meine Wehrhaftigkeit, mein Wissen, meine Sicherheiten, sie sind von mir abgefallen, ich habe gespürt, dass ich das alles nur auswendig gewusst habe, wie ein Kind seinen Katechismus auswendig gelernt hat. Und ich habe gespürt, wie sich in mir ein Mensch leise geregt hat, die wirkliche Mieze, die noch keinen Namen trug.

Aber zuerst ist mir doch gewesen wie einem Fisch, den die Ebbe auf dem Lande hat liegen lassen, ich habe nicht atmen können, ich habe nicht die Gliedmaßen für dieses Leben gehabt. O, ich habe mich gewehrt, ich habe die gehasst und habe sie schamlos genannt und zynisch und gemein. Ich habe mich angeklammert an meine Gewordenheit und habe nicht gewollt, dass die fünfunddreißig Jahre meines Lebens kaum mehr sein sollten als das dumpfe pflanzenhafte Regen eines Triebdaseins.

Und doch habe ich daran denken müssen, warum ich wohl an jenem Abend habe weinen müssen. Und der Delbrück hat mir einmal gesagt, als ich ihn des Hans wegen um das Porträt gedrängt habe: »Ich soll Sie malen, Frau Mieze? Schauen Sie doch, dass Sie erst ein ander Gesicht bekommen, da sitzt ja alles voller Hemmungen, querüber und von links und von rechts.«

Und ich habe gewusst, dass die nicht schamlos waren, sondern schamfrei, weil sie eben nichts von Gut und Böse gewusst, sondern das Leben genommen haben, wie es war, ohne

Urteil, duldsam, nicht als Richter. Nein, sie waren nicht zynisch, sondern aufrichtig und wahrhaft. Nein, sie waren nicht gemein, sondern Freie, die den Stachel nicht mehr im Fleisch spürten.

Da sind lange Abende gewesen in dem großen Atelier, das voll war von den bunten reifen Farben der Seidenkissen, an denen Witz und Laune und Gelächter übersprühten. Und junge Mädchen sind gekommen und junge Männer und haben mitgelacht und mitgesprochen und sind weggeblieben wochenlang und sind wiedergekehrt, als seien sie nie fort gewesen, und jedes hat in diese Stunden etwas mitgebracht, den Gedanken an ein Buch, ein abenteuerliches Schicksal, die Schilderung eines Bildes … Und wir haben gelegen dort, und das Leben ist ein weites festliches Rund gewesen, jeder hat reden können oder schweigen, wie es Laune und Stunde mit sich brachten, und das Leben hat nicht mehr ängstigen können, denn was es auch bringen mochte, es hat eben nichts bringen können wie Leben, und nichts konnte mir mehr geschehen.

Haben die Lampen je düster gebrannt? Ist die Dämmerung ein einziges Mal voll drohender Schatten gewesen? Wir haben gelacht und triumphiert, weil wir gewusst haben. Sind uns nicht Stunden vergangen wie Minuten, und wir haben die Witzworte einander zugeschlagen wie glitzernde bunte Bälle, und sie sind schneller geflogen und leuchtender und haben sich gedreht? Und neue sind gekommen. Und Mädchen haben sich auf die Ellbogen gestützt, wie wach geworden, und haben ihnen nachgeschaut, und ehe sie noch in Träumerei versunken sind, hat es sie hochgerissen, und sie haben selber auf das Funkeln einen höheren Glanz noch gesetzt und haben dagestanden wie herausgeschwungen aus der öden grauen Muschel ihres Daseins, und das Haar längs ihrer Wangen hat leise geatmet, und ihre Knie haben gezittert.

Junge Männer haben einen seltsamen schlupfenden schleichenden Tanz getanzt, langsam, hintereinander, düster wie alte Trauer und elendes krankes Wissen und ein immer neues Verzagen. Und der alte Kasten in der Ecke hat in einer blöden, aufreizend jubilierenden, so dumm und töricht jubilierenden Melodie angehoben, aber sie haben ihren Rhythmus dagegengesetzt und sind weiter schlupfend und stapfend geschlichen. Doch plötzlich hat zwischen ihnen eine Frau gestanden, eine volle dunkle Frau, und es ist gar nicht gewesen, als wenn sie sich bewege, aber da war ihr Lächeln und dort ihre Schulter und da ihre Hand. Und aus dem Schlupfen ist ein Schreiten geworden und aus dem Schleichen ein Eilen und ist ein Wirbel gewesen und Hasten und Jagen und Springen und ein ganz dummes und törichtes Jubilieren.

Und haben wir nicht viele Stunden gelegen und haben mit unsern Hirnen geturnt und Begriffe zerfasert und Haare gespalten? Und ist es nicht sicher gewesen, dass alle diese Menschen hierherkamen aus einem eifrigen und aufrechten Tagewerk, das oft geführt worden ist zwischen den Menschen anderer Art und anderen Geblüts, zwischen Menschen, deren ganzes Sein diese Art, zu leben und zu denken, leugnete, dass sie hierherkamen, sich ein wenig Bestätigung zu holen ihrer Art, und wieder hinausgingen, ohne Aufhebens?

Es war wirklich alles meilenfern von der dummen, gefühlsfaulen Duselei des »Sonne im Herzen«, es war alles andere als weichlich und schlaff, es war sehr mutig, sehr angriffslustig, sehr scharf, sehr ätzend.

Und es war sehr gütig. Wie hätte man sonst die Geduld gehabt, sich so lange mit mir abzugeben, die ich monatelang zu kämpfen hatte, ehe ich diesen freien aufrichtigen Ton fand, und Dutzende von Malen in die alte trockene, stachlige Schärfe zurückverfiel? Man war geduldig, aber man war nicht weich. Man griff fest zu. Und als alles nichts half, schloss man ein Bündnis, man verabredete eine Kur. Diese Menschen waren so, dass sie das Unmöglichste wagten, und sie siegten bei mir.

Ich muss gestehen, dass ich der Sepherl, der Frau vom Heinz, mein Kindheitserlebnis mit Schwester Violet erzählt hatte. Denn es hat mich doch gequält, dass ich da immer so vergnatzt und stumm in all der Offenheit gesessen habe, gewissermaßen zu meiner Entschuldigung habe ich es ihr erzählt. Und ihr einen Eid abgenommen, dass sie es dem Heinz nicht wiedererzähle. Sie hat es natürlich doch gesagt, und mir ist das innerlich auch ganz recht gewesen, wenn ich schon äußerlich heftig protestiert habe, denn das war schon in der Zeit, wo ich gemerkt habe, dass ich den Heinz gern mochte.

Er hat auch ganz unbekümmert mit mir über die Sache gesprochen und hat mir so einen seiner Vorträge gehalten, dass ich dieses Ereignis eben nie richtig erlebt hätte, sondern schleunigst in den Hintergrund gedrängt. Ich wäre eben sozusagen feige davor ausgerissen, und wollte ich meine Hemmungen los sein und mich wirklich frei fühlen, so müsse ich vor allen Dingen das Versäumte nachholen. Wie? Ja, mit dem Durchdenken sei es da eben nicht getan, das müsse durchlebt werden. »Und«, hat er mir in seiner Manier gesagt, »statt nun grade Nonne zu werden, wie Sie es getan haben, hätten Sie sich etwas auf die andere Seite legen sollen und ein bisschen liederlich sein. Similia similibus, daran glaube ich nun mal.«

Ich meinte, dazu hätte ich die Zeit nun wohl versäumt.

»Man soll es nicht verrufen, Mieze«, hat er gesagt. »Aber es ist ja auch nicht so einfach mit den Liederlichen, auch dazu muss man eine Ader haben. Nun, wir finden schon einen Weg.«

Und fanden ihn auch.

Wir haben an einem Abend ganz besonders getollt und gelacht in dem alten Atelier und haben getanzt, und es hat Wein gegeben, den es sonst dort nie gab, und ich habe einen Schwips gehabt, und die Uhren sind falsch gegangen, und als ich nach Haus wollte, waren die letzten Elektrischen längst fort. Mir ist alles gleich gewesen, und als Sepherl gesagt hat: »Aber das macht doch nichts, Mieze, du schläfst eben bei mir. Das richten wir schon. Und den Heinz quartieren wir einfach aus«, habe ich wieder gelacht und bin mit allem einverstanden gewesen.

Und wir beiden Frauen, die ja längst Freundinnen waren, haben uns langsam mit vielen Scherzen ausgezogen und haben uns ins Bett gelegt, und weil es sich so schön geplaudert hat, haben wir das Licht noch brennen lassen und haben weitergeraucht und weitergeschwatzt. Da hat sich die Tür aufgetan, und Heinz hat de- und wehmütig gebettelt, dass wir ihn doch auch hereinlassen, er hielte es vor Langerweile und Verlassenheit nicht aus, und wir haben übermütig eingewilligt und zugerückt und haben ihn in die Mitte genommen und weitergeschwatzt.

Aber allmählich ist das Plaudern sachte versickert, und ich habe nachdenklich meine Zigarette weitergeraucht und habe zu den beiden hingeschaut, und plötzlich habe ich gedacht: Gott, Gott, kann denn ein Mensch so schön ausschauen. Denn unter dem Gesicht der Frau, das ich gekannt habe, ein ander Gesicht hervorgekommen und hat darüberhin gestrahlt und ist so jung und selig und leuchtend gewesen, dass es nicht zu begreifen war. Und dann ist die Sepherl eingeschlafen.

Aber der Heinz hat mich in den Arm genommen, und ich habe nur genickt, als er gefragt hat: »Magst du lieber ins andere Zimmer gehen, Miezerl?« Und ich bin mit ihm hinübergegangen, und das große gütige schöne Lächeln der Sepherl hat uns nachgegrüßt, und ich habe alles Glück und alle Seligkeit erlebt und habe meine Arme um den Mann geworfen. Was gewesen war, ist von mir abgefallen, und ich habe nichts mehr von Schauder und Ekel gewusst. Ich bin frei gewesen.

Lange habe ich noch wach gelegen und habe in das schlummernde Gesicht des Mannes neben mir geschaut. Ich habe jener Frau gedacht, die ich einst war und die auch in einer solchen Nacht wach lag und nicht begriff, dass die Menschen von diesem so viel Aufhebens machten. Es ist mir gewesen, als habe ich viele, viele Jahre nur geschlafen, als sei ich nun erwacht und als fange ich jetzt, fünfunddreißigjährig, erst mein Leben an. Mit Kummer habe ich auf die vergangenen Jahre geschaut, ich habe sie so unbegreiflich versäumt gehabt, es ist mir leid um jeden Tag gewesen, da ich von diesem nicht gewusst habe, und fest nahm ich mir vor, dass mein künftiges Leben ganz anders sein solle.

Ich bin eingeschlafen und am nächsten Tage in die Wohnung von Lauterbachs gegangen und habe dem Hans, der in tausend Ängsten war, eine Lügengeschichte erzählt von einer Freundin, bei der ich übernachtet. Da war meine Wohnung, mein Heim und die Kinder mit ihren Wünschen und Hans mit seiner Liebe, und ich habe da gelebt und meine Arbeit getan, und einmal ist eben Waschtag gewesen und das andere Mal Großreinemachen. Strümpfe waren zu stopfen, Besorgungen zu machen, bei Schularbeiten zu helfen, Tränen zu trocknen. Kleine weiche Hände haben ungeschickt in mein Gesicht gefasst, der Hans war in den Arm zu nehmen, und ich hatte gut zu ihm zu sein, und ich habe alles gerne getan, und es ist mir wohl dabei gewesen. Dies zu tun, habe ich nicht zu lügen brauchen und mich nicht zu zwingen, denn so war ich.

Aber irgendwann am Tage habe ich dieses Heim verlassen und bin langsam erst und schneller schon durch die Straßen gegangen und habe Bahnen benutzt, die viel zu langsam fuhren, und schloss eine Tür auf und stand im Atelier. Die Seph hat mir die Hand gegeben, und Heinz hat mich geküsst, und die jungen Künstler sind gekommen, und wir haben gelacht und Witze gemacht und disputiert, und ich habe mitreden und lachen können, denn ich war frei wie sie. Wir haben den Globus auf unserm Finger tanzen lassen, wir haben an das grüne Gewächs geglaubt und an die Schuldlosigkeit aller Geschöpfe, wir haben von dem stillen geheimnisvollen Rieseln des Wassers tief in der Erde gewusst, und der Schritt keines, der sie beging, ist uns fern oder fremd gewesen. Ich habe mich nicht zu zwingen brauchen, denn so war ich.

Zwei Welten, eine gewordene, eine errungene. Zwischen ihnen ist der Weg gewesen, der seltsame Weg, auf dem über die kleinen Sorgen hin die Freude angehoben hat, ihr Lied zu singen, auf dem das Lied der Freude sachte verstummt ist, wie ein Sommertag zur Ruhe geht, durch den leuchtenden Abend hindurch, und die kleinen Sorgen sind aufgewacht.

Welch Glück! Welch Glanz! Wie habe ich die schöne Frau geliebt, die es mir so neidlos, so köstlich frei geschenkt hat! »Wenn du glücklicher wirst, was nimmt das mir –?«, hat sie gefragt. »Wenn er glücklicher wird, werde nicht da auch ich glücklicher sein, da ich ihn liebe?« Wir sind vereint unsern Weg gegangen, und mein Glück schien immer größer und strahlender zu werden.

Diese raschen Stelldicheins in den Kaffeehäusern der Stadt, wo man inmitten so vieler Gleichgiltiger sitzt, gegenüber dem Geliebten, und aus der Musik und dem Geschwätz, dem Teller- und Tassengeklirr erhebt sich plötzlich der freudige, triumphierende Klang unserer Liebe!

Das Wandern durch eine Bilderausstellung, dieses zögernde Verharren vor einem Gemälde und rasche Weitergehen, das Betreten des letzten Raumes und die namenlose Enttäuschung dann, dass er nicht da ist, und das Umwenden, da ein rascher Schritt tönt, das Stillestehen und Warten unter der so beruhigenden Maske einer Dame, bis ein Mund die Hand berührt und eine so geliebte Stimme raschhin fragt: »Nur Schund da, nicht wahr, Miezerl?«

Habe ich den Tiergarten etwa gekannt? Oder Halensee? Der Sand unter den Kiefern war wie Sammt. Ich legte meinen Arm in seinen, am andern Ufer des Sees entdeckten wir grüne deckende Büsche. Wir gingen langsam dorthin und plauderten über Gleichgiltiges, doch kaum, kaum spreizten sich die ersten grünen Fahnen zwischen uns und den andern, so ließen wir uns los, wir sahen uns an, hastig wollte ich ihm noch etwas sagen, und schon hatten sich unsere Lippen gefunden, ich schloss die Augen, und es schien, als stehe plötzlich tief aufbrausend die Welt still.

Weißt du schon, was du ihm morgen erzählen wirst? Du hast etwas Gutes erlebt, du wirst es ihm sagen, und dein Glück wird erst dadurch vollkommen sein. Scheinen nicht plötzlich alle Dichter von ihm und dir zu reden? Siehst du, das hier bist du und das er. Seltsam, die Dichter haben schon von uns gewusst, so einzig unsere Liebe auch ist. Gab es sie je? Ach, sprich nicht davon, lass uns still sein und glücklich.

Du sitzest vielleicht an einem schönen Sommertage im Garten, die Sonne scheint, in den Büschen und Bäumen lärmen die Vögel. Plötzlich ist alles still, alles hält den Atem an, die Sonne wärmt nicht, dich fröstelt. Es war nur ein Augenblick, schon brennt die Sonne wieder, das Gejage und Geflatter der Vögel ist wie je, doch du lehnst dich zurück und sprichst zu dir: der Herbst kommt.

Es ist nichts gewesen, es geschah gar nichts, doch du weißt, der Sommer geht zur Neige. Wann habe ich es zuerst gespürt, dass der Gipfel des Glückes überschritten war, dass die Welle sich neigte, dem Verrinnen zu? Ich weiß es nicht, es ist ein Zusammenschauern gewesen, der Druck der geliebten Lippen schien plötzlich kraftlos geworden, mein Herz jubelte nicht mehr. Es war ein Augenblick, ein Husch, ein Nichts, und ich sah in sein Auge, und es war alles wie einst.

Wochen vergingen, Tage randvoll von Seligkeit. Ich habe Heinz Adieu gesagt, ich bin schon auf der Treppe. Plötzlich bleibe ich stehen. Wie erschrocken ich bin! War das heute alles? Diese rasche Begrüßung, der flüchtige Kuss auf dem Vorplatz und das Schwatzen dann mit den andern, während ich immer in das Nebenzimmer horchte, ob er nun komme? Unmöglich! Warum habe ich plötzlich meine Laune verloren und bin fortgegangen, ehe er noch kam? Wie albern von mir! Ich muss sofort zurückgehen …

Ich steige wieder die Treppe hinauf. Und bleibe, von einem neuen Gedanken erfasst, stehen. War es denn gestern anders? Oder vorgestern? Oder damals? Wann denn in den letzten Wochen sind wir beisammen gewesen und haben miteinander geplaudert, wie wir es gewöhnt waren, von Mensch zu Mensch? Ich versuche mich zu erinnern, die Tage gleiten ineinander, ich möchte sie voneinander unterscheiden, aber sie sind so gleichförmig, so einfarbig, ein Einerlei. Einerlei –? Was ist das für ein Wort?

Ich bin auf der Straße, ich gehe langsam nach Haus. Nein, ich bin nicht wieder hinaufgestiegen, ich habe »das Versäumte nicht nachgeholt«. Ich muss das durchdenken, wie es kam, ich muss den Anfang finden. Wenn ich erst den Anfang weiß, werde ich alles begreifen, werde ich es ändern können.

Jetzt gehe ich fürs Erste einmal nach Lauterbachs Wohnung. Dort ist alles geordnet und bestimmt, es geschieht nichts Überraschendes. Es ist eine Existenz, der schlichte, zufriedene, rührende Kreis einer Familie, wie es zehntausende in Berlin gibt. Das war eine Welt – aus einer andern kam ich. Ja, kam ich wirklich aus ihr? War ich denn in ihr gewesen? Und wenn schon – was heißt das? War ich dort nur zu Gast? Hatte ich dort nicht aber Erbland, das ich mir erworben, aus dem ich nicht zu vertreiben war? War ich denn nicht die freie, glückliche Mieze, sondern nur die Geliebte von Heinz, die in ihre alte dunkle Existenz zurückglitt, sobald er sie fallen ließ?

Aber er ließ mich ja nicht fallen! All das war Unsinn, Spintisiererei! Wir liebten uns. Er war viel beschäftigt, er war gehetzt. So viele Leute kamen zu ihm mit Bitten und Anliegen, immer nahmen sie ihm seine Zeit, es war kein Wunder, dass selbst die Nächststehenden einmal zurücktreten mussten.

Und war das nicht vielleicht sogar ganz gut? War nicht wirklich eine Kleinigkeit Wahres an den Übertriebenheiten, die ich mir eben eingebildet? War nicht vielleicht doch ein ganz klein wenig die Gefahr gewesen, dass wir uns an dieses große Glück gewöhnten und es wie etwas Alltägliches hinnahmen?

Sicher, es war vielleicht ganz recht, wenn wir uns ein wenig seltener sehen. Und ich nahm mir vor, nicht so oft zu ihm zu gehen, lieber eine Woche zu warten, bis ich ihn wiedersah, und die wenigen Stunden zu suchen, in denen ich ihn allein hatte. Ich wartete fünf Tage. Ich traf ihn. Wir waren zusammen.

Und als ich nach Haus schritt, wusste ich, es ging zu Ende. Es war es vielleicht schon. Das Warten hatte uns nicht näher gebracht, es hatte uns nur noch weiter entfernt. Wir saßen wie zwei gute Freunde am Tisch, wir hatten uns gern.

Ich würde ruhig in das Atelier gehen können und an den Schwatznachmittagen teilnehmen. Es würde mir nicht wehtun, wenn er im Nebenzimmer blieb oder mit den anderen plauderte.

Es war die Liebe gewesen, die ganz große, die einmalige. Sie war vorbei. Aber sie war doch einmal da gewesen, ich war eine andere geworden, ich war frei.

5.

Viele Monate vergehen. Ich habe meinen Schmerz überwunden, ich bin ruhig geworden. Ich weiß nun, ich habe nicht die Liebe, ich habe die Leidenschaft erlebt. Heinz hat mit mir ein Experiment gemacht, meine spitzige junge Freundin hat es mir erzählt. Er hat mich befreien wollen von meinen Hemmungen, von all dem Schiefen und Krummen, das mir anhing. Das Experiment ist ihm gelungen, ich sehe anders in die Welt, ich bin eine andere. Dass es mit diesem Experiment nicht ganz so ging, wie er sich ausgerechnet, dass auch er ein wenig Feuer gefangen, mir ist es nur recht gewesen, vielleicht dächte ich sonst nicht so gerne an diese Zeit zurück.

Ja, ich habe einmal den Globus auf meinem Finger tanzen gemacht, nun sind wir gute Freunde geworden. Wir sehen uns gern, wir plaudern miteinander. Aber das Einmalige ist vorbei, und ich sehe mich in meiner veränderten Welt um und richte mich in ihr ein. Ich habe nun mehr Zeit für die Kinder, und ich brauche nicht mehr so viel zu lügen.

Ich entdecke Hans neu. Habe ich mich früher nicht ein bisschen geschämt und es ein wenig lächerlich und ein bisschen lästig gefunden, dass er mich so liebte und so glücklich über diese Liebe war? Nun finde ich es eigentlich recht nett. Wir erleben einen Spätsommer zusammen, wir lächeln uns an und sagen: Wir alten Leute, und gehen abends aus und sitzen in Lokalen, sehen die bunte Welt an und versuchen selber, ein wenig bunt zu sein.

Er interessiert mich eigentlich, der Hans. Ich möchte in seinen Schädel und in sein Herz sehen, möchte wissen, wie es dort zugeht, ob er sich gegrämt hat, dass er elf Jahre eine kühle Frau hatte, und ob er sich gar nicht darüber wundert, dass diese kühle Frau plötzlich leidenschaftlich ist.

Nie kommt mir der Gedanke, ihm zu erzählen, was ich erlebt. Ich weiß ja doch, er würde sich nur schrecklich quälen, namenlos leiden und doch nicht loskommen von mir. Ihn würde der Klang, der von dem Worte »Ehebrecherin« ausgeht, betäuben, mich schreckt er nicht. Was habe ich ihm denn genommen? Ich habe ihn glücklicher gemacht und mich reicher. Er gehört zu den Aussterbenden, die noch die

Gefühle ihrer Vorfahren haben, die zu erkennen vermögen, dass diese Gefühle aus längst vergangenen Anschauungen entstanden sind, und die doch Sklaven dieser Anschauungen bleiben. Er weiß, dass Eifersucht schlecht ist, und wäre doch eifersüchtig.

Seltsam, noch immer geht er an meiner Seite. So viele Jahre hindurch ist er neben mir gegangen, nun denke ich wieder einmal an den Jungen, der mich über den Storkower See ruderte und die Ilias griechisch deklamierte, indes ich Schnakenschwärmen zusah. Es ist nicht zu begreifen, dass dieser derselbe ist, der morgens ein paar spärliche Strähnen über seinen Schädel rangiert, der dick geworden ist und ein wenig kurzatmig. Ich habe mich an ihn gewöhnt, unmerklich hat er sich verändert, nun ich die beiden nebeneinander sehe, möchte ich mich dieses hier fast schämen. Wäre ich es nicht gewöhnt, lernte ich ihn heute kennen, ich würde ihn nie in mein Schlafzimmer lassen. –

Es ist wieder vorbei mit der Annäherung an Hans, es war Flackerfeuer, Strohfeuer, der kürzeste Spätsommer, den zwei Eheleute erleben konnten. Ich gehe wieder meine eigenen Wege, ich bin viel fort von Hause und höre nun langsam und in wohl bedachter Ordnung Vorträge, die mich freuen. Ich bringe etwas davon nach Haus, ich kann Hans davon erzählen und mit Heinz darüber plaudern.

Ich bringe noch mehr davon nach Haus, etwas, über das ich mit niemandem rede. Seit ein paar Wochen treffe ich in diesen Vorträgen öfter den gleichen jungen Mann, einen dunklen gepflegten Menschen Mitte der Zwanziger. Er ahnt sicher nicht, wie alt ich bin, mein jugendliches Aussehen täuscht ihn.

Oft gelingt es ihm, den Platz neben mir zu bekommen, dann sitzt er still da und sieht mich von Zeit zu Zeit an. Ich spüre diesen haftenden langen ruhigen Blick, trotzdem ich aufmerksam nach dem Vortragenden oder der weißen Leinewand mit ihren wechselnden Bildern schaue. Nie macht er den Versuch, mich zu berühren, doch ich spüre seinen Willen wie einen drängenden Strom, der erhitzt. Er macht schlaff, manchmal schließe ich in der Dunkelheit die Augen, ich lasse mich ein auf diese Wärme, ich spüre sie in den Gelenken wie eine wohlige Schwäche.

Als ich einmal einen Vortrag in einem Zyklus versäumt habe, spricht er mich das nächste Mal in der Pause an, er stellt sich vor, ich verstehe den Namen nicht. Dann berichtet er mir von dem Versäumten, ich spüre, er hat sich darauf vorbereitet, und dieser Gedanke tut mir wohl.

Wir sprechen nun hin und wieder ein paar Worte miteinander, wir grüßen uns. Ich weiß seinen Namen noch immer nicht, aber es ist nun nicht mehr der reine Zufall, wenn wir uns da oder dort treffen. Wir besprechen miteinander, welche Veranstaltung uns die meiste Aussicht auf Genuss zu bieten scheint, und danach entscheiden wir.

Ich weiß längst, dass er mich jedes Mal nach Haus begleitet, in weitem Abstande und auf der anderen Straßenseite, gleichgiltig ob mich Hans abgeholt hat oder nicht, und ich weiß, dass diese Zurückhaltung nicht Schüchternheit von ihm ist, sondern erfahrene Klugheit. Ich weiß das alles, und es ist mir recht so, es prickelt in meinen Adern, und sehe ich ihn das nächste Mal, begrüße ich ihn deswegen genauso ruhig und formell wie sonst.

Wir sitzen wieder nebeneinander. Der Saal verdunkelt sich, der Vortragende spricht, ein Bild erscheint, dann erfolgt ein kurzer Ruck, und wieder steht hell leuchtend ein Bild da. Eine Stimme spricht an meiner Wange hin: »Du meine Liebe – o du meine Liebe – Du meine Liebe ...«

Die Stimme schweigt. Ich schließe die Augen. Es ist Taumel, es ist Duft, es macht schwach, und es ist süß. Wie hieß es? Du meine Liebe, o du meine Liebe. Du meine Liebe. O du mein Geliebter, begreife ich nun plötzlich, was das heißt: *ein* Fleisch sein –? Ich bin vielleicht sehr weit fort von dir. Aber über alle Abgründe, alle Trennungen, alle Einsamkeit klingt es: »Du meine Liebe. O du meine Liebe!«

Siehe, Geliebter, ich falle ja. Es ist ein endloser Fall, ich weiß, ich stürze in eine bodenlose Tiefe, niemals werde ich aufschlagen. Das Blut singt in meinen Ohren, an meinen Augen werden schwarze Schleier vorbeigerissen, in deren Falten Sterne funkeln. Ich stürze endlos. Geliebter, neigst du dich etwa oben über den Rand des Absturzes? Oder wo bist du? Sage es noch einmal, was du sagtest, an meiner Wange hin, eben oder gestern oder einstmals, jene Worte, die ich nie gehört. Sage sie noch einmal.

Nichts.

Ich sehe auf, in den Saal. Der Vortragende spricht ruhig, hell steht ein Bild auf der Leinewand, nun gibt es einen Ruck, und ein neues Bild steht dort. Eine Beweinung, richtig, eine Beweinung. Es ist nichts geschehen, ein Vortrag wird gehalten mit Lichtbildern, neben mir links sitzt eine junge Dame in Blau, vielleicht eine Studentin, neben mir rechts sitzt ein junger dunkler gepflegter Mann. Beide Nachbarn verfolgen aufmerksam den Vortrag.

Es ist nichts geschehen. Ich könnte es für einen Traum nehmen oder die mich plötzlich überraschende Erinnerung an eine Zeile, die ich in einem Briefe las. Ich bin zu nichts verpflichtet. Ich habe nichts gesagt. Ich habe nichts gehört. Es geschah nichts.

Und doch eile ich mehr als sonst, aus dem Saale zu kommen, ich antworte meinem Nachbarn nur flüchtig auf eine Frage und versichere ihm plötzlich lachend und hastig, dass meine Kinder auf ihr Abendbrot warten (meine Kinder und abends zehn Uhr!), ich besteige ganz überraschend eine Elektrische, die schon im Fahren ist, eine Linie, die ich sonst nie benutze.

Und gehe die letzten Straßen durch das halbe Dunkel aus einem Lichtkreis in den anderen. Ich zögere mit meinen Schritten, ich horche nach hinten. Nein, nichts. Gottlob, es ist wirklich nichts geschehen. Auch dieses alberne provozierende Nachlaufen hat aufgehört. Ich kann beruhigt schlafen.

Ich gehe nicht mehr aus abends, einen Abend nicht, den zweiten Abend nicht, eine Woche lang nicht. Die Karten zu den Vorträgen verfallen, das kümmert mich nicht. Ich sitze Hans gegenüber, zwischen uns auf dem Schreibtisch steht die elektrische Lampe mit der grünen Kuppel, wie sie auf all solchen Schreibtischen steht. Ich bringe das Unterzeug der Kinder in Ordnung, Hans korrigiert Hefte. Dann schieben wir unsere Arbeiten zurück und machen Sommerpläne. Wir sind in der Mitte des April, und es ist Zeit, Beschlüsse zu fassen. Ich werde mich auf einem Reisebüro nach den Preisen erkundigen.

Ich fahre in die Stadt. Es ist nachmittags, so gegen halb fünf, die beste Zeit zu Besorgungen. Ein sonniger warmer Tag wie ein vorausfliegender Duft des Sommers. Ich sehe schon so viele helle Kostüme, ich denke mit Schrecken daran, dass ich gar nichts Rechtes für den Sommer anzuziehen habe. Ich beginne zu mustern, was in meinen Schränken hängt, ich bin so eifrig mit Zählen und Kombinieren und Umändern, dass ich kaum bemerke, wie mich ein dunkler junger Mann grüßt. Erst eine Weile später besinne ich mich darauf und grüße flüchtig wieder.

Gut. Ich werde heute lieber nicht ins Reisebüro gehen, ich werde mir bei Wertheim die Frühjahrsmodelle ansehen. Ich steige aus und überquere eilig die Straße. Als ich die Windfangtür in der Hand habe, spricht mich jemand an: »Gnädige Frau …«

Ich bin nicht überrascht. Vollkommen beherrscht sage ich zu dem dunklen jungen Mann: »Im Augenblick habe ich keine Zeit. Erwarten Sie mich bitte in einer Viertelstunde bei Telschow.«

Er sagt einen Dank, ich werde vorwärtsgedrängt und stehe im Lichthof. Flüchtig mustere ich die Sachen, durchquere das Warenhaus, verlasse es durch den Ausgang an der Voßstraße und gehe auf ein Reisebüro Unter den Linden. Ich sehe einmal hastig nach meiner Uhr und überzeuge mich, dass er nun bei Telschow wartet. Ich lächele.

Mit der Stadtbahn fahre ich bis zum Zoo und benütze von dort die Elektrische. Ich gehe die letzten fünf Minuten sehr hastig. Die Abende sind schon hell und lang, die Kinder spielen lärmend auf der Straße, viele Leute sind unterwegs. Trotzdem höre ich deutlich einen Schritt auf der gleichen Straßenseite, einen Schritt, den ich zu kennen meine. Ich atme auf, mein Herz jubelt.

Die letzten Schritte laufe ich fast, so nahe kam mir der bekannte Schritt, ich schließe die Haustür auf, ich trete ein. Ich drücke sie wieder zu. Nun bin ich vor allen Belästigungen sicher. Ich bleibe eine Weile rasch atmend stehen und sehe auf die Straße hinaus.

Niemand kommt, das heißt, korrigiere ich mich sofort, niemand kommt, den ich kenne. Vielleicht habe ich mich doch getäuscht? Vielleicht ist er gar nicht klug? Vielleicht sitzt er nun bei Telschow?

Schön, sage ich mir, dann ist erst recht nichts verloren. Und steige langsam die Treppen hoch. Ich bin plötzlich müde und fühle mich abgehetzt. »Die Frühjahrsluft greift doch immer an«, sage ich zu Hans, und er bedauert mich. Er fühlt sich vollkommen frisch.

Nachher spielen wir Schach. Meine Abgespanntheit ist vorüber, ich bin eher ein bisschen aufgeregt. Mein Gehirn denkt klar und übersieht vorzüglich. Ich zwinge ihn zur langen Rochade und zersplittere seine Bauerndeckung. Matt droht ihm. Er denkt lange nach.

Ich stehe auf, trete an das Fenster und schiebe die Gardine beiseite. Ein Blick trifft mich. Ich habe es gewusst. Ich sehe trotzdem auf die Uhr und sage zu mir: »Gott, es ist wirklich gleich elf.« Ich trete an den Tisch, Hans hat einen Ausweg gefunden, er rettet sich noch einmal.

Plötzlich bin ich müde, habe Kopfschmerzen, die Partie interessiert mich nicht mehr. Ich will noch einen Augenblick an die frische Luft. Hans ist gleich bereit, mich zu begleiten, ich will aber lieber allein sein und bitte ihn, sich hinzulegen. Ich bin in einer Viertelstunde wieder oben.

Dann steige ich die Treppe hinunter. Ich schalte die Beleuchtung nicht ein, es dünkt mich schöner, wenn ich plötzlich aus dem Haus trete, überraschend, und er noch nicht begreift, dass ich es bin.

Ich gehe grade über die Straße auf ihn zu, es bekümmert mich nicht, dass man mich von unsern Fenstern sehen kann, dass mich alle Leute aus unserm Haus sehen können. Ich bleibe vor ihm stehen und frage nur: »Nun?« Mein Ton ist herausfordernd und kriegerisch.

Er zieht seinen Hut. Er sieht mich an. Plötzlich weiß ich, dass er mich ganz versteht. Ich bin matt und kraftlos, ich habe mich zu lange gewehrt, zu lange habe ich die Süßigkeit der Niederlage hinausgeschoben. Ich bin so müde, ich wollte, er hielte mich in seinem Arm und ich wüsste von nichts mehr. Noch lieber, ich läge in meinem Bett und schliefe einen tiefen traumlosen Schlaf.

Er fragt sanft: »Wann?«

Ich kann nicht antworten. Plötzlich würgt mich Schluchzen. Ist nicht alles trostlos, und ist es nicht auch trostlos, hier zu stehen und von dem allen zu wissen?

Er fragt: »Morgen?«

Ich bewege mühsam bejahend den Kopf.

»Am Steglitzer Rathaus?«

Ich nicke wieder.

»Um vier Uhr?«

Ich nicke noch einmal. »Gute Nacht«, sage ich plötzlich und reiche ihm die Hand.

»Gute Nacht«, antwortet er und gibt mir die seine. Nein, es fließt kein Strom. Auch dieser Versuch ist fehlgeschlagen. Während ich über den Damm zurückgehe, denke ich, dass dies alles vielleicht kläglich und gemein ist. Dass es sich nicht lohnt. Ich habe mich viel zu lange gequält, sage ich wieder, und bin böse auf ihn, dass er dem nicht schon lange ein Ende machte, dass er mich nicht zwang.

»Sind deine Kopfschmerzen vorbei, Mieze?«, fragt Hans aus seinem ersten Schlaf heraus.

»Nein, meine Kopfschmerzen sind noch nicht vorbei«, antworte ich, indes er schon wieder schläft. –

Am nächsten Nachmittag richte ich mich auf meinen Ellbogen auf. »Du!«, flüstere ich.

»Ja?«, fragt er leise.

»Es ist so dumm, aber – ich weiß ja nicht einmal, wie du heißt.«

»Wirklich«, lacht er. »Ernst. Ernst heiße ich. Und du heißt Marie, nicht wahr? Ich weiß das.«

»Und weiter? Wie heißt du weiter?«

»Hartwig. Ernst Hartwig.«

Ich lege den Kopf auf das Kissen zurück. Es hat mich all diese Zeit gequält, und ich habe es dumm gefunden, und ich habe mich geschämt, dass es mich gequält hat, und doch – alles haben wir voneinander gewusst, nur seinen Namen habe ich nicht gewusst. Wie dumm das ist!

»Sage es noch einmal!«, rufe ich, um dem albernen Gedanken ein Ende zu machen. »Sage es noch einmal, Ernst.«

»Was, Liebste?«

»Was du damals sagtest, im Vortrag.«

Und meine Wange entlang klingt es: »Du meine Liebe. O du meine Liebe. Du meine Liebe.«

Ja, das war es, ich werde es in einem Roman gelesen haben, es kommt mir bekannt vor. –

Und doch ist es wieder die Liebe. Ich habe geglaubt, es sei vorbei mit ihr, nun ist sie wieder da und das Leben bunt und bewegt wie je. Vielleicht hat sie sich verändert, vielleicht ist sie skeptischer geworden, voller Zweifel, nicht mehr voll von der alten Gläubigkeit. Aber dafür wurde sie nur umso genießerischer, sie bereitete sich Feste, sie verzögerte sich plötzlich, sie duckte sich, sie war wie nicht da – und plötzlich breitete sie triumphierend von dem höchsten Kamm einer Welle all ihr Weiß und ihren Glanz aus, sie rief Schreie der Lust, sie tobte ohne Besinnung wie die Brandung, und plötzlich war sie still, eine unendliche unbewegte See, ferne, ferne verschimmernd, eine ewige Verheißung, eine trübe bittere Sehnsucht.

Zwei Welten – nun ist das Abenteuer bei mir eingekehrt, die stets Besonnene liebt nun den Taumel, die Ordentliche liebt die Verwirrung, die Rechnerische streut Geld aus.

Was weiß ich von dem Mann, den ich liebe? Seinen Namen, Ernst Hartwig, wenn es sein Name ist, woran ich zweifeln kann.

Ich gehe langsam aus meiner Wohnung, ich gehe langsam zehn, zwanzig, hundert Schritte, und kaum um die nächste Straßenecke, nehme ich ein Auto. Ich schließe seine Wohnung mir selber auf und gebe dem Diener eine Anordnung, und der Diener spricht zu mir wie zu der Hausfrau, ich gehe in mein Ankleidezimmer und öffne den Schrank.

Da hängen all die Kleider, die er mir schenkte, kostbare Stoffe, alte Spitzen, manches Kleid ein Jahresgehalt von Lauterbachs. Ich bade, ich ziehe mich um. Ich setze mich in das Lesezimmer, ich greife nach einem Buch. Doch ich greife nicht zu den Dichtern, die ich zu Haus liebe. Die Seidenwäsche, die sich um mich schmiegt wie eine verwöhntere Haut, der Schmuck und Glanz haben mich verwandelt, ich bin eine

andere, ich führe ein anderes Leben. Ich liebe nun die schmeichelnden leisen Töne, die Spielereien des Gefühls, aus denen
plötzlich ein Funke aufleuchtet, eine Flamme emporlodert,
und man wendet sich, man geht weiter, es war Scherz, es war
Laune, es war nichts.

Ich sehe mich im Spiegel. Guter Durchschnitt –? Kaum
das –? Nein, ich weiß, ich bin schön. Ich bin schön, weil ich
liebe. Ich bin schön, weil ich gelernt habe, dass ich auf die
Männer wirke, weil ich meiner sicher bin, weil ich frei wurde.
Ich kann meine Stimme tönen lassen, wie ich will, sie gehorcht mir, ich kann alles sagen, was mir durch den Kopf
schießt, ich bin frei.

Ernst kommt. Wir essen eine Kleinigkeit und fahren ins
Theater. Unsere Loge ist verdunkelt. Ich sehe im Parkett Bekannte. Mein Herz klopft schneller, und doch freue ich mich,
dass ich hierherging. Dies ist das Abenteuer, dies ist der Weg,
der jeden Augenblick mit einem Absturz droht.

Ich lüge ja nun auch wieder, ich lüge viel, und ich lüge mit
Lust. Ich ersinne die unwahrscheinlichsten Kombinationen,
ich spiele mit den Dingen, ich baue die tollsten Kartenhäu-
ser, und mit einem bebenden Entzücken warte ich, dass ein
Windstoß sie umbläst. Sie stehen, und immer kühner gemacht, baue ich sie noch höher auf, ich lache innerlich, indes ich mit ernstem Gesicht Unsinn erzähle, ich harre auf
den Augenblick, dass Hans mit einem klaren Wort alles Gerede beiseiteschieben wird, und merke, dass er wieder glaubt,
und verachte ihn darum.

Und eile zu Ernst und habe ihn vergessen. Bis spät in die
Nacht sitzen wir im besonderen Zimmer eines Weinlokals,
Herren sitzen an unserm Tisch in dunkler Abendkleidung
mit ernsten verschlossenen Gesichtern und sehr guten Ma-
nieren. Sie reden einander nur mit den Vornamen an und
nennen sich alle du, und auch der Kellner – immer derselbe –
sagt höchstens Herr Doktor oder Herr Direktor.

Und es sind Frauen bei uns und Mädchen. Wer weiß, woher sie kommen und was für Geschicke sie erfuhren, bis sie an diesem Tisch landeten. Ich ertappe mich dabei, dass ich prüfe, ob auch sie vielleicht in solch ruhiges Bürgerheim allnächtlich zurückkehren wie ich, und ich finde diese Idee albern und grotesk. Dann treffe ich meinen eigenen ruhigen Blick im Spiegel und finde es auch bei jener, die mich dort mit meinen Augen anschaut, unverständlich, dass sie dieselbe sein soll, die morgen früh ihren Kindern das Brot für den Schulweg zurechtmachen und nachsehen wird, ob kein Knopf lose ist.

Die Herren haben sich in einem Winkel zusammengerottet, ich höre halblaut ausgesprochene Zahlen, das ist Geschäft, das bekümmert uns Frauen nicht, nun reden wir miteinander.

Das Gespräch geht nur langsam und stockend, wir sind uns so rasch einig darüber, dass die Durieux glänzend, wenn auch etwas roh gespielt hat und dass Strindberg ewig und immer dasselbe schreibt. Wir sind so sehr vorsichtig, wir exponieren uns nicht gern, wir hören interessiert zu, wie eine der andern eine fabelhafte Quelle für Seidenstrümpfe verrät. Wir lächeln nachsichtig, denn wir wissen nicht, ob dies Gesprächsthema eigentlich zulässig ist, und notieren uns Straße wie Nummer genau im Gedächtnis.

Aber in Wirklichkeit sind unsere Gedanken ganz woanders, wir schauen verstohlen und wie gleichgültig nach dem großen Tisch hinüber, den der Kellner zurechtmacht, und atmen erleichtert und erlöst auf, als das Schnurren der Elfenbeinkugel laut wird. Wir nehmen uns nicht im Geringsten die Zeit, unser angefangenes Gespräch erst zu Ende zu führen, wir brechen es jäh ab, wir streiten uns um die Plätze, ohne sonderlich auf die Feinheit unseres Tons zu achten. Und ich überrasche mich dadurch, dass ich eines Tages endlich empört zu einer Rotblonden, die ich schon längst nicht mochte, »Alte Kuh« rief. Ich schäme mich hinterher auch gar nicht.

Dann sitze ich und spiele. Ernst hat es mir erklärt, er hat mir empfohlen, die Pari- und Drittelchancen zu spielen, ich werde dann bei kaltem Blut und ein wenig Einfühlung sicher jeden Abend gewinnen. »Aber freilich wirst du diesen Rat kaum befolgen.«

Nein, das tue ich auch wirklich nicht. Sich mit dem doppelten Einsatz begnügen, wenn man den sechsunddreißigfachen haben kann? Ich danke.

Ich setze und spiele. Ich vergesse die Zeit, manchmal häuft sich das Geld vor mir, und dann muss ich wieder Nachschub holen aus meiner Tasche, jenes Geld, das ich bestimmt nicht anbrechen wollte.

Nach einer Weile spüre ich dann, dass Ernst hinter mir steht, er setzt über meine Schultern hinweg, ich bemühe mich, nicht auf seine Sätze zu achten, und merke doch, dass ich nur auf seine Frage warte: »Wenn wir gingen?«

Ich stehe sofort auf und nicke aufs Geratewohl nach rechts und links. Das Auto wartet schon. Wir sitzen stumm in dem geschlossenen Wagen, sehr weit voneinander, als hätten wir Angst, uns zu berühren. Ich habe plötzlich das Gefühl, als sei die Haut meines Gesichtes starr geworden, ich versuche sie zu bewegen. Es ist, als rutsche eine Maske ruckweise über meinem eigentlichen Gesicht hin und her. Nur meine Augen verblieben mir, sie brennen.

Auf dem Vorsaal sieht Ernst nach der Uhr, er sagt sachlich: »Wir haben noch eine Stunde«, und ich beeile mich in meinem Zimmer mit dem Auskleiden. Dann schlage ich den großen seidenen Vorhang zurück und laufe in seine Arme.

Nach einer Weile sagt er: »Es ist Zeit für dich.« Ich stehe sofort auf, ich lege die Kleidung an, in der ich kam. Und mit der Wäsche, den Kleidern geht Stück für Stück die verloren, die ich eben noch war. Kaum dass ich Ernst beim Abschiednehmen noch auf die Stirn küsse. Drunten wartet das Auto. Ich steige ein, und mich stört der starke Parfümgeruch, ich öffne das Fenster und halte mein Gesicht der Nachtluft entgegen.

Der Wagen hält in der Nähe meines Heims. Ich husche die Treppen hinauf, trete leise in das Schlafzimmer und fange an, mich zu entkleiden. Hans rührt sich, er fragt: »Bist du schon da, Mieze?«, und ich ducke den Kopf aufs Kissen und antworte wie aus tiefem Schlaf: »Längst, Hans. Es muss bald Morgen sein.«

Aber das alles ist nichts. Es sind hastige gestohlene Stunden, Wirbel, in denen das Glück vor uns herflieht, und ehe wir's noch ergreifen konnten, mussten wir auseinander. Es kommen andere Stunden, es kommen Tage und Nächte, da wir uns ganz gehören, da niemand zu mahnen braucht: es ist Zeit für dich.

Pfingsten kommt. Hans und ich, wir werden mit den Kindern eine Reise zu Verwandten aufs Land machen. Im letzten Augenblick bekomme ich Fieber, eine Halsentzündung, vielleicht Diphtherie, er muss allein mit den Kindern fort.

Und eine Stunde später schon verlasse ich unser Heim, ich fahre los, und ich bin bei Ernst. Auch er frei für sechs Tage!

Siehe, Schwester Violet, ich habe stets um dich gewusst und um deine Nacht. Aus ihrem Dunkel traten die Sterne heller und heller hervor, du lagest am Boden, durch das Korn schlichen die Männer davon. Und wie sie immer heller und kälter über dir hervortreten, begriffest du zum ersten Mal in deinem Leben, dass du eine Frau warest, eine von Millionen, keine einzelne. Du warst ein kleiner Faktor einer unendlichen Summe von Jammer, Elend und Lust.

Ich, die ich hier liege und in das schlummernde Gesicht des Mannes schaue, der nun auch in ein Dunkel ging, nachdem er eben noch über mir aufleuchtete, unfassbar schön, ganz unbegreiflich, ich bin vielleicht immer noch die Gleiche, der du damals davon sprachst, in der Nacht, erinnerst du dich? Bin immer noch deine Schwester, bin der andere Pol des gleichen Gefühls. Wir haben uns nicht entfernt.

Ich weiß, auch über dieser Stadt hängt der gleiche nächtige Himmel. Er ist milder geworden seitdem, mir scheinen seine Sterne nicht so kalt. Aber fern ist er mir wie dir, ich bin allein, verloren unter Millionen, und ich allein weiß von mir. Wie du damals verwirrt nachsannest über das Geschehene und vergeblich versuchtest, es einzuholen mit deinem Erleben, so habe ich vergeblich versucht, ihn festzuhalten in meinen Armen, ich habe gewollt, dass er Gestalt annehme in mir, dass er sich decke mit der verzweifelnden Anonymität des Gefühls in mir.

Umsonst, er schläft. Er ist fort in eine Nacht, in die ich ihm nicht zu folgen vermag. Ich weiß einen Namen für ihn, und riefe ich ihn jetzt mit diesem Namen an, er erwachte, er lächelte mir zu, er zöge mich in seine Arme. Und von neuem begännen wir das Spiel, einander zu halten, wir versuchten, uns ganz in unserm Blick zu konzentrieren und uns so darzubieten, auf der Schwelle unserer Pupille. Wir hätten uns schon wieder vergessen. Unser Auge hätte nichts mehr gesehen als die plötzliche strahlende Erfüllung des Gefühls in unserm Innern, die eben noch harten Griffe um das nahe geliebte Fleisch wären locker geworden, der Gesang in uns wäre angeschwollen über jedes Begreifen hinaus, und – erwacht – hätten wir nichts gesehen als unser einsames Daliegen, Schwester Violet.

Vor meinen Fenstern rührt sich der Morgen, einer von sechs Morgen, die mir gehören. Ich reise. Ich bin auf einer abenteuerlichen Fahrt. Ich kümmere mich nicht um das Segel, ich achte nicht auf den Wind, nicht einmal fasse ich das Steuerruder an mit der Hand. Wo ich landen werde, ob ich landen werde, es ist gleich, ich denke nicht daran, ich weiß, diese Stunden sind's und keine andern, dieser hier und er un-vertauschbar, dieses Bett und kein anderes ist mir aufgeschlagen.

Ich beuge mich über ihn, ich rufe leise: »Ernst!« Er macht eine Bewegung im Schlaf, seine Hand tastet sich blind in meine Wärme, und ich betrachte sie neugierig, wie ein rätselhaftes Tier, das an meinen Strand geworfen ist. Auch sie einmal klein, neugeboren, blind, tastend. Und gewachsen und zu einem Werkzeug geworden und zum klugen Diener gemacht, sicher im Erfassen, hart im Festhalten. Ich spiele mit ihr, ich spreize die Finger auseinander, ich schließe sie sachte zu einer Faust. Sie lässt es sich gefallen, ihr Herr ist fern, im Traum sieht er andere Bilder, nach denen er greift und die ihm auch zerrinnen.

Ich rufe noch einmal »Ernst«, und er ist wach. Er zieht mich langsam an sich, schauernd tauche ich in diese bekannte Wärme, ich lasse mich ganz von ihr umspülen, sie macht mich breit, ruhig, langsam dahinfließend als ein großer festlicher Strom. Ich ziehe ihn an meinen Mund, ich flüstere ihm zu: »Sage es wieder. Sage es immer wieder, Geliebter.«

Und er flüstert: »Du meine Liebe. O du meine Liebe. Du meine Liebe.«

Plötzlich hören wir eine Uhr schlagen, wir fahren hoch. Wir haben keine Zeit, hier zu liegen, das Leben eilt, wir haben nur sechs Tage für uns, wir haben endlos viel zu tun. Eine Stunde, ehe wir mit Ankleiden fertig sind, das Frühstück, Besorgungen, und schon hält der große offene Wagen vor unserer Tür, der uns hinausreißt in das Land.

Auch das Land hat es eilig. Da sind sanfte Talmulden, von Bäumen umstanden, und sie schwirren vorüber, Dörfer, in denen Menschen ein Leben lang hausen, und in wenigen Sekunden vorbeigehuscht, Wiesen und Felder, vorbei und vergessen.

Bis wir schließlich das Ziel erreicht haben und in einem

Wirtshausgarten sitzen, noch mit dem Gefühl der Eile in den Gliedern und für eine halbe Stunde doch gar nicht mehr eilig. Wir betrachten verwundert die Büsche und Bäume, die langsam ihre Zweige im Sommerwind bewegen, uns fällt plötzlich ein, dass sie fest gewurzelt sind, und ein Gefühl des Mitleids für sie umfängt uns, ungewiss warum.

Und je weniger Tage uns zurückbleiben, umso hastender werden wir, wir möchten unsere Küsse überstürzen, und kaum von den Sensationen ermattet, fühlen wir wieder neu den Stachel und überbieten uns. Wir sehen einander verzweifelt in die starren geröteten Augen, eines möchte das andere aufbrechen und sich ganz in es hineinwühlen, in die Blut- und Leibwärme.

Dann lassen wir voneinander ab. Wir beobachten uns misstrauisch, wir wissen plötzlich von Feindschaft. Und versuchen, darüber hin zu plaudern, und haben bei jedem Wort, das der andere spricht, ein böses gehässiges Gefühl von Gereiztheit und Überlegenheit. Bis eine Gebärde gemacht wird oder ein Wort erklingt oder nur der verdämmernde Tag so unbegreiflich düster im Zimmer steht oder das Auge die Zahl auf dem Kalenderblatt liest und wir an das andere herantreten und es leise anrühren: »Du.«

Aber aus dem letzten Abend machen wir ein Fest, wir bleiben zu Haus, wir schicken den Diener fort, ich wirtschafte in der Küche, Ernst schmückt den Tisch – und wir sitzen einander gegenüber, und wir können nichts essen, und wir wissen nichts zu reden.

Er schenkt Wein ein, aber der Wein schwellt die Adern nur und macht das Blut dick und träge, die Worte quellen im Mund, der Zeiger auf dem Zifferblatt rührt sich nicht. Wir haben das Gefühl zwingen wollen, wir haben es einholen wollen, nun hat es uns eingeholt, es ist weggeflattert, fort.

Um elf Uhr stehe ich auf, ich sage, dass ich nach Haus will.

»Schon?«, fragt er höflich und ist erleichtert.

»Ja. Sie könnten doch mit einem Zug eher kommen …«

»Und wann sehen wir uns wieder –?« Wir verabreden etwas, ich fahre nach Haus und denke: Das ist das Ende. – Und was weiter? Einmal musste es ja zu Ende sein, das habe ich doch von Anfang gewusst.

Ich bin sehr müde und sehne mich nach Ordnung, Essenkochen, Kindern und Mann.

Und spüre doch nach wenigen Tagen: ich muss wieder dorthin. Ich mache mich auf den Weg, ich sehe ihn, wir begrüßen uns, wir reden miteinander. Und über alle Worte, alle Gewöhnung der alten und frischen Gemeinsamkeit hin überkommt mich das Gefühl, dass wir Feinde sind, zwei vorsichtige kluge Feinde, die sich nicht verraten, die sich belauern, nach der Schwäche des Gegners spähen, um dann zuzuschlagen.

Wir küssen, wir umarmen uns, wir suchen uns dabei zu überlisten, wir möchten die Demütigung, die Schwäche des andern sehen, wir sind lauernd und laut, voller Süßigkeit und halten das Gift bereit.

Bis eines sich verrät, bis es zu toben anfängt, die Glieder des andern zerbrechen möchte. Wir sind weich, elastisch, Gummi, wir triumphieren noch in der Hingabe, wir verheimlichen unsere Schwäche und schließen das andere von ihr aus, und wir erleben den Triumph, es mürrisch werden zu sehen und, ohne Übergang, voll von Liebenswürdigkeit, in der Verrat lauert.

Wir verabreden keinen Treffpunkt mehr, keine Zeit, und doch peitscht mich mein Blut stets von neuem, ihn zu suchen, um ihn endgiltig zu demütigen, ihn klein und zerbrochen am Boden zu sehen und ihn dann zu verlassen, mit einem Lachen. Und ihm ergeht es nicht anders, ich war zwei, drei Tage nicht bei ihm, da klingelt es an meiner Tür, er steht draußen, er sagt nichts wie: »Unten steht das Auto.«

Ich stehe verwirrt, mein Mann ist in seinem Zimmer, Emmi kommt zu mir gehuscht und sieht den fremden Herrn fragend an, ich stammele etwas von einem Irrtum. Er sieht mich unentwegt an, es ist der dunkle haftende Blick, den nichts beunruhigen zu können scheint. »Also, das Auto wartet«, sagt er und geht, steigt die Stufen hinab.

Ich schließe langsam die Tür. Emmi umfasst mich, sie fragt, wer das gewesen sei, und ich flüstere wieder etwas von einem Irrtum, einem Missverständnis, das ich nicht verstehe.

Aber innen klopft's, innen braust es, innen herrscht die Verzweiflung. Was habe ich denn in diesen Monaten getan? Ich habe mich einem Unbekannten in die Hände gegeben, einem schamlosen Abenteurer, der mein Sein zerbrechen kann, wenn er nur eben will. Und er will, er will meine endgiltige Niederlage sehen, und sei es um den Preis seiner eigenen. Er lässt nicht nach. Ich soll sein Geschöpf werden, Wachs in seiner Hand, wie es jene Frauen sind, die mit mir abends am Spieltisch sitzen. Und hat er mich erst so weit, will er mich fortjagen. Ich habe mit dem Abenteuer spielen wollen, ich wusste nicht, dass das Abenteuer mit uns spielt.

Doch – und plötzlich fühle ich, dass *ich* bin – ich bin frei, ich bin unverlierbar, mir kann nichts geschehen. Im Letzten unzerstörbar ich. Feinde – gut, so wollen wir den rechten Kampf kämpfen. Wir wollen uns küssen, und wenn, wie von der Lust überwältigt, das andere die Augen schließt, wollen wir erraten, an welche Pläne es in diesem Augenblick denkt, wir wollen die Falschheit überbieten und die Gemeinheit auf die Spitze treiben. Nichts wollen wir uns ersparen, so werden wir uns recht lieben.

Eine kriegerische Melodie klingt in meinem Blut, ich werde kämpfen, und ich werde siegen. Und werde ich nicht siegen, so wird meine Niederlage die gute Niederlage der Kämpfer, nicht das feige Verkriechen der Schwachen sein.

Ich ziehe mich um, ich sage fröhlich dem Hans ein paar Worte, ich küsse die Kinder, tue, als bemerke ich Emmis trotzige Abwehr nicht: auch für dich werde ich wieder Zeit haben, mein Kind, wenn ich gesiegt haben werde.

Ich biege um die Straßenecke, dort hält der Wagen. Ich trete an ihn, öffne die Tür und rufe fröhlich lachend zu Ernst: »Da bin ich! Wohin fahren wir?«

Meine Fröhlichkeit macht ihn noch finsterer: »Da bist du. Und kannst also wieder gehen.«

Ich setze mich, noch immer lachend, neben ihn: »Störe ich? Armer Freund, wartet die Rotblonde? Werden wir dir zu viel? Ich mache gerne Platz.«

»Welche Rotblonde?«, fragt er. »Eifersüchtig müsst ihr wohl immer sein, ihr Weiber.«

»Eifersüchtig –? Sage ihr doch, Ernst, sie soll ihre Locken-nadeln nicht auf meinem Frisiertisch liegen lassen.«

Er schweigt. Der Wagen ist längst angesprungen, er singt festlich und stark sein Lied durch die sommerlichen Straßen. Er aber schweigt, wütend, geschlagen. Ich frage ihn lächelnd: »Oder ist es nicht mehr mein Frisiertisch?«

Ich schmecke den Sieg. Und kann umso leichter dann von etwas Neutralem sprechen, Blumen, einem Kleid, der nächs-ten Aufführung, und es kostet mich nichts, beglückt zu schei-nen, wenn er endlich geruht, ein fröhliches Wort zu reden. Solch Streit vergisst sich ja, wir ziehen so schnell wieder un-sere Masken vor, wir lächeln uns freundlich an und sind ent-zückt voneinander. Wir geben ein treffliches Paar ab.

Aber ich vergesse ihm die Drohung nicht, die in jenem Klingeln an meiner Tür lag, und er vergisst mir nicht die Nie-derlage, die ihm die Nadeln seiner Freundin einbrachten.

Nun lausche ich achtsam hinter mich, aus dem Damenge-spräch heraus, nach den hinter mir geflüsterten Zahlen, ich erhasche Fachausdrücke und lasse sie mir heimlich von einer kleinen Dunkeln erläutern. Wenn ich früher als er in die Wohnung komme, schleiche ich in sein Zimmer, ich drehe die Taschen seiner Jacken um, ich suche auf Zetteln und Zettelchen Material. Am Spieltisch setze ich toller und toller, ich lasse das Geld aus meinen Händen strömen und spähe mit einer wilden Neugier in sein Gesicht, wenn ich lachend rufe: »Alles blank, Ernst!« Ich warte nur darauf, dass sich sein Gesicht verzieht, um bedauernd zu rufen: »Ach, müssen wir sparen, armer Freund?« Aber ich komme nicht dazu, diesen vorbereiteten Ausruf zu tun, sein Gesicht verzieht sich nicht.

Und doch spüre ich, dass er anders wurde, unruhiger, so beherrscht er scheint, wilder, so gemäßigt er sein will. Er pointiert auch anders, und ich meine, manchmal ein leises, leises Zittern seiner Hand zu sehen, wenn er eine große Note setzt. Grüßen seine Freunde ihn flüchtiger? Wann hat der Kellner zum letzten Mal zu ihm Herr Direktor gesagt? Wann schenkte mir Ernst das letzte Kleid? Wie lange schon fand ich keinen Liebesbrief in seinen Taschen?

In einem von ihnen las ich den Satz: »Sie bringt dir kein Glück«, und ich war gemeint. Ich sehe dich dort sitzen, schöner Freund, am Fenster des sachte dunkel werdenden Zimmers. Du sprichst nicht, du lässt nur den Fuß langsam ein wenig auf und ab schaukeln, wie du es gewohnt bist, wenn du nachdenkst. Träumest du davon, wie es war, ehe ich noch in dein Leben kam? Als du reich wurdest und jeder Tag mehr Glück brachte, volleren Erfolg, schönere Frauen. Sie sind fortgegangen von dir, alle, die du liebtest, nur jene Frau sitzt noch bei dir, die du hasst. Sie sitzt dort in der Ecke des Zimmers, die ganz dunkel ist, du kannst sie nicht mehr unterscheiden. Sie hat es immer geliebt, sich ins Dunkle zurückzuziehen. Sie sieht dich an, du spürst ihren Blick, sie möchte deine Gedanken erraten.

Ja, du möchtest frei werden von ihr. Doch nicht, ehe du sie am Boden gesehen, nicht, ehe du ihr nicht bewiesen, dass es das bei dir nicht gibt, eine Frau, die dir kein Glück bringt. Du lässt sie liegen und gehst weiter, zu neuen Siegen, größeren Erfolgen, schöneren Frauen.

Ich weiß, du denkst so, armer Freund. Du willst es zwingen. Aber ich glaube nicht mehr an dich, und ich bin auf meiner Hut, dass ich nicht in deinen Sturz hineingerate. Du sollst allein fallen!

Welch seltsame Nächte! Ist es nicht, als ob sie sich dehnen, dehnen, als ob du in ihnen, zusammengedrängt und ungeheuer verschärft, noch einmal alle Gefühle erlebtest, die du, seit du Kind warst, gehegt? Du kannst selbst sanft sein und rührend vertrauend wie ein Kind. Die alten Worte spricht er deine Wange entlang, und du hörst sie einmal und noch einmal und wieder, und es ist das erste Mal, und damals und dann und nun klingen sie neu, für heute Nacht, und es liegt Trauer in ihnen und ein bitterer Stolz.

Ja, nun flammt dies Gesicht auf und wird schön, es ist groß geworden, und die Liebe hat es rein gebrannt. Ich habe es so oft gesehen, nun sehe ich es wieder. Und nun spüre ich in dem Schlafenden: es ist ein fremdes Gesicht, ein feindliches, jedes Gesicht könnte es sein, das dort liegt. Und ich taste mich auf, ich sehe zu dem Angesicht zurück, und meine Hand befühlt doch schon seine Kleider. Da ist die Pistole, die er in den letzten Wochen stets bei sich trägt, da die Brieftasche und nun die Zettel. Ich lese, meine Wangen röten sich: ich habe endlich den Schlüssel. Ich werde frei sein, die Drohung wird von mir schwinden, er wird fallen, ehe er noch nach mir greifen kann, er wird fallen und nicht wissen, von wo der Schlag kommt.

Ich lehne mich zurück in die Kissen, ich denke an die Monate, die ich neben ihm lebte, den Verrat, den ich mit mir trieb, die Lügen, in die ich geriet. Ich bin schlecht gewesen, ich bin schlimmer als die künstlichen Frauen am Spieltisch. Aber ganz habe ich das Aroma meines Schlechtseins ausgekostet, ich habe mir selbst nachgespürt auf allen meinen Wegen und mir nichts gespart. Ich habe mich nicht am Narrenseil meiner Triebe führen lassen, freiwillig habe ich diesen Weg betreten, und freiwillig verlasse ich ihn nun.

Ich wende mich zu dem Mann, ich flüstere: »Ernst!« Meine Lippen lachen ihm zu, meine Augen leuchten, ich muss sehr schön sein. Ich strecke ihm meine Arme entgegen, ich ziehe ihn an meine Brust.

Und am nächsten Morgen schon sitze ich in einem Schreibmaschinenbüro und schreibe langsam und voll Bedacht eine Anzeige gegen ihn. Ich bin ganz ruhig, ich vergesse nichts, ich nenne seine Decknamen, ich zähle seine Schlupfwinkel auf und die Orte, wo er zu den verschiedenen Tageszeiten zu finden ist. Ich schließe, ich schreibe keinen Namen darunter, ich bin die Frau, die aus dem Dunkel nach ihm schlägt. Ich adressiere den Brief, ich frankiere ihn, ich stecke ihn in den Kasten. So.

Ich gehe nach Hause, und ich habe nun nichts mehr zu tun, als zu warten. Einen Tag, zwei Tage, drei Tage. Nichts. Eine wütende Sehnsucht nach ihm fasst mich, schmerzliche Neugier, die Wunde zu sehen, die ich schlug. Ich komme bis vor das Haus, und erschreckt erinnere ich mich, dass ich nie, nie wieder diese Stufen hinaufsteigen darf.

Ich gehe wieder nach Haus und warte von neuem. Ewig horche ich auf die Klingel hinaus, suche in den Zeitungen: nichts.

Bis die Klingel doch einmal anschlägt, ich gedankenlos hinausgehe, und der andere dort steht, sein Diener. Er flüstert hastig, dass der Herr verhaftet ist, der fliehen wollte, doch verraten ward. Ich solle ruhig sein, kein Wort von mir, kein Schriftstück meiner Hand. Nur nicht in die alte Wohnung …

Der Diener steigt wieder die Treppe hinab. Ich sehe ihm einen Augenblick nach und ziehe dann die Tür zwischen ihm und mir zu. Ich gehe mechanisch in die Küche und nehme die überkochende Milch vom Feuer.

»Frei«, sage ich dann.

6.

Jahre vergehen, zwei, drei, vier Jahre, ich vergesse. Einmal bin ich krank gewesen, ich habe Fieber gehabt und in meinem Traum glänzende und wilde Bilder gesehen, ich selbst war wild und schillernd. Nun bin ich heimgekehrt zu Mann und Kindern. Es wäre vielleicht möglich gewesen, dies alles zu verlassen, wirklich wild und opferbereit zu sein, unbegrenzte Liebe zu fühlen und hemmungslos hinzugehen, wohin sie lockte, – anderen wäre es möglich gewesen, mir nicht. Einst war ich eine Lehrerin, daher habe ich meinen Sinn für Ordnung und Plan. Ich kann vom Abenteuer verführt werden, aber über den Rausch siegt rasch die Nüchternheit, ich kehre heim.

Da sind die Kinder. Sie werden so groß schon, fast bin ich vierzig Jahre. Ich bin ihre Freundin, sie verlassen sich auf mich, sie lieben mich. Ein klein wenig drückend ist die Verpflichtung, stets die zu sein, die sie sehen. Es gab auch einmal eine Zeit, da mich meine Tochter Emmi misstrauisch ansah, doch das ist ausgeglichen worden, es vergaß sich.

Misstrauisch war Hans nie, er glaubte. Aber er war vielleicht ein wenig einsam. Er stellt so geringe Anforderungen, ein wenig Interesse, ein wenig Zärtlichkeit, nun hat er wieder alles, wie er es gewohnt ist. Er liebt mich noch immer, in seinem Herzen gespenstern romantische Ideen, sicher ist er davon überzeugt, er sei meiner eigentlich nicht »wert«.

Gut. Ist das alles? Nur das Heim? Nur Mann, Kinder, Kochen und Reinmachen und über den Mittagstisch hin das Plaudern, wie es in der Schule ging –? (Seltsam, danach nicht nur die Kinder, danach noch immer den Mann zu fragen. Als sei er ein lebenslänglich sitzen gebliebener Schuljunge. Und vielleicht ist er es? Vielleicht liebt er mich darum noch immer mit jener etwas träumerischen, unbeholfenen Liebe, mit der Primaner ihre Flammen lieben?) Also –: ist Lauterbachs Heim mir wirklich alles? Nur *eine* Welt?

Nein, nun gehe ich auch wieder den alten Weg ins Atelier. Ich war lange fort, das Leben war gefährlich gewesen und heiß, nun bin ich wieder da, und nichts scheint verändert. Die alten Gesichter, der alte Spott, die alte Klugheit, die alte Begeisterung. Vielleicht, sehe ich nun, geschieht nicht eben viel dort, man ist so zweiflerisch, man sieht so sehr die beiden Seiten aller Dinge, dass man sich nur schwer zur Tat entschließt. Aber das ist mir jetzt grade wohl recht. Ich bin ja dort gewesen, wo man mit blindem Glauben an den Erfolg Taten über Taten geschehen ließ, und bin doch wieder heimgekehrt in diese feine geistige Luft, die mir lieb ist, die mein Gehirn erfrischt.

Ich sitze dort wieder, ich liege auf meinem alten Lager in der Ecke beim Lichtschalter, niemand fragt mich, wo ich war. Ich bin eben hier. Es sind einige neue junge Gesichter da, und ein paar altbekannte vermisse ich, aber noch immer ist Sepherl schöner und noch immer keiner klüger und gütiger als Heinz.

Sieh doch, wir nähern einander wieder. Einmal liebte ich ihn sehr, ich hätte ihm alles opfern mögen, dann kam die Zeit unserer Freundschaft, in der wir uns sehr sympathisch waren und sehr gut ohne einander leben konnten, dann vergaß ich ihn ganz, und nun sitze ich wieder bei ihm. Wir reden, wir lachen, ab und an macht er mir ein Kompliment, das mich freut, oder er versichert mir seine ewige Liebe, was wir beide nicht allzu ernst nehmen.

Wir spielen ein Spiel, ein Spiel, das wir beide nun kennen, wir spielen es ohne großen Eifer, lässig, lächelnd, mit viel Freude an jeder kleinen Überraschung. Wir spielen ein wenig das Kuckuckspiel der kleinen Kinder, die sich die Hand vor Augen und Gesicht halten, die plötzlich hervorschauen und jubelnd Kuckuck rufen, als seien sie zuvor unsichtbar gewesen. Wir spielen es als Erwachsene, als genießerische Kenner, wir spielen »naiv« und freuen uns, wenn es uns gut kleidet.

Es ist nicht die Liebe, es ist nicht die Leidenschaft, es ist die Lust, eine leichte, spielerische Lust.

Wir denken oft wochenlang nicht mehr an unser Spiel, aber mit irgendeiner schläfrigen Sommerstunde, mit einem Witz, mit einem Bild, das wir beschauen, flackert das Feuer wieder auf, wir halten uns in den Armen, wir sehen uns an.

Es ist so seltsam: was wir einstens ein erstes Mal empfanden, wir spielen es nun bewusst uns nach. Träge hingegeben, träumerisch flüstere ich die Worte, die ein anderer mir sagte: »Du meine Liebe. O du meine Liebe. Du meine Liebe.« Ich lausche ihnen nach, wie damals schließe ich die Augen, ich meine, ewig zu stürzen, ich glaube, die schwarzen Schleier zu sehen, aus deren Falten weiße Sterne funkeln, und bin wach und lächele über die Komödiantin, und doch schwebt es in mir wie die sachte Erinnerung an das Aroma dieses Gefühls.

Mehr als früher sprechen wir von der Liebe. Wir zerlegen sie. Aus dem selbst Erfahrenen, dem Beobachteten, dem Erlesenen ziehen wir Schlüsse: wir graben in uns. Nein, wir scheuen uns nicht, wir gehen die alten Wege nach, was wir damals nicht zu sehen wagten, nun betrachten wir es genau, und wir sprechen aus, was wir sehen.

Wir machen die Lust zu einer Kunst, wir führen voller Bedacht und auf Umwegen Wirkungen herbei, und wir jubeln wie über einen Sieg, über einen betölpelten Feind, wenn an einem bestimmten Punkt unserer langwierigen Kombinationen sich jenes Gefühl wirklich einstellt, das wir längst theoretisch errechnet.

Ja, ich war draußen, wo es wild und unzähmbar wächst, wo Schatten und Sonne regellos miteinander wechseln, nun gehe ich durch einen gezierten, gestutzten Garten, den ich kenne. Der Weg macht eine Biegung, ich weiß, gleich werde ich vor einer Taxushecke ein marmornes Bild der Venus sehen. Ich schließe die Augen, ich taste mir mit der Fußspitze meinen Weg vorwärts, ich öffne sie und stoße einen Schrei der Überraschung aus: vor mir steht ein marmornes Bild der Venus!

Wenn wir einander müde sind, so trennen wir uns. Ich sehe neidlos lächelnd zu, wie Heinz ein paar Sondertouren mit anderen Tänzerinnen macht, ich weiß, wir werden uns wieder begegnen. Auch ich könnte Partner finden, aber ich mag mich nicht entschließen. Ich lege so viel Wert auf ein ausgeführtes Wortspiel, und die Tänzer haben Eile, sich Gefährtinnen zu sichern.

Ich sehe ihnen lächelnd nach, es verliert sich nicht so viel dabei, wie man in jüngeren Jahren glaubte, wenn man auch einmal eine Tour leer ausgeht.

Das ist mein Leben. Es ist das spärliche Leben der Angekommenen, die sich keine großen Sensationen mehr verspricht, die dafür sorgt, dass ihr die kleinen Freuden nicht ausgehen, da sie die großen einmal nicht mehr haben kann.

Und in dieser Zeit lernte ich bei Heinz einen Dichter kennen, einen ganz jungen Menschen. Es war Abend, es dämmerte. Wir alle sprachen sachte und zögernd, er kaum ein Wort und dieses wenige auch noch gequält, krank. Ein seltsames Gefühl überkam mich. Als säße ich dort, als wäre ich es, krank, gequält, mit tausend Hemmungen, die dort sprach. Wie er die Stimme nicht meisterte, wie plötzlich in einem Schmerz ungehemmte Bitterkeit laut ward, wie ein Schmerz umschlug in Gelächter: das hätte ich sein können, das war ich einmal.

Ich sah in das blasse Gesicht, das stets zuckte, nie ruhig war, in die Augen, die vor jedem Blick angstvoll-feige abirrten, und ich hätte ihn streicheln, ihn zur Ruhe bringen mögen. Mir war es, als sei er dieser nicht nur hier, nein, ständig, bei den andern, bei sich allein, noch im Schlaf gehetzt von unfassbaren Phantomen. Ich dachte leise, ob ich ihn würde gernhaben, ob ich ihn würde lieben können.

Plötzlich sprach er. Es war wie ein Ausbruch, ein Sturzbach von Worten, Dinge, angefangen und schon vergessen, das wirre Worttoben eines Gefangenen, der durch Jahre nicht hat sprechen können und einmal, einmal das Herz auftut, hörten ihn auch nur Steine.

Ein Dichter, der noch nichts geschrieben hatte, der mit der Form kämpfte, dem die Größe der Vorgänger die Kraft lähmte, der so voll von Zweifeln und Gewissensbissen gequält war, dass er am Morgen zerriss, was der Abend ihm eingetragen hatte. Ein Dichter, der noch nichts gespürt hatte von der Segnung des Erschaffens, doch alles vom Neid und Hass der andern, die fremd sind. Der kleine Bankbeamte dort, der tagsüber auf seinem Kontorbock hockte, ungestaltete Träume im Herzen, der sich schlecht nährte und kleidete, um die Bücher besitzen zu können, die er ersehnte, der bei Straßenmädchen nach jener Liebe suchte, von der seine Träume voll waren – welch klägliches, schwaches, lebensuntüchtiges Geschöpf war er doch und wie gläubig, wie zäh, wie schwer, endgiltig zu entmutigen!

Er wurde so plötzlich still, wie er zu reden begonnen hatte, er senkte die Stirn, nun schämte er sich wohl. Er horchte gierig auf das, was die andern ihm sagten, und senkte die Stirn von neuem, weil er kein Wort hörte, das ihm half. Sicher, er glaubte noch an Worte, die helfen können.

Nun hätte ich wohl mutig und unbedenklich sein mögen wie die Sepherl, zu ihm hinhuschen und ihn in den Arm nehmen, was ihm gutgetan hätte. Und bebte davor zurück. Nicht nur der Mut war es, der fehlte, vor den andern dies zu tun, mehr noch der Glaube, es fortführen zu können, ihm das lange währende Geschenk der Liebe geben zu können, das ihm not war.

Ich sah den Weg vor mir, und es war ein bekannter Weg. Breite du nur die Arme aus, sprich nur ein Wort, ja, lass deinen Blick nur ein wenig wärmer auf ihm ruhen, du weißt, was am Ende von alledem steht, und dir fehlt die Spannkraft, dies alles wissend, noch einmal zu unternehmen, was du ahnungslos schon getan.

Doch ist mir die schwärmerisch-traurige Gestalt dieses Jünglings nachgegangen, ich habe an ihn gedacht wie an ein schönes Buch, dessen schmerzlicher Schluss immer ist, dass das Leben weitergeht. Ich habe ihn gesehen, so schwach, so haltlos, so jedem bösen Wort ausgeliefert, und schlecht fand ich mich zum ersten Male, dass ich mich nicht rühren mochte, dass ich meinem Herzen solche Arbeit ersparen wollte. Ging ich abends durch die Straßen und sah an mir vorbeigleiten die geputzten und gemalten Gesichter der Mädchen, alle mit einem Lächeln um den Mund und alle mit demselben, so dachte ich daran, wie entscheidend für jede Jugend ist, wer sie die Liebe lehrt, und ich hätte ihn weniger bitter gemacht, als er bei diesen werden musste, gläubiger und – vor allem – leichter.

Ich sah ihn wieder, ich wollte ihm wärmer die Hand geben, ihn näher anschauen und konnte doch nicht die seltsame Erstarrung meines Innern überwinden. Fröstelnd stieg Kälte in mir hoch, und zum ersten Male seit langem dachte ich wieder jenes düster drohenden Kinderbegriffs vom Apparat der Liebe.

Aber trotzdem ließ ich ihn nicht aus dem Auge, er war mir näher als die andern, ich wusste nun, ich würde ihn lieben, wollt ich nur, könnte ich nur. Und da glaubte ich zu merken, dass eine andere den Entschluss, zu dem ich nicht kommen konnte, schon gefasst hatte – zog ihn die Sepherl nicht an sich? Sie tat es sachter als sonst, sie hatte wie ich die unendliche Verwundbarkeit dieses Herzens begriffen. Es war nichts Sichtbares, es war der Ton eines Wortes, es war die Stille, die einem Satz nachklang.

Da wollte ich plötzlich. Da konnte ich. Nein, ich war nicht eifersüchtig, aber zu viel Raum hatte ich diesem schon in mir gegeben, zu wichtig war mir sein Werden, seine Gestaltung einer anderen zu überlassen. Ich sah den ganzen Weg vor mir und seine Dauer, ich wusste, was ich tat. Doch ich tat es.

Ein langer unterirdischer Kampf, den Sepherl und ich miteinander führten, ein Kampf, bei dem der Preis nie erfahren durfte, dass es um ihn ging, ein Kampf, den wir ohne Neid und Eifersucht lächelnd und wissend bestritten. Und je länger er dauerte, umso lieber wurde mir der Einsatz. Ich sah ihn ja nur von ferne, ich wagte kein lautes Wort, ich scheute jedes zu warme Gefühl, denn dieser war aus vielen Erfahrungen scheu, verbittert, stets misstrauisch, stets bereit, sich als Opfer eines Scherzes zu sehen, stets auf der Flucht.

Doch manchmal gingen wir mitsammen ein Stück des Heimwegs, und ich konnte ihn sprechen machen von einem Buch, das er gelesen, von dem Plan, den er eben gefasst. Ich hörte nur zu. Ich suchte ihm die Gewissheit zu geben, dass eine da sei, die ihm stets zuhöre. Dann, an einer Straßenecke, immer der gleichen, trennten wir uns. Als ich einmal, zurückblickend, ihn im Nachschauen verloren sah, jubelte ich Sieg.

Plötzlich fehlte er bei Delbrücks, fehlte einmal, wieder und wieder. War er krank? Ich fragte direkt und hörte die ruhige Antwort: »Der Tredup kommt nicht mehr.«

Ich fragte nach dem Warum, und zögernd hieß es: »Er will eben nicht mehr. Gott, wie er halt ist, hat sich über was geärgert, wer weiß warum.«

Ich wartete. Ich wusste bestimmt, etwas war geschehen. Würde Sepherl es verschweigen? Nein, sie verschwieg es nicht. Sie ließ ein paar Tage vergehen, dann war ihr Ärger verflogen, und lächelnd sagte sie mir, dass sie, des sachten Vorgehens müde, eine Überraschung versucht habe, ähnlich wie seinerzeit bei mir, und dass er geflohen sei, nicht gutzumachen verscheucht. »Nun hast du freien Weg.«

Freiheit genug, den Weg sah ich noch nicht. Er kam nicht mehr. Wo war er zu finden? Wie zu erreichen? Seine Wohnung wusste Heinz, aber ihn dort zu besuchen, das wäre eine gleiche Überraschung gewesen, wie sie ihm Sepherl bereitet. Und ein gleicher Erfolg wäre auch mir beschieden. Ich machte Pläne über Pläne, abenteuerlich einer wie der andere, und verlachte mich, als ich mich so auf der Jagd sah, wie ich nie in meiner Jugend gewesen.

Ich habe schließlich das Nächstliegende getan: ich bin öfter durch die Straße gegangen, in der Tredup wohnte. Habe ihn auch gesehen und habe mich gefreut, dass er mich grüßte, also nicht böse auf mich war, und habe gleich darauf meine Freude recht kindisch gefunden.

Und schließlich hat uns dann der Zufall einmal – und niemand wie der – in demselben Stadtbahnabteil zusammengeführt. Wir haben uns Guten Tag gesagt, und ich habe ihm seine Reizbarkeit und Spannung gleich angemerkt, ob ich wohl davon sprechen würde, warum er nicht mehr zu Delbrücks gehe, ob ich den Grund seines Fernbleibens wisse.

Aber ich habe nicht davon gesprochen, sondern ihm eine längst zurechtgelegte Geschichte erzählt von ein paar Papieren, die mein Mann verkaufen wolle oder gegen andere Papiere eintauschen, und habe ihn um Rat gefragt. Er hat geantwortet, und ich habe mich sehr gewundert, wie ruhig und sachlich dieser eben noch so verkniffene und ängstliche Mensch geantwortet hat, ich habe etwas von der Rüstung und dem Halt begriffen, die ein gleichgiltiger und vielleicht gehasster Beruf ihm gab, der sich nun nicht mehr unterschied von den Tausenden anderer Kaufleute.

Und diese Ruhe ist ihm nun nicht wieder ganz abhandengekommen in dem folgenden Gespräch, er hat von seinen Kinderjahren erzählt, von einer kärglichen und geängsteten Jugend, von der robusten Kraft stärkerer Geschwister, von der Gleichgiltigkeit und Fremdheit der Eltern und seiner einzigen, immer erneuten Flucht zu den Büchern. Und wie er dieses Wort Buch ausgesprochen hat, ist mir ein Verständnis dafür gekommen, was das Buch in dem Leben dieses Einsamen bedeutet hat, wie er auf alle Menschen und auf alle Güte verzichtet und sich allein in seine Blätter zurückgezogen hat. Dort, die Stirn über dem weißen Blatt im engen Lichtkreis der Lampe, dort hat er sein Leben geführt, seine Siege und Niederlagen erfochten.

Buch – mit welcher Liebe sprach er dies Wort! Er rechnete seine Tage danach, wann dieses oder jenes Buch in sie getreten war, er erinnerte sich mit Beschämung der Zeiten, da er noch »schlechte« Bücher geliebt hatte. Sie waren oft streng. Aber die klaren und reinen Geschicke, die sich in ihnen vollzogen, waren notwendig, Schmerz und Lust mussten so kommen und nicht anders, es wäre sinnlos gewesen, sich dagegen aufzulehnen. Er sann ihnen nach, am Ende war es sich gleich geblieben, ob das Gefühl Schmerz oder Lust geheißen, da sie doch beide nur Mittel dazu gewesen, tiefer in das eigene Ich hinabzusteigen.

Doch wenn er das heiß gewordene Gesicht von den Blättern aufgehoben und ins Leben geschaut hatte, so war ihm alles fremd und beängstigend. Sie alle, die um ihn wirbelten, scheuchten ihn mit seinem Ich, sie verletzten sein überzartes Empfinden, das an die klare Bedingtheit ersonnenen Geschehens gewöhnt war – wie ein Kind im nächtlichen Walde jedes Rascheln als die Drohung äußerster Gefahr, jeden Windstoß in den ungesehenen Ästen als nahe Todesdrohung empfindet. Da entstand ihm jene Maske des jungen Kaufmanns, der gleichgiltigen Maschine, die tagsüber hinter der Barriere ihres Schalterraums steht, Auskünfte erteilt, Formulare beschreibt und Eintragungen in Bücher macht. Die Art der Verbeugungen, der halblaute, ein wenig beflissene Ton, selbst das leicht Vertrauliche gegenüber Stammkunden ließ sich erlernen, und es deckte so nahtlos den, der sich darunter verbarg. Der wurde frei mit der Abendstunde, da er auf sein Zimmer eilte, die Tür schloss, den Griff ins Regal tat, und nun breitete sich die schöne, bunte, lockende Welt vor ihm aus.

Und während er dies alles erzählte, sah er hinaus durch das Fenster, wo, immer weniger erhellt, auch eine Welt an ihm vorüberglitt, kaum zu unterscheiden mehr, auch sie vielleicht voller Gefahren, auch sie sicher voller Lockung und – in irgendeinem Winkel – voller Glanz. Bis wir beide hochfuhren von unsern Sitzen, als man draußen eine Endstation ausrief, weit, weit über unser Ziel hinaus, und eilig die Wagen verließen, er mit echtem, ich mit gespieltem Erstaunen.

Wir verließen uns, und am nächsten Tage holte ich mir an der Tür seines grade schließenden Büros die endgiltige Auskunft in Sachen jener Papiere. Wir gingen nebeneinander, und ein wenig zögerten wir beide, ehe wir in den Tiergarten einbogen. Wieder ging ich jene Wege, die ich mit einem andern schon gegangen, ich horchte auf die leise, behutsam hinredende Stimme an meiner Seite und dachte eines andern, der hier zu mir gesprochen. Der Wind, der aus den Baumästen zu uns hinabsprang, schien mit sich Sätze heranzuwehen, die ich damals gehört, ich vernahm den Tonfall wieder. Plötzlich sah ich ihn deutlich, wie er mein Gesicht zwischen die Hände genommen und meinen Kopf zurückgebeugt hatte, ich sah auf die Hand des Mannes neben mir und überlegte, ob sie meinen Kopf so würde halten und zurückbeugen können, ich suchte in mir, ob es mich freuen würde.

Ich hatte eine Frage überhört, er machte eine mutlose Gebärde, er schwieg. Und ich vergaß den Vergangenen über dem, der in der Sonne neben mir ging, ich war wieder sachte und klug und riss ihn aus seinen Grübeleien. Ich gab ihm, nach vielerlei Schwankungen und Rückfällen, das Gefühl einer verlässlichen Kameradschaft. Ich verlangte nie etwas von ihm, ich schwieg, wenn er seinen Tag hatte, an dem er sich selber zerriss, ich wollte nichts jetzt, als dass er wisse, zu jemandem könne er von allem sprechen. Ich war so klug geworden, ich wusste, dass das Bedürfnis zur Aussprache der Sucht eines Morphinisten gleicht, die mit ihrer Befriedigung immer stärker wird.

Und bei alledem blieb stets ein stilles Wundern in mir. Ich sah mir zu wie einer andern und fragte mich, warum ich dies treibe, wozu in aller Welt ich mich den Launen dieses erbitterten, schlecht gezogenen und schlecht gepflegten Menschen füge? Wozu ich seinen endlosen, immer nur von ihm selbst lautenden Jeremiaden ein so aufmerksames Ohr lieh? Ja, liebte ich ihn denn wirklich? Ach, ich hätte heute wegbleiben können von unserm Treffpunkt, ich hätte ihn nach zwei Wochen vergessen gehabt. Und ging doch. Dass er mir wie ein schlecht behandeltes, gar zu oft ungerecht enttäuschtes Kind erschien, das auch ich nicht wieder enttäuschen dürfe, war das eine Erklärung? Dachte ich aber noch an meinen Triumph über Sepherl? Dieses billige Gefühl wäre mir mit solchen Anstrengungen zu teuer bezahlt gewesen.

Ach! welch langen verworrenen törichten schönen Weg habe ich gehen müssen, ehe ich das einsame, verstockte Herz dieses Kindes gewann! Welche Listen, Mitleid ihn nicht spüren, Güte ihm nicht bemerkbar werden zu lassen, welch Aufwand von Gleichgiltigkeit! Einen ganzen Sommer bis tief in die windigen nassen Herbsttage hinein sind wir Seite an Seite gegangen, manchmal redend, öfter noch stumm.

Bis ich schließlich so weit war, dass ich die Treppe zu seinem Zimmer hinaufsteigen durfte. Er stand schon in der Tür, er hatte gewartet, ob ich denn wirklich komme. Sein zages zweiflerisches Herz hatte wieder an Enttäuschung geglaubt. Ich sehe ihn dort am Ofen stehen, ein wenig hastig redend, ungeschickt eifrig den Wirt machend, ich sehe die Blumen auf seinem Tische, die er meinetwegen gekauft und dort hingestellt, und ich muss doch tun, als glaubte ich, dort stünden stets welche. Er holt Tee und Kuchen, er tuschelt draußen eifrig mit seiner Wirtin, und da er mich an seinem Bücherregal stehen sieht, meint er schon wieder, sich entschuldigen zu müssen, dass sie so aufgestellt seien und nicht anders. Dann holt er Alben aus seinem Schrank, sorgfältig eingeklebte und datierte Bilder seiner Verwandten, der Eltern und Geschwister. Einen seltsamen Einsiedler sehe ich, jung noch, der von all diesen Lebenden spricht, als seien sie längst gestorben, da er sie doch nicht mehr lieben kann.

Und es wird stiller. Langsam steigt der Rauch einer Zigarette in die Höhe, draußen klingelt eine Elektrische, Regen schlägt gegen die Scheiben, ein Kind weint auf der Treppe. Ich wende meinen Kopf, ich begegne seinem Blick. Er senkt ihn scheu, schuldbewusst, und auch ich neige den Kopf, damit meine Augen, mein stolzes Lächeln nicht verraten, dass ich endlich sah, was ich ungeduldig erwartet: die Liebe.

Sie war endlich gekommen. So sah er mich an, voller Angst, ich könne diesen seinen Verrat an unserer Freundschaft entdecken, beleidigt werden durch seine Vermessenheit. Und ich hatte weiterzusprechen, als sei nichts geschehen, als sei eine Sekunde zwischen tausend grauen nicht feurig aufgeflammt, ich hatte meine Hände, die sich nach seinem Haar sehnten, fest übereinanderzulegen im Schoß, ich hatte in geziemender Zeit aufzustehen und für seine Bewirtung zu danken.

Und stand draußen. Der stößige Wind fiel mich kalt und feucht an, dass ich erschauerte. Ein feiner Regen fiel. Die Leute hasteten. Auf einem kleinen Kirchplatz sah ich das Gras gelb, wie krank, Laub trieb feucht, schwer und lehmfarben über den Weg.

Alles ist trostlos. Alles so trübe und kalt. Und ich habe es unternommen, einen Einsamen aus seiner Klause zu locken, ich will ihn den langen Weg der Güte und Liebe, den ich selbst nicht gehen konnte, lehren. Und die Verpflichtung, die ich eingegangen, legt sich schwer und drückend auf mein Herz, ich muss an den Blumenstrauß zurückdenken und das glücklich verwirrte Gesicht des Gastgebers, die Tränen steigen mir hoch, weil dies so schlicht und kindlich und alles Leben nie schlicht und kindlich ist, dass dort oben alles so hoffnungslos umsonst ist, dass die Niederlage mit allen Schmerzen und Tränen doch kommen wird und dass ich sie herausgefordert habe.

Hier stehe ich, Marie Lauterbach, einundvierzigjährig, in einer Novembernacht auf einem kalten, nassen Kirchplatz, ich zittere vor Trostlosigkeit, vor der Verantwortung um jenen, für den einzustehen ich mit meinem ganzen Herzen und Sein übernommen habe. Ich habe einen Mann, ich habe Kinder, ich habe einen Geliebten, aber ich möchte jemand haben, zu dem ich jetzt hinflüchten kann, in dieser Stunde meiner Angst, der gütig zu mir wäre, überlegen lächelnd gütig, so wie ich zu jenem Jüngling gütig zu sein habe.

Man geht schließlich immer wieder nach Haus, zu irgendeinem Zuhaus, das nichts ändert. Der Krampf löst sich, am nächsten Morgen mag man kaum noch an ihn denken, schämt sich seiner vielleicht. Aber seltsam, dass ich dort so gestanden habe in einer Novembernacht, das hat mich später, als all diese vorgehabte Güte und Liebe sich so ganz mir versagten, als ich niemandem mehr helfen konnte, nicht einmal mir selbst, das hat mich stolz gemacht und in mancher Stunde getröstet.

Ich bin wieder zu dem Tredup gegangen und wieder. Ein Zauber hat in diesen stillen Abenden eines Gläubigen und einer Zweiflerin gelegen, ich musste dort sein. Er stand immer an der gleichen Stelle, am Ofen, wir plauderten ein wenig, dann nahm er ein Buch zur Hand und las vor. Und ich sah wieder, wie nahe und vertraut er mit diesen erdichteten Menschen lebte, ihr Glück war sein Glück. Und eine schmerzliche Eifersucht ergriff mich auf diese Frauen, die aus den Seiten der Bücher erwachten, heraustraten, die wir ihre Geschicke sich vollziehen sahen auf einer imaginären Bühne, wir Zuschauer, wir Akteure. Mich reute die Verschwendung seines Herzens, ganz auf mich zugewendet hätte ich es sehen mögen, meine Finger juckten danach, in sein Haar zu greifen und ihm Stirn und Augen auf eine nähere zu richten.

Und mit den verrinnenden Tagen besann er sich darauf, dass er eigene Dichtungen in einem Fach seines Schreibtisches liegen hatte, und zögernd nahm er die Blätter und begann, auch sie vorzulesen. Einer, der gelebt hatte, wie man träumt, schuf Leben, einer, der das Leben nur aus Büchern kannte, erschuf sich seine Welt. Sie war jung und neu, aber mit äußerster Betroffenheit sah ich, wie dieser Menschenscheue die Menschen erriet, wie viel dieser, der jede Frau floh, von den Frauen wusste.

Und aus dem Gelesenen und unsern Gesprächen wuchs ihm langsam der Plan auf zu dem Buche, was er schreiben wollte, seinem ersten Buche. Wenn ich nun abends zu ihm kam, war sein Haar verwirrt, und sein Gesicht leuchtete wie von einem, der geschlafen und glücklich geträumt hat. Seine Rede war sicherer, sein Gang fester. Er behauptete sich, er stellte sich in die Welt, und gegen sie alle zwang er sein Ich, da zu sein.

Ich war es, die ihm den Mut dafür gab. Und ich das Beharren und die Kraft. Wie viel Entmutigungen, welche Niedergeschlagenheit, was für Kämpfe mit dem Stoff, Tüfteleien um den Stil. Ich hielt ihn. Immer wieder von neuem wies ich ihm den Weg, den er schon durchmessen, zeigte ihm das strahlende Ziel. Er hatte Augenblicke des Glückes, nach dem Rausch des Schaffens, wo er selig war wie ein Kind. Plötzlich konnte er lachen und albern, seine nie erlebte Kindheit kam zu ihm. Als ich ihn zum ersten Male singen hörte, selbstvergessen ein Lied vor sich hinsingen, wie ein Vogel singt, aus der Freude, da zu sein, blieb ich vor der Tür seines Zimmers stehen und schluchzte plötzlich auf.

Und dann kam der Abend, da alles verloren schien. Ich trat bei ihm ein und fand ihn finster, verkniffen, voller Argwohn. Er antwortete kaum, er sah mich an mit einem Blick von unten, der scheu war wie von einem geprügelten Hund. Ich fragte nichts. Eine unendliche Trauer fasste mich, eine namenlose Trostlosigkeit hielt mich gebannt. So viele Monate, so viel gemeinsame Abende, so lang der Weg und so mühsam, und nun alles wieder verloren, unfassbar warum. Noch einmal anfangen? Aber was wäre anders zu machen gewesen? Und ich hatte die Kraft nicht mehr.

»Lesen Sie das«, sagte er endlich und schob mir ein Buch zu, das er gleich wieder fortriss. »Ach! wozu lesen! Sehen Sie, das ist ein Dichter, ein wirklicher Dichter, ich habe ihn heute erst entdeckt. Und er hat alles gesagt, was ich sagen wollte, und er hat göttlich gesungen, wo ich gestammelt habe.«

Er sah mich plötzlich feindlich und böse an. »Und ich habe mein Manuskript genommen und es in den Ofen gesteckt und verbrannt!«

Plötzlich musste er schluchzen. Er schrie auf, leise und ganz verzagt: »Und nun ist alles vorbei! Alles vorbei!« Er brach zusammen, er lag im Sofawinkel und weinte wild und fassungslos.

Ich wollte sprechen, aber was nützte da Sprechen? Wieder glaubte er nicht mehr an sich. Er würde nie an sich glauben. Und das Schluchzen ging weiter, floss endlos dahin, er ging fort aus meinem Leben, all meine Hoffnung, meine Jugend, mein Glück. Er weinte sich fort in eine grenzenlose bittere Einsamkeit hinein, in die ich nie würde reichen können.

Ich trat zu ihm, ich streichelte sein Haar. Das Weinen ging fort. Da tat ich das Einzige, was blieb, ich nahm seinen Kopf, ich lehnte ihn an meine Brust, ich küsste ihn, ich flüsterte: »Mein Junge. Mein lieber Junge.«

Und da das Weinen stiller wurde, da eine Hand um meine Schulter tastete, ein Mund sich leise und zaghaft unter dem meinen öffnete, sah ich ferne, ferne eine andere sitzen, auch mich, die Gleiche, immer die Gleiche, und das Gleiche, immer das Gleiche tuend, die letzte Rettung, das Einzige. Wieder ging ich den Weg, und irgendwo an seinem Ende, heute, morgen, irgendwann, würde das Bett aufgeschlagen sein, immer das Bett. Dieses Bett, das kein Ausweg, keine Rettung war, für das alles andere am Ende ein Vorwand gewesen, sich selbst allein Zweck, wir Puppen nur. Ich küsste diesen Mund, und ich meinte, alle Münder zu küssen. Und ich sah in die Ecke, wo es stand, und der kurze Weg dorthin schien mir grauenhaft schwer.

Aber dann verschwand alles wieder, ich sah das Gesicht unter mir erglänzen von der Morgenröte eines nie erwarteten Glückes. Eine leise volle Stimme fragte bebend: »Ist es wahr? Liebst du mich wirklich?« Eine Hand, ein Arm drängten empor an mich. Nein, es war doch wieder das Glück, lange erwartet, lange ersehnt. Es kam zögernd und leise, es war so sacht. Es überraschte nicht, es bestürmte nicht. Leise, leise ging es uns den Weg voran zu jenem Winkel, die rührende Unbeholfenheit eines Knaben gab ihm seinen alten Glanz von Reinheit wieder.

Ich bangte davor, wie ich ihn danach finden werde, am nächsten Tage, ob das Misstrauen nicht wieder Sieger geworden sei. Und ich fand ihn glücklicher noch, strahlender, von einer ihm ganz fremden Sicherheit. Und mit jedem neuen Tag war er gewachsen und freier geworden, vorsichtig erst, dann mutiger sah er sich in einer veränderten Welt um, er ergriff Besitz von ihr, wurde ihr Bürger. Die Gewissheit, mein zu sein, die Gewissheit, einen Menschen lieben zu dürfen, ohne Verhehlen, ganz wie er war, die machte sein Glück aus.

Alles bekam ihm Wert erst durch mich. Worte, die er liebte, ich musste sie schön gefunden haben, mit ihm hatte ich die Wege zu gehen, die er als Einsamer gegangen war, und es erhöhte sein Glück, da er an meiner Seite das Elend von ehemals erleben konnte. Der Launische erwies sich als launenlos, der gleich Entmutigte war zäh.

Die begonnene und zerrissene Arbeit wurde neu in Gang gesetzt, doch ihr Plan war geändert, da sich doch alles geändert hatte, aus dem Skeptiker ein Gläubiger geworden war. Er wollte sich die Welt erobern, alle wollte er bezwingen. Er ersehnte nicht Ruhm oder Erfolg, aber je höher er stieg, umso mehr hätte er mir danken können, von dem Erfolg, dem Geld – einmal erriet ich ihn, er träumte von einem Haus auf dem Lande, wo wir beide allein leben sollten, ein ganzes Leben.

Nie sprach er von meinem Mann oder den Kindern. Einmal hatte er Emmi gesehen, er war ein paar Tage still gewesen, scheu verwundert. Er begriff jenes andere Leben nicht, das ich neben dem mit ihm führte, er wollte nichts von ihm wissen, er wollte es vergessen. Ich war jung wie er, auch mir hatte sich das Leben geöffnet, plötzlich: der Geliebte war eingetreten, alles lag in Sonne.

Dachte er wirklich so? Er wollte so denken. Er hatte sich auf ein Gefühl vereinzelt, und er wollte nichts von der Welt als dies. Ich sah die ungeheure Gefahr, die für ihn darin lag, der Rückschlag, verlor er mich, war nicht zu ermessen, und ich ging meinen Weg weiter mit ihm, auf das Leben hoffend, das ihm andere Frauen, jüngere, zuführen würde.

Er war zu glücklich. Er fand, wie auch ich einst, Abbild unserer Liebe bei den Dichtern, in den Büchern. Ich hörte die Worte, mir klangen sie nicht neu. Es war immer dieselbe Melodie, stets das gleiche Erlebnis. Im Anfang täuschen wir uns, solange wir noch emporsteigen, erscheint uns alles neu, aber ein Tag kommt, wo der Schimmer verblasst ist, wo wir um uns sehen in eine graue Welt.

Langsam zerging alles. Ich sah seine Liebe stets größer und aufopfernder werden, sie war blind für alles, sie hätte immer um mich sein mögen, sie wurde der Zärtlichkeiten nie müde.

Ich aber war es. Ich wusste von der Verpflichtung, die ich übernommen, als ich dies anfing, und ich konnte nicht hindern, dass mein Ton matter wurde, meine Umarmungen gleichgiltiger. Ich ging zu ihm und dachte: schon wieder, ich ging von ihm und freute mich, dass er mich noch einmal nicht erraten hatte.

Ach, die Küsse, die Verzückungen, die Schmeichelworte, sie waren immer die gleichen, mein Gefühl kannte sie, es erledigte sie, ohne meine Seele zu bemühen. Wir waren nichts als Teilchen einer großen gleichgiltigen Maschine, sie schnurrte los, wir näherten uns einander, wir machten unsere Mätzchen und Kapriolen, aber am Ende war alles nichts wie der grausame Apparat der Liebe, den schon das Kind im Lexikon studierte.

Ich war seiner müde.

Und allmählich merkte Tredup es. Er bot all seine Liebe auf, mich noch einmal einzuholen, er erlag. Ich ging von ihm, ich sah ihn zerbrechen, und ich hatte nicht einmal Mitleid mit ihm. Ich begegne ihm noch da und dort, bleich, kummervoll und verkniffen mustert er mich aus der Ferne, ich könnte das Glück aufleuchten machen in seinem Gesicht, ich kann es nicht mehr. Ich bin der Täuschungen und der Umwege müde, ich mag mich nicht mehr narren lassen vom Apparat der Liebe. Ich bin müde.

Die andern mögen ihre sonderbaren Tänze aufführen, ich sehe ihnen zu, wie ich als Mädchen, in einem Kahn liegend, den Schnakentänzen zusah. Meine Kinder sind bald so weit, auch sie werden mittanzen, aber auch über sie wird eines Tages diese Lähmung fallen.

Immer das Gleiche. Nichts Neues unter der Sonne.

Du hast schon recht gehabt, Schwester Violet, damals, als du unter den Sternen lagst, aber es war umsonst, als du den Feind im Leibe verbrennen wolltest, er tanzt über uns, unsere Grabplatten noch benutzt er als Lager. –

Die große Liebe

I.

Als sie sich kennen lernten, waren beide strahlend jung. Sie siebzehn, er siebzehn.

Kam er aus der Werkstätte, wartete sie schon auf ihn. Nebeneinander gingen sie nach Haus, er in seinem blauen Kittel, schwarz von Ruß und Öl, die blaue Emaillekanne in der Hand schlenkernd, sie in weißer Bluse und faltigem Rock, umsonst bemüht, Takt zu halten mit seinen weit gespannten Schritten.

Meistens hatten sie noch Zeit, und weil es halb auf ihrem Wege lag, gingen sie an den Hafen und setzten sich dort auf eine Bank. Der Fluss trieb sachte dahin, es roch nach Teer, eine Winde knarrte.

Er erzählte vom Hof, aus dem er stammte, sie gingen durch den Garten, ein Kartoffelacker, Kiefernkuscheln, Dünensand – und soweit das Auge reichte, brandete Meer, blau, grün und weiß, gegen den hellen Strand. Er beugte sich vor, sein Auge, blau wie jenes, streng und unbestechlich, schien die See zu sehen, von der er sprach, seine lange, schmale Nase roch den Duft von Tang und Teer, und der ernste, halb geöffnete Mund atmete wohl jener Brise entgegen, die gleich, gleich sich aufmachen musste.

Sie stammte aus einer kleinen Stadt, aus einfachem Bürgerhause. Unterdrückt von der rechthaberischen Mutter, tyrannisiert von der älteren Schwester, die klüger und härter als die jüngere war, hatte sie ewig in Angst gelebt, und das Gefühl war in ihr dicht geworden, dumm und unfähig zu sein, nichts wert. Ihre zarte blonde Schönheit hatten sie durch unmögliche Kleider verschandelt, ihre Demut ausgenutzt, ihre Liebesbedürftigkeit verachtet. Immer hatte sie – mit Furcht vor Strafe – im Dunkeln gestanden, und war sie einmal straffrei, lag wie ein Alp auf ihr die Furcht vor den andern.

Nun, aufs Seminar gekommen, war sie zum ersten Male frei, ein ans Dunkle gewöhntes Auge versuchte blinzelnd, ins Licht zu schauen, lieber noch barg sie es im Schatten des Jünglings neben sich.

Er wusste von Segeln und Schwimmen, von Hasenjagden und wilden Reiterfesten. Am liebsten wäre er Seemann geworden, aber das hatte man zu Hause nicht gelitten. »Nun werde ich Schiffe bauen.«

Er war so stark, aber er war auch fein. Er verstand gut, wenn sie ihm die kleinen großen, immer noch nicht überwundenen Unglücksfälle ihrer Kinderzeit erzählte, warum ihr Lächeln noch weich und gewinnend war, über Tränen hinweg, auf die seinetwillen verzichtet wurde. Diese unglückseligen zwei trockenen Frühstückssemmeln, die ihre Mutter aus Gesundheitsrücksichten verordnet und die sie nie hatte essen können! Sie schmuggelte sie heimlich in ihre Kommode, sie häuften sich dort und wurden – natürlich! – eines Tages entdeckt. »Und der Bach, in den ich sie so gut hätte werfen können, floss direkt unter meinem Fenster, Fritz!«

Sie hätte ewig so bei ihm sitzen mögen, bis das Rot des Abends ganz übergegangen war in jenes hohe stille Blaugrün der Meereshimmel. Er mahnte, dass sie würden essen müssen in ihrer Pension. Der letzte Weg war still. Sie streifte einmal scheu seine Hand, wie sich zu überzeugen, dass er noch da sei. Er spürte es nicht. Er dachte wohl wieder an seine Bücher, diese Philosophen, die er ewig las. Er hatte so viel, das in sein Leben reichte. Sie hatte nichts wie ihn. Und schon war die Angst wieder da, eine neue, brennendere als jene der Kindheit, die andern könnten ihn ihr fortnehmen, die Mitseminaristinnen, die Freundinnen, die in derselben Pension wohnten. Dora war so schön und sicher! Ada war zehnmal klüger als sie!

Dann saßen sie alle um den Abendbrottisch, er der einzige Mann in dieser Mädelburg, und Reden und Gelächter flogen hin und her. Sie redete mit, sie lachte mit, tieferes Rot tönte ihre Wangen. Wenn die andern zu seinen Paradoxen Weh schrien, wenn die Pensionsmutter Einhalt gebot: sie hielt zu ihm, sie ging mit ihm durch dick und dünn.

Ja, sie ging so weit, laut und öffentlich ihm beizustimmen, als er einen persönlichen Gott leugnete. So war es, er hatte recht. Und als die andern längst schliefen, kniete sie noch an ihrem Bett und bat Gott diese Beleidigung ab. Sie versprach ihm, Fritz gut zu machen, wenn er nur bei ihr bliebe, wenn ihn ihr Gott nur schenkte.

II.

Sie gingen durch die Anlagen, sie stiegen empor über die Stadt. Ein fröhlicher Sommerwind bewegte die Büsche, kleine Fliederblättchen tanzten in seinem Hauch. Der Fluss zog sich blau durch Gold und Grün, tausend kleine Lerchenlieder hingen in der Luft.

Er warf sich ins Gesträuch, er brach Flieder und Goldregen, Heckenrosen warf er auf sie, und er überhäufte ihren Schoß mit Schneeball, Margeriten, Kornblumen und Mohn. Sie lächelte aus all dem Blust hervor, ihm zu.

Ein Wasserfall zerstäubte, seine Tropfen funkelten in der Sonne, feurige blaue und grüne Sterne erglänzten, die Heuschrecken feilten eine endlose Melodie, und in die Wagenspur sickerte sachte und demütig der Sand.

Sie sahen sich an. Ihre Augen glänzten golden in der Sonne,

ihre Wimper tanzte – und die Segel in der Ferne und der bläuliche Rauch und ein Jubelschrei von drüben, schon verhallend, schon verklingend, als habe ihn der Frühsommer ausgestoßen, erschrocken von der eigenen Herrlichkeit.

Er hielt sie in seinem Arm, ein angstgepeinigtes Herz klopfte ruhig und frei, ein zage lächelnder Mund öffnete sich durstig und demütig dem seinen entgegen.

»Thilde!«

»Fritz ...«

Und die Sommerwege alle durch Gehölz und Gefeld, der stille Mittagsduft im Nadelwald, die abseitigen Bänke, die herrliche Mahlzeit in einer Mühle! Da war ein Eichkater, und eine Krähe hatte sie angesehen, als wisse sie alles. In einem Garten blühten schon Rosen, und er erbat sich ein paar, für seine »Braut«, und der alte Herr winkte ihr zu und zog sein Käppchen.

Und der Heimweg dann durch die sacht sickernde Dämmerung und das Verhallen des lauten Tages und die Stille, hinter der tausend solche Tage stehen mochten, und die Flüsterworte und die Atemlosigkeit der Küsse und das seligsüße Einschlafen.

III.

Er war jung, er war stark, er war frei. Das Leben lag vor ihm wie eine weite blühende Landschaft. Tausend Wege, sie zu durchwandern, zu verharren, weiterzuziehen und andere Länder zu sehen, andere Düfte zu riechen, andere Gefühle zu erproben. Er war jung, er war ruhelos, er wollte noch nicht das Glück. Glück war Beharren, Glück war Sichzufriedengeben, Glück war Zurruhekommen. Er wollte weiter.

Sie saß gebeugt über ihre Seligkeit und träumte sie immer wieder neu. Immer die gleiche und stete Seligkeit. Schon zitterte ihr banges Herz davor, dass sie einmal entglitten sein, dass ihr Leben einmal nicht grade diesen Inhalt besitzen könnte. Sie wollte keinen andern, sie konnte sich nicht einmal einen andern denken. Und sie schmiegte sich fester in ihn hinein, sie verstieß alles andere, sie vereinzelte sich auf ihn.

Sie fragte nicht. Sie zweifelte nicht. Sie verglich nicht. Sie warf ihre Arme um seinen Hals und flüsterte: »Liebst du mich?« und hätte ewig sein Ja hören mögen. Sie war Wachs in seinen Händen, eine Falte auf seiner Stirn erschreckte sie, ein Ärger, den er gehabt, ließ sie nicht schlafen.

Dies war die Liebe, von der sie gelesen, die große Liebe, und sie konnte nie aufhören.

Und doch zitterte sie immer, jede Freundin konnte ihn fortnehmen, was konnte ihm nicht geschehen, wenn er nachts fort war? Sie hörte ihn morgens heimkommen, sie barg ihr glühendes Gesicht im Kissen: würde er je erfahren, wie sehr sie ihn liebte? Wie er ganz allein in ihrem Leben war?

Auch er liebte sie. Eine unsägliche Rührung ergriff ihn, wenn er diese holde, zergehende Schwäche sah, die sich ganz an ihn warf. Sie machte ihn sanfter, in seiner harten hielt er die gebrechliche Hand und träumte von dem zarten lautlosen Pflanzendasein, das diese hier geführt. Er suchte sie mehr in die Welt zu ziehen, er sprach ihr von den hundert Erkenntnissen, die von allen Seiten auf ihn einströmten, von den Denkern, den Dichtern, den Erfindern. Sie hörte ihm zu, sie glaubte alles, was er glaubte, sie fand schön, was ihm schön war, sie war sein.

Sie wurde es ganz. Und mit ungekannter Fassungslosigkeit stand er vor der haltlos Weinenden, die er genommen. Sie hatte sich in seinen Arm geschmiegt, sie war sein geworden, sanft, still und selig, nur mit einem letzten mädchenhaften Abwehren irrer Angst. Aber ihr Elend danach, ihr krampfhaftes Schluchzen, ihre wilde Verzweiflung erschütterten ihn. Er kniete neben ihr, seine Lippen tranken ihre Tränen, seine

Hände suchten die ihren zu erwärmen, die kalt und wie leblos waren. Sie stieß Worte hervor endlich, unverständlich zuerst, von Schluchzen unterbrochen, er fragte sanft, immer wieder, er lauschte.

Nun vernahm er ein wenig von der Angst, in der sie stets neben ihm gegangen, von der ewigen Angst um seinen Verlust. Da sie sich ihm hingegeben, nun wertlos geworden war, war es da nicht selbstverständlich geworden, dass er sie verlassen würde? Was hatte sie ihm noch zu geben als Entgelt für seine Liebe? Sie stammelte wirr von Schande, ihre Mutter hatte recht gehabt, sie war schlecht ... Auf die Straße gehen ...

Wie ein stilles, freudiges Staunen stieg es in ihm auf. Fremde Welt, fremde Worte. Längst versunken geglaubt, auferstanden in einem kleinen, selbstquälerischen, armen Hirn. Er beugte sich zu ihr, von seinem Glück flüsterte er, das auch sie teilen müsse. Ihr Weinen ging dahin. Sie verstand nichts. Da tat er das Einzige: er nahm sie in seinen Arm und war gut zu ihr. Er sagte ihr die sanftesten Worte und ließ sie sich erinnern. Und als sie noch fortweinte, sprach er leise, zögernd, mit Widerstreben, von der Zukunft.

Er log nicht. Aber all dies war noch so fern, sie waren so jung, so viel konnte geschehen, wer konnte heute feste Pläne bauen? Doch schien eine Gemeinsamkeit nicht unmöglich, er wies sie. Da legte sie ihre Arme um seinen Hals und flüsterte: »Du bist gut.«

Sie waren nun Brautleute. Heimlich trug sie den Ring im Ausschnitt der Bluse. Er hatte ihn in den Schreibtisch gelegt und nach einer Stunde vergessen. Er war lieb zu ihr, er war sanft. Wenn er ungeduldig werden wollte, musste er immer an jene herzzerreißende Angst denken, und er bezähmte sich. Er suchte sie zu sich herüberzuziehen, er gab ihr Bücher zu lesen, die sie ins Feuer steckte, da sie schlecht seien. Er begriff nicht. Es war ihr recht, dass sie von solchen Ansichten Nutzen trug, und sie fand sie schlecht? Ja, fand sie sich denn schlecht?

Und erschreckt erkannte er: ja, sie war überzeugt davon, dass sie schlecht sei. Sie war eine Sünderin. Heimlich vor ihm schlich sie zur Kirche, und voll erleichtert hätte sie es wohl, wenn sie hätte beichten dürfen. Einer musste da sein, der ihre Sünden auf sich nahm. Ein Priester. Nicht ihr Geliebter. Er konnte sie nicht entsündigen, weil er falsch dachte. Er sündigte nicht, denn er wusste ja nicht, dass es Sünde war. Aber sie wusste es. Und sie musste büßen.

IV.

Es vergehen kaum drei Jahre, und nun müssen sie sich trennen. Sie wird Lehrerin, er geht auf ein Technikum. Der Abschied ist grauenhaft, immer wieder klammert sie sich an ihn, will ihn nicht gehen lassen. Sie fragt stets von neuem, ob er sie immer lieben werde, ob er schreiben werde, ob er sie nicht vergessen werde. Sie bettelt um fünf Minuten und noch um fünf Minuten. Aus der Dämmerung blüht ihm die weiche, übertaute Schönheit dieser Treibhausblume verführerischer als je entgegen, er lässt sich halten, er schwört.

Dann reißt er sich los. Er eilt zur Tür und wendet sich zurück nach dem harten Fall. Sie liegt dort leblos. Er hebt sie hoch, bettet sie aufs Sofa, macht Licht. Sie spricht fieberhaft, nun ist die Angst wieder da, die dunklen Wellen wollen über ihr zusammenschlagen, sie ruft nach Fritz. Sie hält seine Hand fest, einen Augenblick besinnt sie sich: »Du gehst doch nicht fort?«, und muss einen Aufsatz machen, und ihre Schwester schlägt sie. Er ruft die Pensionsmutter. Mit dem letzten Zuge fährt er.

Dann kommen ihre Briefe, demütig, um Verzeihung bittend, klein. Er liest sie in der kahlen, unwohnlichen Stube einer großen Stadt, er schreibt ihr wieder. Auch er ist verändert, diese Stadt vergiftet ihn. Ihr Lärm betäubt, ihre Gerüche machen ihn krank. Das Hocken und Horchen in den Hörsälen lähmt seine Aufmerksamkeit, eine wahnsinnige Sehnsucht nach Feld, nach Gewächs, nach Erde packt ihn, er bricht aus, stürmt ein, zwei Tage durchs Land und kommt kränker zurück.

Schein dieses Elends leuchtet in seinen Briefen. Seine Liebe wird wilder, ausschließlicher, hingebender. Er findet jene Worte, nach denen Thilde sich immer gesehnt. Als sie einmal zusammenkommen, sind sie stumm, wie verlegen. Aber in der Stille seines Zimmers stürzen sie einander in die Arme, ihre Küsse brennen, ihre Umarmungen entkräften.

Allein geblieben, besinnt er sich. Seine Gesundheit empört sich gegen so viel Übertriebenheit. War es nicht eben noch, dass er vom Wallberg in die Buntheit des Lebens sah? Nun erhellt zuckender, fieberroter Schein ein Dunkel, das trostlos ist. Er schreibt seinen Eltern, dass er heim will, Bauer werden, die Stadt tötet ihn. Die Antwort ist: mach dein Examen.

Er packt seinen Rucksack, verkauft seine Bücher, seine Sachen, setzt sich auf die Bahn und fährt in die Welt. An irgendeiner süddeutschen Station beginnt er seine monatelange Wanderung. Er lebt von Trauben, von Obst, von Brot. Er trinkt Wasser. Er schläft im Freien. Der schlaff gewordene Körper baut sich neu auf, sein Schritt federt, er begreift nicht mehr, dass dies Leben dunkel sein solle. Ihm kann nichts geschehen, da keiner Rechte an ihn hat. Er wird sich bewahren.

Keiner? Eine doch vielleicht. Die Bestürzung ist unendlich, als ihr Brief unbestellbar zurückkommt. Was ist geschehen? Die Feige wird mutig. Sie nimmt Urlaub, sucht ihn in der Stadt. Nichts! Sie fährt zu seinen Eltern, bekennt ihre Brautschaft, aber auch dort erfährt sie nichts. Sie kommt heim, den Tod im Herzen, und findet auf ihrem Tisch eine Karte von ihm, einen Gruß vom Rhein. Keine Erklärung, nichts. Aber er lebt. Die schrecklichen Befürchtungen sind nicht in Erfüllung gegangen, er wird wiederkehren.

Er lässt sich Zeit. Der Sohn trotzt gegen den Vater an. Er streift durch das Land, er wartet, bis der Alte nachgibt. Der kann es abwarten. Aber der Sohn wird nicht mürbe, geht ihm das Geld schon aus, stellt er sich an den Amboss einer Dorfschmiede, und zwei, drei Tage kann er es weitertreiben.

Als der Herbst vergeht, darf er heim. Er lässt sich Zeit, macht noch Station bei Thilde. Sie ist blass, müde, doch sachte erblühend über seinem Kommen. Er bedenkt, wie viel Leben in ihn ging, alle diese Monate hindurch, indes sie nichts tat als hier wartend seiner gedenken. Er streichelt ihren Scheitel. Eigentlich ist er ihr sehr fern. Dieses Zimmer und Bilder von ihm hier und dort … hat sie denn nichts zu tun gehabt, als auf ihn zu warten –? Es scheint ihm rührend und ein klein wenig arm. So viel Sorgen, so viel Kümmernisse! Was aus ihnen werden soll? Aber gibt es nicht tausend Möglichkeiten, und ist nicht eine so gut wie die andere? Du hast nur zu leben, lebe doch, Kümmernde!

»Ich habe nur zu warten«, spricht sie.

Vater und Sohn gehen umeinander herum, belauern sich. Bis ihn eines Tages der Vater mit aufs Feld nimmt. »Dass du wenigstens pflügen lernst. Ich habe eine Lehrstelle für dich. Eine Schande ist es, Sohn von einem Landwirt und kann nicht pflügen!«

Der Sohn nimmt die Leine, fasst den Pflug. Die Pferde ziehen an, und über die glänzende Schar rauscht der dunkle Boden, zerkrümelt und liegt sanft da und geduldig. Wie groß das ist, so in der Furche zu gehen!

V.

Die Jahre spielen sich hin, eines um das andere. Aus dem Lehrling wird ein Verwalter, der Verwalter wird Inspektor. Immer noch sitzt in einer kleinen Stadt die Lehrerin und schreibt Briefe. Er antwortet selten. Wo sind jene Sommertage dahin? Sie sind fortgeflogen, und andere schwebten heran, er hat sich nicht besonnen, sie zu genießen, tief und atmend. Er ist jung, er weiß nichts von Ruhe.

Die Liebende dort hinten, die Harrende, nun ist sie die große Seligkeit nicht mehr. Sie ist etwas, mit dem in seinem Leben zu rechnen ist, eine, die wartet. Sie wird nicht vergeblich warten, dies bleibt sicher. Aber manchmal, wenn sie sich treffen, fragt er sinnend: »Wie es wohl gehen mag mit uns? Bist du sicher, dass du zu mir passt?«

Sie ist sicher. Ihn nur erst ganz haben, immer um ihn sein können, für ihn arbeiten dürfen, mehr erwartet sie sich nicht, und das ist übergenug.

Und er wieder: »Kennst du mich wirklich? Glaubst du, dass du mich ertragen kannst? Ich bin nicht sanft, und keine Kette bindet mich. Ich bleibe frei.«

Sie lächelt für sich. Ihn nur erst haben. Keine Kette –? Wie Männer eben reden, Ausgedachtes, das sich im Leben vergisst. Ist nicht alles vorgeschrieben? Wird nicht alles geschehen wie bei anderen auch? Kette –? Er wird ihre Liebe nicht als Kette spüren, und doch wird sie ihn halten.

Er sinnt. Nicht, dass er zögert, zurückweichen will, er sinnt nur. Wer ist sie? Eine Schwache, eine Demütige, deren Blütenreiz einst sein Herz bezwang. Nun eine zu beschützen, mit Rührung anzusehen, eine Vergehende ohne ihn. Er traf sie, da er noch ganz jung war. Er hat kaum andere Mädchen kennen gelernt, sie sind wohl alle so. Mit welcher könnte er sprechen über das, was ihn bewegt, wirklich mit ihr sprechen, keine Monologe? Bücher, Bilder – ihnen allen ist das kleiner Schmuck, Tändelei, Zierrat.

»Ich bin neugierig, wie es abläuft«, lacht er. »Wenn es gar nicht geht, können wir uns ja scheiden lassen.«

»Natürlich!«, lacht sie. Und denkt tief erschrocken: »Daran denkt er schon? Nie! Nie!«

VI.

Dann ist es so weit, dass sie heiraten können. Sieben Jahre sind vergangen, seit sie sich kennen lernten. Sie denkt der verflossenen Zeit nach und findet sich, unfassbar warum, doll. Plötzlich sieht sie das Mädchen vor sich, das sie einst war, ihr scheint, als habe sie damals auf ein großes, großes Glück gewartet. Einmal war es, als hielte sie's, dann zerrann es, unbegreiflich wie. Jener Mann, den sie nun ab und an trifft, der ihr Haar streichelt, sie flüchtig küsst, sie glühend umarmt und kalt verlässt, er wäre es?

Angst packt sie davor, mit ihm zu gehen, sich ihm ganz auszuliefern. Wie hat er sie schon verändert! Sie hat sich an die Schande gewöhnt, sie denkt kaum noch an Gott, sie hat keine Freundinnen mehr, ihre Mutter hasst, die Schwester verspottet ihn –: er hat sie vereinzelt, er hat sich mitten in ihr kleines Leben hineingepflanzt, alles andere verschattet, bis es zugrunde ging.

Sie muss wieder frei werden. Sie muss die schlichte Straße gehen, sie muss wieder rein werden. Alles war Irrtum. Sie denkt ihn neben sich, Tag für Tag, er wird sie zerdrücken, er wird nichts von ihr lassen. Wie sollte sie sich gegen ihn wehren, da sie ihn liebt? Er wird sagen: gehe hierhin, und sie wird hierhingehen; er wird sagen: warte, und sie wird warten; er wird sagen: scheiden wir uns, und sie wird einwilligen.

Ihr Herz zuckt, über ihr Gesicht strömen Tränen, aber sie setzt sich hin und schreibt, dass sie ihn freilässt, dass sie ihn immer lieben wird, dass sie ihn nie vergessen wird, aber dass es besser ist so. Sie legt ihr kleines, demütiges Herz vor ihn, sie schluchzt. Aber doch: nein, nein! Ich will nicht.

Und als der Brief fort ist, erinnert sie sich erst: sie liebt ihn doch! Was hat sie nur getan! Mag er sagen: geh fort, sie liebt ihn doch; mag er sie unterdrücken, sie liebt ihn doch; mag er flüchtig sein, sie liebt ihn doch! Was hat sie getan! Immer in seiner Nähe sein zu dürfen, war das nicht das höchste Glück, das sie je geträumt? Wann hätte sie ein anderes erwartet? Freundinnen? Mutter? Haben die Freundinnen nicht immer ihre Dummheit verspottet, die Mutter sie geängstet? Ist er nicht der Aller-aller-Einzigste gewesen, der gut zu ihr war und sanft? Hat er nicht ihre Tränen fortgeküsst, ihr Haar gestreichelt? Ist er nicht immer wieder heimgekehrt zu ihr? Was hat sie getan!

Sie muss fort! Sie muss schreiben, telegrafieren, sie muss hin zu ihm! Es ist Nacht. Sie muss warten. Und ein kleiner Aberglaube regt sich in ihrem Herzen: wenn er seine Freiheit annimmt, so hat es so sein sollen, es wäre nicht gut gegangen. Sie wird nichts tun, den Brief zu widerrufen, sie wird warten.

Er lässt sich Zeit mit der Antwort, und als der Brief kommt, erzählt er Tausenderlei, nichts von dem, was sie erwartet. Ja, zum Schluss eine kleine Anmerkung: er hat sich an den Gedanken gewöhnt, in den nächsten Tagen zu heiraten, in der Eile ist keine andere Braut zu beschaffen, sie wollen es beim Alten lassen.

Ihr Gesicht rötet sich. Ein Scherz –? Gierin! Und dann begreift sie, eine Welle von Dankbarkeit strömt in ihr hoch. Er hat ihr kleines schwaches zweiflerisches Herz erkannt, er hat ihr den Rückweg leicht machen wollen. Wie er sie kennt! Nicht ein Wort in dem Brief, den sie mit so vielen Schmerzen geschrieben, hat er ihr geglaubt. Er geht darüber hin.

Wie gut er ist! Wie groß! Wie edel!

VII.

Sie heiraten.

Seltsam, dass Glück mit solchen Kleinigkeiten beginnt! Und könnte man sie nur als Kleinigkeiten nehmen! Ihr scheinen sie groß. Sie steht weinend eine Nacht durch auf dem

Flur: er hat ihre Kleider aus seinem Schrank herausgeworfen. »Weil wir verheiratet sind, haben wir noch keine Schrankgemeinschaft.« – Und sie hatte es gut gemeint, es war wirklich praktischer … Sie lauscht: er schläft. Er kann schlafen, während sie weint. Früher tröstete er sie.

Sie vergisst, die Türen zuzumachen. »Türen sind zum Zumachen da, Thilde«, sagt er sanft. »Ich mag nicht vom Arbeitszimmer sehen, was in Esszimmer und Küche geschieht.«

Sie vergisst es wieder. Er mahnt. Er erinnert. Und sie will auch daran denken, aber dann ist sie eifrig, sie will ihm eilig etwas sagen. »Die Tür, Tilde«, spricht er und ist verstimmt.

Kommt es nicht so weit, dass er einen Jungen annimmt und ihn von morgens bis abends hinter ihr marschieren lässt, Tür auf, Tür zu, und das Spiel weitertreibt, drei Tage lang, trotz Tränen, Bitten, Flehen, bis sie es gelernt hat –?

Er ist hart. Er kann böse sein. Wenn die senkrechte Falte zwischen seinen Brauen steht, zittert sie. Was quält er sie denn mit solchen Kleinigkeiten? Sie liebt ihn doch, sie lieben sich doch, was zählt denn außerdem? Genügt das nicht für alles? Sie versteht ihn nicht, war er nicht einst sanft? Nun ist er so fern von ihr!

Sie ist viel krank. Was kann sie dafür, dass jedes Mal die Angst über sie kommt, sie stürbe? Er hat kein Mitleid, er lacht: »Davon stirbt man nicht, min Döchting. Mach dir Umschläge.« Und er geht. Sie fiebert. Sie weiß, sie wird sterben, während er fort ist. Sie ist namenlos allein, und niemand denkt an sie, hat Mitleid mit ihr. Wenn er ihr wenigstens noch die Hand gegeben hätte zum Abschied!

Sie steht auf aus dem Bett. Sie holt ihr Heiligstes, die Truhe, die er ihr einst schnitzte, gefüllt mit seinen Briefen. Schrieb er auch selten, in sieben Jahren sammelt es sich an. Sie geht die Jahre durch, die Frau beginnt immer wieder das Leben an jenem Tage, da der strahlend Junge in ihr Leben trat. Sie hat sieben Jahre verwartet auf den Hochzeitstag hin, in ihrem ersten Ehejahre beginnt sie sich zu erinnern. Sie lebt ihr Leben über Kreuz, in der Gegenwart lebt sie die Zukunft, ward die Zukunft Gegenwart, träumt sie Vergangenheit.

Sie liest die Briefe aus jener Zeit, da er in der Stadt war. Die Leidenschaftlichkeit dieser Zeilen rötet ihre Wangen. Dem Jüngling wirft sie den Mann vor, dem Mann verzeiht sie den Jüngling nicht.

Am Ende weint sie. Sie ist krank, elend, verlassen. Das Leben steht hinter ihr, gleich hinter dem Kopfende ihres Bettes, es ist dunkel und drohend, sie aber ist klein und wehrlos. Sie weint.

VIII.

Das Kind kommt, das ein Junge werden sollte und ein Mädel ist. Aber was schadet das? Alles ist gut. Draußen ist Pfingsten, Sonne dringt in ihr Zimmer, kleine, sanfte, grüne Blätter flattern im Wind, die Vögel singen. Ein Geschöpf regt sich neben ihr, birgt sich in ihrer Wärme, lebt von ihr. Diese kleine Hand, die sich blind tastend um ihre Finger schließt! Ein Strom von Entzücken durchrauscht sie. Fröhliche helle Töne erklingen, kein Vogelruf kann seliger sein als der sachte Laut ihrer Lust.

Sie vergisst sich und ihn über dem Kind. Dass es dies gibt, diese Wonne, diese äußerste Seligkeit, sie hat es nie gewusst. Sie sitzt am Bett des Kindes, sie übersieht den Weg, den sie herkam bis in dies helle Zimmer, dunkle Gestalten bedrohten ihn, unbegreiflich ist sie gerettet. Sie betet, sie dankt. Sie weiß nun, viele jener Drohenden hat sie selbst gerufen, sie ist klein gewesen und unselbständig, zu viel ließ sie sich von andern helfen, diese kleine Atmende wird zur Verpflichtung, eine andere zu sein. Sie will ihr einen helleren Weg weisen, einen schlichteren, nicht umsonst will sie gelitten haben. Dieser hier soll es besser gehen.

Ihr Mann tritt ein, auch er verändert. Sie grüßen sich über dem Bett, aus den Liebenden scheinen Kameraden geworden, ein Bund ist geschlossen zum Besten dieses neuen Menschen. Denn auch er liebt das Kind, beinahe regt sich ein wenig Neid in ihr, als sie sieht, wie sehr er es liebt. Es ist sein Kind. Es hat die schlanken langen Glieder des Vaters, seine dunklen Brauen, das helle klare Blau seiner Augen. Er steht da und betrachtet es, er nimmt es in seine Hände, und diese großen schweren Hände sind geschickt, sanft und still. Als es krank wird, jagt er alle von seinem Lager, selbst die Mutter. Er sitzt in den Nächten dabei, er pflegt es. Sie steht draußen auf dem Gang, selig und böse, liebend und voll Zorn. Da es gesund ist, gibt er es in ihren Arm zurück.

Sollte man denken, dass dieses Glückskind der Anlass zum ersten bösen Streit werden sollte? Ihre Ehe war nicht gut gewesen und nicht schlecht, sie war eben hingegangen mit kleinen Häkeleien, Tränen, Zweifeln, Versöhnungen. Nun trennen sich ihre Wege, hier steht sie, dort er. Liebende? Das war einmal. Kameraden? Ein Irrtum. Feinde … du dort, ich hier, wer siegt? Sie siegt dieses Mal, aber, da ihre Feigheit siegt, gilt der Sieg nicht, wird Grund zu mancher Niederlage.

Wann soll man das Kind taufen? Es wird Zeit, schon reden die Leute.

Man soll es überhaupt nicht taufen. Ein fröhliches Heidenkind soll es werden, keines dieser demütigen Christenkinder.

Das ist unmöglich!

Es ist selbstverständlich, dies ist sein Kind, und auch er hofft, kein Christ zu sein. Alle Kinder, die kommen, sollen ihr gehören, dies ist sein Kind und bleibt's.

Sie will streiten, aber er sagt noch einmal nein, und nun sagt er nichts mehr. Oh, er ist ein Klotz, er ist ein Fels, sie kann ihn nicht fortschieben. Sie weint, und sie fleht zu Gott. Sie hat gelobt, dies Kind soll den schlichten Weg gehen, und er will es verhindern? »Es ist unmöglich«, flüstert sie, aber bei dem Gedanken an offenen Widerstand zittert sie. Sie kann es nicht. Er hat Nein gesagt, und wenn sie hundertmal Ja schreit, es wird beim Nein bleiben. Aber da ist Gott. Gott wartet. Was soll sie tun?

Er verreist auf ein paar Tage, einen Freund zu besuchen. Da geschieht es. Er kommt zurück, er bringt den Freund als Gast mit. Aber die erste Stunde, da sie allein sind, gesteht sie: »Ich habe es getan, Fritz. Ich habe das Kind taufen lassen.«

»Was hast du getan?«, fragt er.

»Das Kind ist getauft«, sagt sie, und ihre Stimme ist fester.

Er spricht nichts. Es dämmert im Zimmer, doch sieht sie, wie bleich er ist. Er geht einmal auf und ab, ganz langsam, er denkt wohl nach. Er ist bei der Tür, er fasst die Klinke, langsam geht er hinaus. Er schließt die Tür. Er ist fort. Er hat kein Wort zu ihr gesagt.

Und in diese ungeheure Stille stürzt ihr lärmend das Bewusstsein dessen, was sie getan. Diese Wortlosigkeit schlägt alle Waffen aus der Hand. Ihr Hohn ist vorbei und ihr Zorn verflogen. Sie stürzt hin vor einem Stuhl, plötzlich ist sie wieder da, die alte, große Liebe tobt in ihrem Herz, Schmerzen über Schmerzen! »Hätte ich gewusst, du nimmst es so schwer, ich hätte es nicht getan! Verzeihe mir, sei wieder gut. Ich will immer tun, was du sagst. Nie wieder.«

Der Wind geht. Ein Fenster klappert. Sie geht mechanisch hin, schließt es, sieht sich in ihrem Schlafzimmer um. Er ist nicht da, er ist fortgegangen, sie wird auf ihn warten. Sie hockt im Dunkeln, ein Schluchzen schüttelt sie immer von neuem, immer von neuem verspricht sie: »Ich will es nicht wieder tun! Sei wieder gut!«

Die Nacht vergeht. Es wird langsam hell, sie steht auf von ihrem Sessel, sie friert.

Er ist nicht gekommen. Aber vielleicht kam er so leise, dass sie nichts hörte? Sie schleicht wieder ins Schlafzimmer, nein, er ist nicht da. Aber etwas anderes sieht sie: sein Bettzeug ist fort. Sie versteht nicht. Und muss es von den Mädchen hören, dass er beim Freund oben schlief.

Er hat ihr diese Schmach angetan. Im ganzen Dorf wird man über sie lachen. Vor niemandem kann sie sich mehr sehen lassen. Er ist schlecht, er ist gemein, sie hat es immer gewusst. Er will strafen. Recht ihm, wenn er leidet! Er leidet nicht genug, mehr noch muss er leiden, er leidet lange nicht so viel wie sie.

Und da sie sich auf ihr Lager wirft und mit Schreien und Schluchzen dem gepeinigten Herzen Luft macht, denkt sie: »Ich tat gut, dass ich Meta taufen ließ! Mehr noch muss er leiden.«

IX.

Er kam nicht zu ihr, als sie weinte. Er fragte den Arzt nicht nach ihrem Ergehen. Er sitzt am Tisch und spricht mit dem Freund. Wie unglückselig, dass dieser Freund gerade jetzt kam. Wären sie allein, ein oder das andere Wort würde gewechselt werden müssen, eine Anordnung wäre zu geben, Anfänge, auf die Vergessen, ein sachtes Darüberhinstreichen folgen würde.

Nun sitzen die beiden Männer am Tisch, sie reden von Büchern, vom Theater, von Frauen, von Landwirtschaft, wie es kommt, aber sie lassen nicht eine Lücke für sie. Sie beginnt diesen Freund zu hassen, der ihr den Mann wegnimmt. Sie hätte ihn längst wieder, wäre der nicht. Sie hasst seine Gesten, und da sie auf seine Worte zu horchen beginnt, hasst sie auch die. Aus den Andeutungen, halben Sätzen, Schlagworten errät sie, auch jener glaubt nicht, auch jener zweifelt, auch jener verachtet Frauen.

Sie hasst die Höflichkeit, mit der er sich an sie wendet, ihres Mannes Schweigen ist ihr lieber. Aber vor allem hasst sie ihn, weil er ihr den Mann noch fremder macht. Stand bisher

Fritz nicht allein mit jeder seiner Ansichten? Das ganze Dorf glaubte, was sie glaubte, hielt für Recht, was sie für Recht hielt. Da waren die Bibel, der Katechismus, und Diebe und Mörder waren schlecht. Behauptete jener nicht plötzlich, kein Mensch wisse, was gut und schlecht sei?

Sie wusste es: er war's. Er, dieser Freund, dieser Schmeichlerische, Glatte, Fragwürdige, der sie im Garten traf und eine Viertelstunde mit ihr redete, lächelnd, höflich – und jedes Wort sagte: »Welch dumme Frau! Was für eine Gans!« –: er war schlecht!

Kaum war die Mahlzeit vorbei, so sprangen die beiden auf und gingen fort. Sie sah sie wegreiten, oder ein Wagen rollte, sie waren fort. Vielleicht kamen sie am Abend wieder, vielleicht in der Nacht. Thilde wusste nicht, was sie trieben, sie saß beim Kind, sie flüsterte: »Du bleibst mir.« Sie presste es an ihr Gesicht und dachte an jenen, der draußen war und der nicht wiederkommen wollte.

X.

Das Gerücht erreicht sie: ihr Mann treibe es schlimm. Da sind junge Mädchen im Dorf, vier, fünf Stück, mit ihnen sei er stets unterwegs. Es solle zwar der Freund sein, aber der Freund sei es nicht. Man gäbe Tanzlustbarkeiten, Feste, Segelfahrten des Nachts, Johannisfeuer –: sie möge die Augen öffnen.

Sie will es nicht glauben. Auch dies noch? Nein. Doch sie erinnert sich, dass ihr Mann eitler in der Kleidung geworden ist, er rasiert sich jeden Tag, seine Stiefel sind nie blank genug. Sie hat geglaubt, dies sei der Einfluss des Freundes, sie hätte klüger sein sollen, sie hätte wissen müssen, dass eine Frau dahintersteckt.

Aber welche? Sie möchte ihm nachschleichen, ihn bespähen, sie kann es nicht, sie erwartet wieder ein Kind. Und sie gewöhnt sich daran, umherzuhorchen, sie sitzt in den Bauernhöfen, sie sitzt beim Pastor, sie tastet, sie fragt. Jedes Wort ist Gift, Andeutung wird Gewissheit, Mutmaßung sicherer Verrat. Sie träumt davon, dass er zu einer andern gut ist, und sie erwacht mit einem Schrei.

Er sitzt neben ihr, er spricht mit dem Freund, die beide wissen's! Sie horcht auf Anspielungen, und ihr flatterndes Herz hasst seine fröhlichere Laune, seine freiere Stirn, sein Lachen. Er ist glücklich, und sie soll leiden? Er ist glücklich, und das Glück kommt nicht von ihr?

Diese Nächte, in denen sie sitzt und horcht, bis die Schritte, die Flüsterworte der Heimkehrenden auf der Treppe verhallen. Sie möchte demütig sein, sich ihm zu Füßen legen: »Nimm mich! Sei wie einst!«, und der Hass auf die andere, die sie nicht kennt, verzerrt sie, macht sie wild, böse, schlecht. Hier ist sie, klein, wehrlos, ausgeliefert, wie spielt man ihr mit?! Sie ist die Letzte und Niedrigste, nur ein wehrloser Hase, und sie achten das Bluten ihres Herzens für nichts? Sie sitzen bei ihr und lachen, während sie bestohlen und verraten wird?

Sie haben ihn verführt, dieser Freund ist es, der ihn zuerst fortnahm. Nie wäre Fritz ohne Werner so böse geworden. Sie hat seine schlimmen Reden gleich erkannt, mit ihnen hat er den Mann schlecht gemacht. Und dann dies Weib, das nicht daran denkt, dass die Frau zu Haus sitzt mit einem Kinde und wieder schwanger, das sich nicht schämt, mit ihm herumzutollen, zu lachen, zu küssen, während sie weint, weint, weint …

Hat sie keine Waffen? Keine. Sie muss sich bestehlen lassen und stille sein.

Und dann sieht sie dieses andere Mädchen, die Dunkelhaarige, die Junge, die Schöne, die noch kein Kind gehabt, die nicht sieben Jahre auf ihn gewartet. Sie fängt einen Blick auf, und was die andern alle noch nicht erraten, sie weiß es nun. Grade die Schlechteste von allen, die Gemeinste, die hätte heiraten können und es nicht tat – aus Liederlichkeit!, um alle Männer an der Nase herumzuführen, grade die! Jede andere, nur diese nicht! Doch was soll sie tun? Ihr bleibt das Beobachten, das kleine Spähen.

Und das Weinen.

Manchmal noch hofft sie. Vielleicht ist alles nicht wahr, sie ist krank. Er ist nie schlecht gewesen, er ist es auch jetzt nicht. Sie bildet sich Dinge ein, sie hat den Leuten geglaubt, die immer lügen. Ist er nicht ihr guter, stolzer, schöner Mann? Sie leistet ihm Abbitte, sie liest die Briefe wieder und wieder, das alles kann nicht gelogen gewesen sein, es sollte nur für ein kurzes Jahr gehalten haben? Unmöglich.

Und sie hört ein neues Gerücht. Ihr Mann hat ein Gut gekauft? Auch das kann nicht sein, er hätte das mit ihr besprochen. Er täte so etwas ohne sie? Aber das Gerücht bleibt hartnäckig, man nennt Namen, man nennt Preis. Dies ist ein Prüfstein. Tat er es heimlich, um sich dort zu verbergen vor ihr mit der andern? Sie nimmt alle Kraft zusammen, sie wagt es, sie fragt ihn: »Du hast Warder gekauft?«

Sofort die Falte auf seiner Stirn, ein Zögern und dann: »Ja.«

»Aber wir sind doch hier … Sollen wir dort –?«

Er wendet sich an den Freund: »Segeln wir heute Nachmittag?«

Und sie, völlig tollkühn: »Ach ja, lass uns segeln!«

Er wendet sich zu ihr, sieht sie an. Die eisige Kälte seines Blickes macht sie frieren. »Du? Ich werde Tredup Bescheid sagen, dass er dir das Boot zurechtmacht.«

XI.

Die äußerste Gewissheit soll ihr werden: sie erlebt das unglaubhafte Abenteuer, dass in der tiefen Dämmerung eine hochgewachsene Frau ihren Weg kreuzt, eine Dame, mit

Hut, mit Schleier, die an ihr vorüberhuscht. Sie kennt diesen Gang, sie bleibt stehen, sieht der Frau nach. Ihre Knie zittern, die Hände schlagen zusammen. Das Herz klopft unsinnig. Sie wartet.

Und dann geht sie bis an das Fenster der andern, steht Posten, späht. Es bleibt dunkel, dann und wann schlägt die Dorfuhr, der Wind raschelt in den Bäumen. Hier steht sie und wartet. Sie will wissen. Sie wird wissen. Sie wird seine und ihre Schande durch das Dorf schreien, sie wird sich nichts ersparen, sie wird sagen, was sie gelitten, und die Menschen werden zusammenstürzen und alle, alle werden ihr helfen.

Dass solches geschehen könne, sagte man ihr nie, als sie jung war. Der Pastor hat nichts davon gewusst, niemand hat sie gewarnt. Sie ist bestohlen, sie ist verraten, aber sie wird sich rächen. Sie wird sterben im Kindbett, wie kann das anders sein, wie kann aus einem Kinde etwas werden, dessen Mutter so litt? Dann, wenn es zu spät ist, wird er seine Sünde einsehen, aber noch mit den letzten Worten, in ihrem Abschiedsbriefe wird sie es ihm sagen, dass die andere eine Mörderin ist.

Sie steht, und der Wind rauscht. Eine Uhr schlägt. Ein Mädchen streicht an ihr vorüber, oben flammt Licht hinter den Scheiben auf und erlischt über Kurzem. Nichts ist geschehen. Müde geht sie nach Haus. Von der andern Seite kommen die beiden Männer, lachend und schwatzend. Und da wallt es in ihr, die aus solcher Leidensstunde kommt, auf: sie empört sich. Nun will sie ihn beschämen, nun will sie ihn demütigen, nun will sie ihn klein sehen.

Sie sagt zum Freunde: »Bitte, ich habe noch mit meinem Mann zu reden.« Und zu ihm: »Ich habe dich heute Nacht gesehen, wenn ich dich auch nicht sehen sollte …«

»Und –?«

»Dieser Hut und dieser Schleier mögen andere täuschen. Ich habe dich erkannt.«

»Und –?«

»Du hast mich betrogen! Du belügst mich! Elend bin ich durch dich ...« Sie stürzt alles vor ihn hin, sie tobt, sie fleht, schließlich wird sie sanft.

Er sagt: »Übrigens – da wir grade miteinander sprechen, ich verreise morgen für länger. Die Stellung hier habe ich aufgegeben. Du kannst nach Warder umziehen, wenn du magst.«

Sie schreit: »Fritz!« Und demütig: »Ich erwarte ein Kind!«

Und er kalt, nicht zu rühren: »Es ist deines. Und bleibt deines. Du magst es taufen lassen.«

XII.

Er ist fort, sein Freund ist fort, das Haus ist leer. Nun kommen die Leute und bedauern sie und schwatzen. Und sie lässt sich bedauern, sie vergisst ihr Elend, sie fragt, ob sie nicht Recht hat und er Unrecht? Sie geben ihr Recht. Sündhaft ist es, sie so sitzen zu lassen in diesem Zustand und in die Welt zu fahren! Wie kann man so lange und so tief hassen? Gewiss, sie ließ Meta gegen seinen Willen taufen, aber wie viel Zeit verging seitdem!

Sie sitzt die langen Tage in der hintersten Ecke des Gartens, ihr Kind spielt bei ihr, sie horcht in sich. Sie fühlt die dunkle Drohung des Lebens stärker als je, sie zittert vor ihm. Und kleine Regungen rühren sich in ihrer Seele, es ist nicht Feuer, es ist nicht Rauch, wie ein dünner Nebel wogt es, sie versteht es nicht, aber was versteht sie? Sie weiß allein: sie muss etwas opfern. Sie bezaubert sich selbst, sie zaubert sich frei.

Sie holt alle Schmucksachen zusammen, die ihr Mann ihr schenkte, sie geht an den Teich, sie lässt sie hineingleiten, nur den Ehering behält sie. So. Sie hat dem Schicksal ein Opfer gebracht, sie hat sich frei gezaubert. Alles wird noch einmal abgewendet, alles wird wieder gut, ist er nur erst zurück.

Denn nun verlässt die Feindin, die Dunkle, den Ort. Sie

hat sich nicht halten können, niemand vermochte ihr etwas zu beweisen, aber das Gerede der Frau ist zu stark gegen sie geworden, man hat ihr gekündigt. Als der Wagen an Thilde vorbeifährt, stutzt sie vor dem Auge der Schönen und besinnt sich. Was eigentlich weiß sie? Einen Blick hat sie aufgefangen, nichts sonst. Ihr Mann in Verkleidung, aber jede andere konnte es sein, zu der er schlich. Ja, gar kein Mädchen brauchte es zu sein, zu dem er ging, wie oft haben sie nicht Maskerade gefeiert im Pensionat!

Sie steht auf und lässt anspannen. Sie fährt nach. Sie will wissen, sie muss wissen. Sie wird hören. Sie wird sehen.

Und kommt zurück und weiß: Dieser geschah unerhört Unrecht. »Ich war es nicht«, hat sie gesprochen und gelächelt. Trübe gelächelt. Und die Ungewissheit beginnt von Neuem und das Zweifeln, die Vorwürfe, das Hoffen, das Warten: alle Qual.

Er schreibt. Es sind nur ein paar Zeilen, eine Weisung, wo sie Geld bekommt, ein Gruß. Und siehe, schon ist das Glück wieder da, er wird sanft, er ist gut. In der Ferne erinnert er sich ihrer und sehnt sich nach ihr. Die schlimmen Stunden sind vergessen. Er kehrt zurück, sie hat sich frei gezaubert. Sie hat Opfer gebracht, aber nun streckt ein heller gewordenes Leben ihr die Hand zu, und Friede wird sein.

Sie schreibt ihm wieder, nicht von sich, doch von seinem Kind. Sie liebt ihn, aber da sie jetzt die Liebende nicht sein darf, wird sie die Kameradin sein. Meta hat dies getan, Meta hat dies gefragt, Meta hat den Vater nicht vergessen. Und seine Grüße wiederholen sich, er sitzt irgendwo im Süden, er genießt einen stillen, sonnigen Herbst. Er wird wiederkommen, und alles wird gut sein.

Was flüstern die Leute? Er sei nicht dort, von wo er ihr schreibt? Der Freund sende die Grüße an sie ab, Fritz aber sei mit der andern zusammen, der Schwarzen? Dies glaubt sie nicht, er ist zu stolz, zu betrügen, sie kennt ihn doch wohl besser als die andern, die nie ihr Herz zur Ruhe kommen lassen wollen. Aber in den Nächten rührt sich der Zweifel, und in mancher verlassenen Stunde weiß sie, dass es Wahrheit ist. Warum schriebe er sonst nach solchem Abschied? Nur sie zu täuschen.

Sie wird krank. Ihre Stunde naht, sie ist krank. Da lässt sie ihm telegrafieren. Er muss kommen, sie liegt im Sterben. Schweigen. Stille. Warten. Nichts. Das Kind wird geboren, und dies ist ihr Kind, dieses Mädchen, er hat recht behalten, sie sieht es gleich. Sie liebt es, es liegt an ihrer Seite, aber – warum kommt er nicht? Kann er seine Frau in solcher Not allein lassen? Ist er gar nicht dort, wohin sie ihm Botschaft gesandt?

Schon ist sie wieder auf, da kommt ein kurzes Wort: er konnte nicht kommen, war selbst krank. »Lüge, Lüge!«, denkt sie voll Hass. »Während ich hier elend lag, war er mit der andern zusammen und bestahl mich!« Sie schreibt ihm: »Mein Kind heißt Mathilde und ist getauft wie deines auch.«

Und hält wieder inne und misst den Weg, den sie kam, und stammelt: »Aber ich liebe ihn doch! Wie geriet ich hierher!«

XIII.

Es ist Winter, kahl liegt, von Stürmen umsaust, Warderhof. Das Haus klein, verkrochen unter einem Strohdach, die Stuben finster und niedrig, die Wege unergründlich.

Trübe Tage, endlose Tage! Wortlos sitzt der Herr des Hauses in seinem Zimmer, spricht nicht, tut nichts. Er ist heimgekehrt, aber fast erschrak Thilde vor solch bleicher Strenge des Gesichts, das alt geworden ist, zerfurcht von Falten, die ein Kummer zog, an dem sie nicht teilhat. Er sitzt und schweigt. Keine Menschen kommen, es ist still, das Leben versickert. Nichts zu tun? Wirklich, nichts zu tun!

Eine Tür geht auf, ein Kind stolpert ins Zimmer, Meta

spielt bei dem Vater. Gewiss, er erzählt Geschichten, er zeigt Bilder, er lacht. Und Meta läuft wieder zur Mutter, der Vater bleibt allein. Und –? Was noch? Auch diese Kleine, Blühende wird aufwachsen und wird den Hunden ausgeliefert sein und unrein werden. Ende! Alles zu Ende!

Thilde wirtschaftet im Haus, Knechte sind da, Mägde, sie hat zu tun. Beinahe fasst sie Mitleid mit jenem, der dort hockt, dunkel, über sich gebeugt, auch er geschlagen. Sie möchte lind sein, aber dann kommt das Erinnern an die andere, er trauert um jene Dunkle und lässt die Frau im Haus umhergehen wie eine Dienerin. Er weiß nichts von ihr.

Doch je länger, je mehr wächst ihre Herzweichheit, mit dem Mitleid blüht die alte Liebe wieder auf und – könnte man nicht trauern um dieses Dunkel, dies Zu-Ende-Sein aller stürmender Hoffnungen? Was weiß sie schließlich? Nichts. Und nimmt ihren Mut zusammen und fragt ihn, spricht zu ihm, nur ein Rat. Er zaudert, dann gibt er ihn, geht selbst in den Garten mit, zeigt, was jetzt schon umzugraben ist, welcher Dünger gestreut werden kann.

Alles ist beredet, er steht, wendet sich zum Gehen, seltsam, der große Mann ist wie befangen. »Mach das dann so! Ich gehe jetzt …«

»Darf ich wohl mit?«

»Nur zu den Kartoffelmieten. Sie haben da gestohlen gestern Nacht. Selbstverständlich, wenn du willst.«

Sie gehen nebeneinander. Wieder einmal gehen sie nebeneinander. Die Hunde laufen um sie herum und freuen sich. Sie bedauert, dass Meta noch nicht groß genug ist, mitzukommen. »Aber sie wächst schnell, sie hat deine Figur.«

Er schweigt. Er raucht. Dann ab und zu ein Wort. Es renkt sich ein. Stiller Friede ist geschlossen, ohne Aufhebens. Nur kein Wort zu viel, keine Beflissenheit. Aber alle Lautheit vermieden, nur die Gerichte gekocht, die er mag, und endlich das Stubenmädchen entlassen, das er nicht ausstehen kann.

Gut, kleine Opfer. Entgegenkommen. Leichtes Geschwätz. Sie wagt es sogar, seine Stube zu betreten, sie huscht hinter Meta hinein, fragt, ob dieses Kleid für das Kind so oder so gemacht werden soll. Er nötigt sie, Platz zu nehmen, er ist höflich. Er gibt ihr seinen Rat, und sie befolgt ihn, obwohl sie das Kleid so scheußlich findet.

Das nächste Mal kommt sie mit Thildchen auf dem Arm, doch das war wohl zu viel gewagt. Als sie ihn fragt, ob er das Kind nicht süß finde, sagt er kurz: »Es sieht lackiert aus!«

Es hat eine lebhafte Hautfarbe, aber dies war einfach roh. Sie muss fortgehen und weinen.

Doch das zieht sich zurecht, es vergisst sich. Sie kommen so weit, dass sie gemeinsam Besuche in der Gegend machen, bei den Besitzern, bei Arzt und Apotheker, beim Richter. Nur zum Pastor lässt er sie allein fahren: »Da habe ich nichts zu suchen. Fahr du man alleine.«

XIV.

Jetzt kommt Leben in das Haus, Gäste. Abends wird von den Männern Boston gespielt und Punsch getrunken, die Frauen sitzen zusammen und reden über die Wirtschaft. Er entdeckt einen alten Schulfreund, der mit einem Mädchen seiner Gegend verheiratet ist. Nun kommt auch das Reitpferd in Bewegung, bald ist er in Bloomenburg, bald kommen die Bloomenburger nach Warderhof. Thilde ist froh, obwohl sie die Frau nicht mag. Irma reitet im Herrensattel, was unmöglich ist. Thilde reitet gar nicht. Sie sieht ihnen neidlos nach, wenn sie morgens abreiten vom Hof, und freut sich, dass die finstere Zeit vorbei ist.

Sie hat viel zu tun, diese Gastereien, diese plötzlichen Überfälle durch einen Haufen Menschen, die sich einfach einladen, stellen große Anforderungen an die Hausfrau. Eines Abends taucht plötzlich die Idee auf, man müsse tanzen. Die Zimmer sind zu klein. Da lässt Fritz Knechte kommen und die Zwischenwand zwischen zwei Stuben herausschlagen. Ein tolles Durcheinander! Die Gäste schleppen lachend in Körben den Bauschutt aus den Zimmern, fegen in jeden Winkel und albern viel mit den Dienstmädchen.

Alles scheint gut. Aber schließlich geht es nicht weiter mit den beiden, sie sprechen miteinander, aber kühl. Sie begreift, dass er überhaupt nicht an sie denkt, dass sie ihm ganz gleichgiltig geworden ist. Wieder kommen die trüben Stimmungen über sie, sie hockt in ihrem Zimmer, die Kinder spielen und lärmen, aber: »Gäbe er mir nur einmal wieder ein wirklich gutes Wort! Schlänge er einmal den Arm um mich! Mit allen lacht er, kann er scherzen, die ganze Gesellschaft unterhält er allein, doch zu mir bleibt er kalt. Ich bin ihm eine Haushälterin, die seine Wirtschaft in Stand hält, stürbe ich, engagierte er jemand und dächte nicht mehr an mich!«

Und nun kommt jene Nachricht, die die schlimmste scheint: der Freund kommt wieder. Werner hat sich angesagt. Sie muss sich bezwingen, kein böses Wort zu sagen. Sie muss ganz stille sein und fragt doch: »Wo soll er schlafen? Wir haben so wenig Raum.«

»Wie immer bei mir. Oder passt dir das nicht?«

»Doch! Doch! Ich frage ja nur.«

»Törichtes Geschwätz!«

Und der Freund kommt, und es wird nicht schlechter, es wird besser. Auch dem Freund scheint es draußen nicht gut gegangen, er macht einen kümmerlichen, kranken Eindruck. Kaum spricht er noch. Der Glanz ist von seinen Worten abgestreift, er ist still. Sie sitzen des Abends alle drei zusammen, und Werner liest etwas vor, oder die beiden Männer spielen Schach oder erzählen etwas von ihren Reisen.

Vor den Fenstern liegt Schnee, draußen stürmt es, ist kalt. Dreie in der Havarie sitzen zusammen. Freilich, manchmal funkelt es auf bei ihnen, die Laune kommt und reißt sie mit sich, und die Männer tanzen vor der Frau und brüsten sich. Alte Geschichten werden erzählt, und ein Taumelduft steigt aus diesen kleinen, unbedeutenden Liebschaften auf. Sie lächeln, und ihr Lächeln ist Erinnern, die vertrockneten Blumen bekommen Saft, Farbe und Duft, Gelächter ertönen, und die Nächte werden endlos wie das Leben. Grau vergoldet sich, holde Täuschungen erstehen neu, jedes Grün ist eine fröhliche Flagge, jedes Wort wird ein Gruß.

Und auch die Wangen der Frau röten sich, ihre Augen glänzen: dort ging der Weg, Heckenrosen, Flieder, Schneeball und Jasmin warfst du auf mich, der Fluss war blaue Seide, und der Himmel war blaue Seide, sachte und demütig sickerte der Sand in die Wagenspur, und du bargst dein Gesicht in meinen Händen. »Thilde!« – »Fritz!«

Sie fährt auf. Andere sind dazwischengekommen, so viel Leben alt und enttäuscht zu machen. Eine andere vor allen … Und sie wagt es und stößt vor und fragt: »So viel Geschichten erzählt ihr, aber die eine von der Dunklen, Schwarzen höre ich nie. Wie wäre es, Fritz? Es ist ja schon so lange her!«

Nichts. Plötzlich wissen alle, die Uhr ist schon drei, und morgen früh Treibjagd. In dem Zimmer hängt der kalt gewordene Rauch. Trotz des heißen Ofens ist es fröstelig.

»Gehen wir schlafen«, sagt Fritz.

XV.

Die Männer sind fortgefahren in die Kreisstadt, Thilde ist allein zu Haus. Sie geht hinauf in das Schlafzimmer der beiden Freunde, sie will einmal nach dem Rechten sehen. Es schaut wild dort aus, aber daran darf sie nichts ändern, ihr Mann liebt seine Unordnung, die er seine Ordnung nennt. Aber das ist es vielleicht gar nicht, warum sie hierherkam, sie rüttelt an den Schiebladen: abgeschlossen. Der große Koffer Werners: abgeschlossen. Doch sie hat sich vorgesehen, sie probiert Schlüssel, der Koffer klappt auf.

Wie vorsichtig sie ist! Zuerst rührt sie nichts an, sie prägt sich genau ein, wie alles liegt. Und dann nimmt sie es heraus, Stück für Stück, sie durchblättert die Bücher, sie sucht. Eine schwarze Ledertasche, Briefe, die Handschrift ihres Mannes. Da! So …

Sie sitzt und liest. Ihre Wangen brennen. Sie hat es immer gewusst: alle haben sie betrogen, der Freund, der Mann und selbst jene Schwarze, die so sanft sagte: »Ich war es nicht.« Alle spielten sie mit ihrem Herzen, haben es getreten und verachtet. Aber sie wird sich rächen: Dies hier ist die Rache! Langsam aber, nur Zeit lassen! Wenn er merkt, dass sie bei diesen Sachen gewesen, eine Einbrecherin, er schlüge sie tot! Zeit lassen, einen Weg finden, plötzlich hervorstürzen und ihn niederdrücken, ihn demütigen!

Sie geht einher mit diesem Wissen und lächelt. Sie ist aufgeregt lustig, und ihre Abende sind voll Gelächter. Sie neckt sich mit dem Freunde und ist die Erste, Wein aus dem Keller zu holen, einen Punsch zu brauen, sich und ihn zu vergessen.

Nur, dass dann immer die dunkle Nacht oben in ihrem Zimmer steht. Die Kinder schlafen und können ihr nichts helfen. Sie steht allein und sieht auf den Schnee hinaus, sie weint nicht, aber innen ist sie eisig und glühend. Ihre Liebe ist tot, weiß sie, sie sah ihn in den Armen der anderen liegen, gute Worte, die ihr gehörten, hat er jener gesagt. Es ist vorbei. Nein, sie liebt ihn nicht mehr. Sie hasst ihn. Sie wartet nur auf die Stunde, in der sie sich wird rächen können. Sie wird ihm seine Schuld entgegenschreien können, und er wird am Boden liegen. Sie wird ihn nicht aufheben, sie wird weitergehen ohne Mitleid, wie auch er nie Mitleid mit ihr gehabt. Keine Scheidung, nein. Dass er frei werde für die Dunkle, für irgendeine andere, nein. Sondern immer die

Feindin neben sich und gefesselt sein und das ganze Leben durch die Kette tragen, weil er sie verriet, so gemein verriet.

Und tags geht sie umher und lächelt. Sie ist angriffslustig geworden, sie fürchtet ihn nicht mehr, sie schlägt zu. Da ist die Weinlaune, sieh doch, wie mutig Thilde ist! »Warum rasiert sich Fritz jetzt nur zweimal die Woche? Seine Stiefel sind eigentlich nicht recht blank, wie –? Kommt es jetzt nicht darauf an?«

Und freut sich über ihre Blicke und ärgert sich über das geheime Lächeln jener. Sie weiß, die glauben sie dumm. Und plötzlich, im Augenblick vorher wusste sie noch nicht, was sie sagen würde: »Wie war es eigentlich im Rheinischen Hof, Fritz?«

»Rheinischen Hof –?«

»Rheinischen Hof –?,« äffte sie. »Sechsundsechzig und siebenundsechzig. Siebenundsechzig wohnte natürlich der Werner?«

»Tat er auch«, sagt der frech.

Plötzlich war ihr Rausch verflogen, sie stand bleich da, zitternd: »Tat er auch! Sie … Sie Kuppler!« Und schlägt ihm ins Gesicht. Dann ist sie draußen. Und nun am Fenster das Rachegefühl, das tiefe Atmen, die Seligkeit: er weiß es! Nun schmerzt es ihn.

»Diese Bestie!«, sagte Fritz unten. »Rein wie eine Bestie! Woher sie es nur weiß?«

»Ich werde es schon herausbekommen. Ich revanchiere mich«, sprach Werner.

XVI.

Über die Felder zieht die Drillmaschine, die Wintersaaten sind tiefgrün, auf den Feldern pflügen, walzen und eggen die Gespanne. Vorbei die langen Schwatzabende, vorbei das finstere Hocken in dunklen Stuben. Das Leben regt sich. Wie der Wind wärmer summt, summt das Blut.

Fritz ist den ganzen Tag draußen, bei den Leuten, bei den Gespannen, er kommt fröhlich heim, er geht früh ins Bett. Er denkt wohl kaum an die beiden andern, selten, dass er abends noch eine Partie Schach spielt.

Nun gehen sie allein, der Freund und die Frau. Wie stehen sie eigentlich miteinander? Er war vielleicht einmal ihr Feind, sie schlug ihn sogar einst ins Gesicht, aber das ist wohl vergessen, es ist in der Weinlaune geschehen, eine rasche Tat, an die man nicht unnötig zurückdenkt. Nun sind sie eben zwei Menschen, die aufeinander angewiesen sind, wollen sie jemand zum Gespräch haben, so müssen sie's miteinander tun. Und Gemeinsames findet sich schließlich.

Da ist Fritz, und von ihm kann man lange sprechen. Es erweist sich, dass auch der Freund nicht so sicher ist, wie sie glaubte, auch er fürchtet den Mann. Der ist rücksichtslos, das wissen beide, und ob er roh sein kann oder schlecht, darüber lässt sich lange disputieren. Auch Werner hat seine Erfahrungen gemacht, auch er ist geduckt worden und hat auf etwas, das ihm lieb war, die böse Antwort hören müssen: »Blödes Geschwätz.«

Da halten sie inne und sehen sich an, wie ertappt. Sie bespähen sich, sie misstrauen einander, ob sie sich nicht zu weit vorwagten! Wenn eines das andere an Fritz verriete! Und sie beeilen sich und rühmen seine Güte und die Großmut seiner Art, oft sei er übellaunig, aber er habe auch oft recht, übellaunig zu sein.

Und der Freund lässt mit sich reden, in mancher Stunde wird er eifriger, er hält ihre Hand, drückt sie. Und sie lässt sie ihm und horcht, was er von der Schwarzen erzählt. Auch hier Vorbehalt, auch hier nichts Festes. Er verrät, aber er verrät nur ein kleines bisschen, er lässt sich nicht festnageln.

Die zwei Zimmer, oh gewiss! Aber es waren eben zwei Zimmer und nicht eines, da liegt es! Man kann nicht wissen, wer sollte da Bestimmtes sagen? Wenn es geschah, sie werden keinen dazu eingeladen haben, auch ihn nicht, nicht wahr? Möglich ist alles, aber seinem Charakter nach ist es eigentlich unmöglich. Er ist nicht sehr sinnlich, sie muss es am besten wissen, wie? Und die Briefe damals, die Karten, die er einstecken ließ durch den Freund? Nein, nicht die Frau sollte getäuscht werden, das lag nur bei Wege her, aber das Dorf durfte nichts wissen, dieses Dorf, das wie eine Koppel Hunde hinter dem Mädchen lag!

Waffenbrüderschaft, Verbündete einer kurzen Stunde gegen den Mann, der diese beiden wohl verstieß. Komplott der Dienstbotenseelen, Hintertreppengerüchte mit fünfundsiebzig Prozent Faselei. Dieser Freund war nicht auszukennen, jedenfalls musste ihm misstraut werden. Rache –? Vielleicht wog jene Ohrfeige nicht schwer, möglicherweise war er schon öfter geschlagen worden und hatte es einstecken müssen. Wer an fremden Tischen isst, lernt manches. Aber ganz vielleicht betrieb dieser Freund sein allergeheimstes Privatplänchen. Da war diese Ehe, und diese Ehe war schlecht, ein Topf mit vielen Sprüngen, notdürftig gekittet, aber man brauchte wohl nur zu stoßen, und er fiel auseinander. Die Frau würde seine Freundin nie sein können, und drückte sie ihm auch noch so warm die Hand, er nahm es für das, was es war: Frühling, Blutrausch, Reaktion auf Abstinenz. Also vom Manne ließ sich wohl noch etwas holen. Werner wusste, dass es keiner auf die Dauer ganz allein aushält, jemand muss da sein, zu dem zu sprechen ist, und als Zuhörer, als Zwischenrufer, als Stichwortbringer war er unübertrefflich. Wenn er diese Ehe auseinanderbrach, die Frau vertrieb, wer blieb als er?

Er war so sachte und leis, dieser Werner, ein Gemisch aus Falschheit und Offenheit, manchmal schien es, als meine er es wirklich gut mit Thilde. Er gab ihr guten Rat, und er war bereit, ihr selber bei der Ausführung behilflich zu sein. »Sie müssen Ihren Mann eifersüchtig machen.«

Er sprach es immer wieder durch, er war so schamlos, er gewöhnte sie, Dosis für Dosis, an sein Gift.

»Ich kann meinen Mann nicht belügen. Ich liebe ihn doch!«, stammelte sie zwischen seinen Küssen.

Frühling, Blutdünung. Sie gingen durch den blütentriefenden Garten, die Sterne standen über ihnen, aber die Luft war schwül. Kein reines Gefunkel. Noch, als sie in seinen Armen verging, flüsterte sie: »Aber ich liebe ihn doch!«

XVII.

Sie trafen sich da und dort, eilige, verstohlene Küsse, beschämende Umarmungen. Ihre Wangen sind rot, sie ist voll Fieber, eine Verwegenheit juckt sie, sie sagt stolz: »So ist das Leben! Schlecht sein, Schlechtes tun und sich nicht schämen. Schamlos sein und wissen, dass alle so sind. Grade recht!«

Doch sie überschätzte wohl ihre Macht. Sie hatte nie mit Männern gespielt, und dieser hier war ihr überlegen. Er war kalt und glatt wie ein Fisch, sein trübes Auge spiegelte nicht, glänzte kaum. Sie quälte ihn: »Wir müssen es meinem Mann sagen. Ich kann ihn nicht belügen, ich liebe ihn.«

Sie wollte ihn ängstigen: »Wenn Sie es nicht sagen, sage ich es ihm!«

Sie drohte: »Wenn ich es ihm sage, was meinen Sie, dass Ihnen geschieht!«

Vielleicht durchschaute dieser Werner sie, soviel sie auch log, diesmal sprach sie die Wahrheit: sie liebte ihren Fritz immer noch. Sie war ihm untreu geworden, bloß, ihm Anlass zu geben, böse auf sie zu sein, wie sie die Gerichte auf den Tisch brachte, die er hasste, bloß damit er zu ihr spräche, selbst böse. Alles war besser als seine Gleichgiltigkeit, lieber Schelten, Zank, Hass als die Stille. Sie musste sich immer mit ihm beschäftigen, und sie wollte auch ihn immer mit ihr beschäftigt.

Werner fürchtete ihre Drohung nicht, sie machte ihm kaum Angst. Er ging zum Angriff vor, müde dieses ewigen Geschwätzes, geekelt von diesen abgeschmackten Seufzern jener, die in seinen Armen verging. Sie saßen beisammen alle drei, irgendeinen Sonntagnachmittag, da beugte sich Werner vor und sagte langsam: »Sehen Sie, Fritz, wie die Frauen sind, nun küsst mich die Thilde, und immer noch nennt sie mich Sie.«

Stille. Lange Stille. Aber in der Stille fühlen alle, dass auch dieser Werner hasst, der Gedemütigte krümmt sich, bäumt sich auf, er späht atemlos in jenes schöne stolze Gesicht drüben und wartet auf den Schmerz. Auch er liebt, aber er liebt mit jener zersetzenden Liebe, die eindringen möchte ins Innerste, deren erstes Gebot »Erkennen« zu lauten scheint.

Die Frau lacht auf, verlogen, frech: »Er ist unsinnig geworden, der Werner!«

Und der Mann, indes er zu seinem Buch greift: »Macht, was ihr wollt, aber lasst eure Gemeinheiten nicht an mir aus.«

Werner aber, wütend, enttäuscht, zur Frau: »Du hast es doch gewollt, dass ich es ihm sagte. Immer lagst du mir in den Ohren damit!«

Und sie: »Nicht so! Doch nicht so gemein!«

Und er: »Ach, mit sentimentalem Schmus? Mit Reuetränen? Das überlasse ich deiner großen Liebe!«

XVIII.

Keine gemeinsamen Spaziergänge mehr, keine Plauderstunden, kein Schachspiel. Die Weinflaschen im Keller berührt niemand. Drei Einzelgänger, jeder trübe, finster, voller Pläne. Der Freund und die Frau betrachten sich voller Hass, sie sind sich einmal nahe gewesen, sie haben sich Geständnisse gemacht, beinahe ein Bündnis geschlossen. Sie können einander nicht mehr täuschen, jedes kennt das Ziel des anderen. Sie belauern den Mann, sie schnappen nach jedem guten Wort und zählen die Niederlagen des anderen. Er geht mitten zwischen ihnen, er ist finster und heiter, wie es die Stunde bringt, und will und weiß nichts von ihnen.

Am liebsten geht er allein mit dem Kind. Er spricht mit ihm und vergisst die andern. Er lehrt der Kleinen schon jetzt seine ganze abgrundtiefe Verachtung der Menschen, nicht mit Worten, mit dem Beispiel. Er weist ihr, nichts zu glauben, alles selbst zu prüfen, keinen Satz ohne Zweifel hinzunehmen, keine zahme Ehrfurcht zu hegen. Und sie ist sein Kind, sie ist wirklich sein Kind, sein Denken, seine erkämpften Erkenntnisse sind das Selbstverständliche für sie. Sie ist stolz, verachtend und frei.

Er sieht, wie die andern beiden um das Kind herumkriechen, ihm schöntun, dass es dem Vater sie lobe. Einmal sieht er auch anderes. Meta spielt draußen mit den Hunden, Werner kommt hinzu, er sieht, wie das Kind einen kleinen Hund am Schwanze zerrt, hochheben will. Der Hund jammert. Werner hält dem Kind einen Vortrag, am Fenster lächelt unbemerkt der Vater, und Meta hebt von neuem den Hund am Schwanze hoch. Der Freund macht eine hastige Gebärde und schlägt das Kind auf die Hand.

Sieht scheu um sich und ist schon entdeckt. Wenige Worte. Gut, er wird abreisen, er hat den Kampf verloren. Er wartet, finster in seiner Stube hockend, auf das Reisegeld, das von irgendwo kommen soll. Allein, keines Wortes mehr gewürdigt.

Am Sonntag, Werner steht auf dem Hof, gehen Mann und Frau an ihm vorüber. Ihre Hand liegt in seinem Arm. Sie gehen aus, zu einem Ball. Thilde wirft dem Fortgejagten einen Blick zu.

»Ich komme wieder«, schwört der sich.

XIX.

Die Monate gehen dahin, zwei Menschen wohnen allein auf Warderhof. Sie haben sich wieder gewöhnt, miteinander zu sprechen, gemeinsam spazieren zu gehen. Nun begleitet sie ihn auch aufs Feld. Sie bewundert rückhaltlos seine Kartoffeln und ist fest überzeugt, dass kein anderer Landwirt erreichte noch erreichen wird, was ihrem Fritz gelang. Wird eine Ertragsschätzung von ihr verlangt, sagt sie blindlings das Doppelte vom Möglichen, und der Mann lächelt.

Sie macht ihren Weg, sachte und behutsam, sie ist seiner Ansicht, und geht sie auch immer noch zur Kirche, spricht sie nicht mehr davon. Als der Winter kommt, reisen beide gemeinsam nach Berlin. Es macht sich, dass im Hotel nur ein Zimmer mit Doppelbett frei ist, er nimmt es. Sie hat gesiegt.

Und schaut zurück und zählt, was der Sieg sie gekostet. War sie auch töricht, klein, demütig gewesen, ihm hatte sie stets die Reinheit bedeutet. Sie war sie nicht mehr, zu viele Opfer hatten gebracht werden müssen, sie hatte Lügen und Betrügen erlernt, Listen und Fallenstellen, Gemeinheiten begehen und Verraten.

Und doch liebte sie ihn, nur ihn. Sie hatte nie jemand geliebt als ihn. Alles, was geschehen war, die andern hatten sie dazu gezwungen, ihr war der schlichte Weg vorgezeichnet gewesen. Dass sie ihn nicht hatte gehen dürfen, deren Schuld. Nicht seine. Er war ein Mann, er hatte die einfachen Dinge vergessen, er sündigte, aber er wusste nicht, dass er sündigte.

Nun war er wieder bei ihr. Keine großen Erwartungen, gar nicht! Aber das stille Glück des Abends, Zur-Ruhe-Gehen, Sichbescheiden. Sie wird ihm seine Bücher vorlesen und nicht merken lassen, wie wenig sie ihr gefallen. Sie wird still bei ihm sein, nichts wollen, als dort zu sitzen und ihn anzusehen, von Zeit zu Zeit nur, dass es ihn nicht stört.

XX.

Immerhin ist sie kaum dreißig. Im Elend scheint es schon
viel, ruhig dasitzen zu dürfen und ihn anzuschauen, vielleicht
in einer stillen weichen Dämmerstunde seine Hand zu nehmen und zu denken: wir zwei! Nun erweist es sich, dass ihr
Herz nicht zu wünschen aufhört. Das Jahr spielt sich hin,
und mit jedem neuen Sonnenaufgang hofft sie von neuem,
und enttäuscht legt sie sich schlafen.

Dies war es nicht, das ihr einst versprochen wurde in der
Frühlingssonne ihres Glückes. Was sind diese kurzen Zärtlichkeiten, diese spärlichen Worte als die äußere Gemeinschaft zweier, die an derselben Kette liegen. Drinnen ist sie
allein. Und prüfender überschaut sie den Mann, in mancher
Stunde gelingt es ihr fast, Zusammenhänge zu überschauen,
Abgründe zu erhellen.

Immer hat sie gemeint, die andern wären es, nun merkt sie,
auch er ist es. Nicht nur der Verlockte und Verführte, sein
Herz weiß nichts mehr von ihr. Wenn er sanft lächelt und gut
zu ihr ist, denkt er wohl jener, die sie einst war; die sie heute
ist, kennt sein Herz nicht, verachtet es vielleicht. Sie überschaut ihn, und sie findet ihn übellaunig, unduldsam, jäh in
seinen Gefühlen, unberechenbar, kleinlich und nachträgerisch
in seinem Hass. Dort steht er, und nie, nie ging er ihr einen
Schritt entgegen, immer war sie es, die nachgeben musste.

Sie kann es nicht mehr, sie will es auch nicht mehr. Wäre
er jener noch, der er einst war, strahlend, wild in seinen Launen, hinreißend mit seinem Lachen, sie weiß, sie würde sofort die alte Junge sein, nur an ihm liegt es. Aber wer ist es
denn, der dort düster wie ein ewig drohendes Gewitter hockt?
Fahl, das Gesicht von Furchen zerrissen, die Augen herrische
Drohung, schwarz das Gesicht von altem Bart, ewig in derselben schmutzigen Joppe, kleinlich in jeder Eigenheit, ein
Frauenverächter und, sie errät auch das, ein Zweifler an sich

selbst. Irgendwann vielleicht hat er sich eine Linie vorgesetzt, nach der zu leben, und er geht ihr blindlings nach. Wie sollte er andere Herzen schonen, da er seinem eigenen nichts erspart?

Und es kommen Tage, Wochen, da sie ihn flieht. Sie sitzt allein in ihrem Zimmer, der Dunkle dort unten ist vergessen, sie empfängt den ewigen Bräutigam. Sie liest Psalmen und Lieder, jener, dessen Kleid weiß ist in der Wolle, dessen Unterkleid scharlachen ist vom Blute des Lamms, auch er ist es. Er war ihr versprochen, sie hat ihn verloren, eigene Schuld und fremde Schuld. Du schläfst ein, kleine Frau, arme Frau, über dir leuchtete die Sonne, die Hecken waren voll von Vogelgehusch und von Blüten, und du erwachst, alt geworden, das Gesicht schmal und die Hände schmutzig.

Sie wehrt sich gegen dieses Erwachen. Es ist nicht wahr und es ist nicht wahr. Sie ist die Alte noch, sie will nicht unrein geworden sein. Und sie erfüllt das Haus mit ihren Schreien, sie wälzt sich auf ihrem Bett, sie will es wegstoßen, das Dunkle, Drohende, das immer hinter ihr steht und sie weiter verstößt.

Meta läuft zum Vater und sagt: »Mutter weint.«

»Lass Mutter man weinen«, sagt er, »sie hört wohl wieder auf.«

Er geht hin und her mit dem Kind, bis es seine Hand loslässt und sagt: »Nun will ich wieder zu Mutter.«

»Dann geh nur«, sagt er sofort, und sie geht. Er aber marschiert weiter auf und ab, es wird dämmrig und dunkel. Auch er geht oft von neuem den Weg, der ihn hierherführte. Was hat er zu tun? Er hat keine Aufgabe, als ein kleines Gut zu bestellen, das er schon längst zur Musterwirtschaft machte. Hier ist ein bisschen auszubauen und dort, aber das ist alles. Und dann? Und weiter?

Nein, seine Ehe hält ihn nicht, er ginge jeden Tag, wenn er wüsste, es könnte irgendwo besser sein. Aber alle Frauen sind so, und alle Aufgaben sind begrenzt. Nichts lohnt sich. Lieber bleibt er bei dem Kind, das ihm gehört und das sein Herz liebt. Die Frau muss um Metas willen ertragen werden. Er sieht sie, wie sie ist: klein, ärmlich, verlogen, bigott. Nein, er hat keine Geduld mehr mit ihr. Scheidung? Schon, aber sie ließe ihm nie das Kind. Und wenn das Kind fort ist, ist alles fort, als habe er nie gelebt.

Dann taucht die Frau wieder auf. Ihre Wangen sind rot, ihr Ton ist reizbar. Das Essen kommt zu spät auf den Tisch, ist angebrannt. Will er nachmittags schlafen, wird der Flur vor seiner Tür reingemacht. Über seinen Schreibtisch ist Tinte ausgegossen, sein Lieblingsbuch verschwunden, sein Bett am Abend noch nicht gemacht.

Er erträgt es lange, bis es ausbricht mit ihm. Er nimmt sie beim Arm, dass sie aufschreit, er führt sie in ihr Zimmer und schließt sie ein. Er bringt ihr selber das Essen, hält sie wie eine Gefangene. Aber schon ist sie sanft. Sie hat den Griff gespürt, diesen eisernen Griff, unter dem ihr Schmerz aufschrie und ihr Herz jauchzte, sie hat seinen Zorn gesehen und sich geduckt.

Wieder weint sie, doch still erlöst. »Ich liebe dich«, flüstert sie hinter der verschlossenen Tür, »ich liebe dich. Du tust mir weh, ich liebe dich. Du trittst mich: ich liebe dich. Du hast mich ins Elend gebracht, ich aber liebe dich.«

XXI.

Plötzlich kommen Tage, da sie tun kann, was sie will, er ist nicht zu reizen. Er lächelt über sie hin, das verdorbene Essen schiebt er gleichgiltig zurück und bestellt sich Brot und Wurst, nach dem Essen schläft er nicht mehr, sondern geht aufs Feld, seine Bücher rührt er nicht an, und ihre spitzen Reden hört er gar nicht. An anderen Tagen ist er schwer, lastend und drohend, dass sie das Auge nicht aufzuschlagen wagt vor ihm.

Er verreist, bleibt Tage fort, niemand weiß wo, und als er wiederkommt, bringt er den Freund mit, diesen Freund, der immer auftaucht, wenn Schlechtes geschieht, der wie eine Hyäne Leichengeruch wittert. Werner kommt, er gibt ihr die Hand, er spricht harmlos mit ihr, aber sie lässt sich nicht täuschen. Die Angst würgt sie, sie weiß, etwas geschieht, und was auch geschehe, es geschieht ohne sie, gegen sie.

Nichts geschieht. Alles ist wie einst, die Männer sind den ganzen Tag beisammen, sie machen endlose, stundenweite Spaziergänge, an den Abenden spielen sie Schach, trinken auch, rauchen. Sie bleibt draußen, aber sie umkreist die beiden, späht, lauert und merkt nichts Böses.

Doch nun ist es, dass die Gegend anfängt sich zu rühren. Fritz hat keine Freunde, er ist klüger als die andern, oft tat er ihnen Gutes, Grund genug, ihn zu hassen. Er tat oft Ungewöhnliches, sie verlachten ihn, und am Ende erwies es sich, dass das Ungewöhnliche das Richtige gewesen war. Grund genug, ihn zu beneiden. Er ging nicht zur Kirche, er machte kein Hehl daraus, dass er kein Christ war, er war nicht »rechts«, er glaubte nicht an Sprichwörter und Tugendsätze, Grund genug, sein Feind zu sein. Die Nachbarn hatten lange genug gespäht, ihre kleinen Sticheleien hatten ihn nicht getroffen, er war unangreifbar gewesen.

Nun horchten sie auf. Bei diesem Mann waren sie unglaublich hellhörig, sie wagten sich nicht an ihn, aber die Frau hörte Andeutungen, Fragen, halbes Bedauern. Sie flehte, dass man ihr alles sage, nichts, nein, man meinte doch nur, es war womöglich Geschwätz, niemand wusste etwas. Niemand wagte das letzte Wort, das ihn hätte bloßstellen können vor dem Mann. Sie verzweifelte, ihr Argwohn verdoppelte sich, doch soviel sie lauerte, sie sah nichts.

Da war der Feind, sie fühlte seinen Atem, wie ein Gespenst

stand er stets neben ihr, Schritt für Schritt, Lügen, Lügen, Lügen, und blieb ungreifbar. Die spielten Schach, gingen aufs Feld, rauchten. Sie sah in die Gesichter der beiden, sie betete beharrlich, dass sie eindringen möge in sie, fort die falschen Falten, die Augen, die doch nur Verrat waren, die Lippen, die nur Lügenworte bildeten! Sie lehnte nachts aus dem Fenster und sah die beiden fortgehen, vor Mitternacht, nach Mitternacht. Es dämmerte, da kamen sie wieder. Sie mochten baden gegangen sein in diesen schwülen Nächten, sie mochten … oh, sie wollte fragen, sie nahm all ihren Mut zusammen und sah sein Gesicht und schwieg.

Sie dachte alle Mädchen der Gegend durch, sie kannte alle, aber sie wusste wieder, dass keine von ihnen es sein konnte, und rätselte und schrie in Krämpfen und wartete. Jede Stunde war Diebstahl, und sie rannen dahin und keine, die es hell machte um sie. Der Pastor schüttelte auf dem Kirchhof ihre Hand, sie sah aller Leute Blicke auf sich gerichtet, neugierig, spitz, unwillig, verschlossen oder – bei Männern – breit lächelnd, und hörte etwas von schweren Prüfungen und Standhaftigkeit im gottgesandten Leid und wagte nicht zu fragen. Sie blieb draußen, als die andern zum Gottesdienst hineindrängten, und weinte auf dem wild überwachsenen Friedhof und hatte Mitleid mit sich und wusste, keinem Menschen wurde so übel mitgespielt wie ihr.

Und dann schlug von irgendwo ein Name an ihr Ohr, vielleicht nicht einmal ein Name, ein Hinweis nur, kaum deutlicher als früher, und sie sah klar. Sie wusste, sie hatte es immer gewusst! Diese und keine andere! Eine verheiratete Frau! Doppelte Schmach! Doppelte Schamlosigkeit! Sie würde es ihnen ins Gesicht schreien …

Sie wartete ein Weilchen, als die beiden nachmittags aufs Feld gegangen waren, und eilte ihnen nach und fand den Freund an einem Wasserloche einsam sitzen und lesen.

»Wo ist mein Mann? Ich muss ihn gleich sprechen.«

»Eben dort hinten zu den Kartoffeln gegangen. In einer halben Stunde wieder hier. Warten Sie so lange, schöne Frau.«

»Nein, nein. Ich muss gleich …«

Und wandte sich schon gegen den Kartoffelschlag hin. Sie hatte Mühe, so langsam zu gehen, dass dem Späher dort hinten nichts auffiel. Doch kaum waren Busch und Baum zwischen ihnen, lief sie los, lief querfeldein, über Sturzacker, durch Kartoffelfelder, durch Getreide, über Stoppeln, immer gradeaus. Eine Stunde! Wenn sie nur nicht zu spät kommt! Sie will sie sehen, beisammen will sie sie sehen! Sie läuft weiter, ihr Atem versagt, sie bleibt stehen, an einen Baum gelehnt, schließt die Augen. Aber immer bleibt vor ihnen das eine Bild, jene beiden beisammen. Es peitscht sie auf, sie rennt weiter.

Und aus Büschen und Gebäum taucht Dach um Dach jenes Dorf auf, die Bloomenburg. Sie hält inne, wo sucht sie ihn? Im Hause? Aber da ist der Mann! Dort sind sie nicht, wo sucht sie ihn? Doch! Sie wird ins Haus gehen, sie fragt den Mann nach den beiden. Sie wird es tun.

Und geht die Dorfstraße entlang. Vor dem Gutshaus ist eine Wiese, eine offene, mäßig große Wiese, nach allen Seiten frei. Sie steht, sieht schon, hat erkannt. Dort gehen die beiden, sie gehen nicht einmal sehr nahe nebeneinander, ihr Mann und jene Frau des Jugendfreundes, die Reiterin, immer schon mit Misstrauen angeschaut. Sie gehen bis ans Ende der Wiese, machen kehrt, gehen wieder aufs Gutshaus zu.

Sie nähert sich langsam, ihr Mut ist fort, Schritt für Schritt kommt sie näher. Sie hat das dunkle Gefühl, dass sie an ein paar Tagelöhnerfrauen vorüberkommt, die sie betroffen anstarren. Einen Augenblick denkt sie daran, dass jene beiden sie noch nicht gesehen haben, dass sie noch umkehren kann. Und weiß doch, dass sie weitergehen muss, vorwärts ihren schlimmen, graden Weg. »Was werde ich sagen?«, denkt sie. »Was werde ich sagen?«

Sie ist ganz dicht bei den beiden. Die Frau spürt zuerst die Nähe der Feindin, sie berührt den Mann leise am Arm und macht nur eine Geste. Der Mann schaut auf und sieht dort die Frau mit beschmutztem, verzogenem, zerrissenem Kleid, das Gesicht grau.

Seines wird uralt, voller Falten. Sie hebt die Hände vor die Augen, wie seinen Blick abzuwehren. Er fasst sie beim Arm, nicht einmal fest, er führt sie zurück auf die Straße. »Du gehst sofort nach Haus. Ich spreche heute Abend mit dir.«

Und lässt sie stehen. Sie denkt: »Ich muss nach Haus gehen, er hat es gesagt«, und setzt sich langsam, Schritt für Schritt, in Gang. Sie fühlt nichts wie die dunklen Blicke der Feindin.

XXII.

Diese Unterredung – er ist merkwürdig sanft. Zum ersten Male spricht er von sich, er weist Ursachen auf, er hat Gründe. Er erinnert sie an die Briefe, die er einst schrieb, die Worte, die er sagte, den Mann, der er war. Kaum hat er sich geändert, er ist härter geworden und einsamer, aber, was der Jüngling theoretisch wusste, der Mann hat es erprobt. Er hat immer gewusst und es ihr früh gesagt, er müsse für sich allein leben, frei sein und bleiben. Bindungen ja, solange sie nicht drücken, aber keine Zerrungen. Duldsam, ja, sehr, aber bis da nur, wo in den Kreis seines Lebens das andere eingreift, umgestalten will gegen ihn. Er hatte nie die Illusionen gehabt wie sie, er hat nie an die große eine Liebe geglaubt, er hat gehofft, es werde schlecht und recht gehen, dass es dann mehr schlecht als recht ging, keines Schuld, beider Schuld.

Sie denkt: »Worte! Worte! Was geht das mich an.« Und: »Er spricht nicht von der Frau!«

Doch, nun spricht er von ihr. Auch sie Jugendfreundin, wiedergefunden, gemeinsame Erinnerungen, seine Einsamkeit. Sie ist nicht der Frau Feindin, war es nie. Aber man hat verhetzt, er weiß es wohl, die Leute sitzen hinter seiner Frau, all die Sippe, die ihn hasst. Es ist nichts geschehen, selbst nach ihren kleinen Begriffen, die er verachtet, ist nichts geschehen. Und dann – wäre da nicht der andere Mann da? Meint sie, er würde es dulden?

Zum ersten Mal denkt sie an den andern, und sie beginnt zu zweifeln, ob ihrem Manne nicht Unrecht geschah. Sie will glauben. Auch sie sanft geworden, nimmt seine Hand, sie will ihm vertrauen, nur, er soll gut sein zu ihr. Er hat es damals ihr zuliebe getan, er hat sich kirchlich trauen lassen mit ihr, er versprach ewige Liebe und Treue. Er hat es geschworen, warum ist er so verändert? Sie hat ihren Schwur gehalten, sie ist die Gleiche geblieben, sie liebt ihn wie am ersten Tage. Will nicht auch er …?

Er ist aufgestanden, er zuckt die Achseln. Er hat noch einmal geglaubt, Reden hülfe zu etwas, nur Handeln beweist. Die ewige Liebe, die große Liebe, er weiß schon, er weiß es bis zum Ekel: die Liebe höret nimmer auf. Nur, dass diese Liebe den Geliebten höllisch quält, dass nichts findiger ist als diese Liebe, Schmerz zu bereiten, Böses zu tun, sich in Gemeinheit zu wälzen. Nur, dass diese Liebe nichts ist wie Hass, Lüge und Schwäche. Und Neid. Vor allem Neid: da du nicht mit mir glücklich sein kannst, sollst du's mit keinem sein. Schwur am Altar? Immer verführen uns die Frauen zu Opfern, und immer werfen sie uns diese Opfer vor.

Wieder Missklang. Es fing so sanft an, es schien zu einem Waffenstillstand zu kommen, nun sind die Feindseligkeiten wieder im Gange. Ja, schließlich kommt es doch noch zu einem Frieden, eine Art Pakt auf gegenseitige Duldung wird geschlossen, beide Teile finden sich bereit dazu.

Aber dann ist sie allein, und von allen Worten blieb nur: er will nichts mehr von dir wissen. Er will allein sein. Wenn die Kinder nicht wären, längst hätte er dich fortgejagt. Und wozu braucht er Freundinnen? Und, was er von seiner Freundin Irma sagte, mag wahr sein. Aber was heute wahr ist, kann morgen Lüge sein. Noch ist nichts geschehen, aber vielleicht morgen schon ist es geschehen. Der Mann – Männer sehen nichts. Wozu all diese Heimlichkeiten? Der herbeigeholte Freund? Die langen Spaziergänge? Die unaufgeklärten Nachtwege?

Sie wird die Augen offen halten. Nicht noch einmal lässt sie sich betrügen!

XXIII.

Im Anfang lässt sich alles besser an. Die Ehepaare besuchen einander, es wird gelacht und geplaudert, gespielt und getrunken. Ist der Besuch fort, so kann man noch über ihn schwatzen, alles ist gut gegangen, der Wein war vorzüglich, die Rehkeule grade recht. Alles findet sich. Dies sah zuerst wie ein Unglück aus, und nun bringt es die Eheleute näher zusammen.

Gemeinsame Ausflüge werden gemacht, Ritte durchs Land, und da Thilde nicht Reiterin ist, fährt sie nach, einmal mit dem Freund, dann mit Irma. Sie lässt die Leute tuscheln und behält ihr überlegenes Lächeln, sie geht nicht mehr zur Kirche, weil sie dem Pfarrer jene ungerechte Ansprache nicht verzeihen kann. Sie hält die Augen offen!

Sie erlebt den Triumph, dass Werner noch einmal abreisen muss, wieder geschlagen! Sie weiß, er hat sich rächen wollen und hat nicht gesiegt. Als sein leer gewordenes Zimmer rein gemacht wird, singt sie. Und doch muss sie immer an das Lächeln, an den frechen Blick denken, mit dem er sich von ihr verabschiedete. Er sah nicht besiegt aus. Er schied auch nicht im Unwillen von ihrem Manne, sie haben sich eben getrennt, er hat weitergemusst, ewig kann er ja nicht hierbleiben. Und doch war es Drohung, als er ging.

Für Stunden vergisst sie Schwermut und Angst, für ganze Tage ist sie frei. Und dann auf einmal ist alles wieder da, das namenlose Elend ihrer Liebe, über das dieses bunte lachende Leben nur flüchtig hingeworfen ist. Sie kann sich nicht immer beherrschen. Sie fährt mit ihrem Mann zu einem Ball bei Irma, der Wagen hält vor der Tür, sie steigen aus, sie stehen in der Vorhalle, wo Scharen von Gästen aus Pelzen und Tüchern kriechen. Plötzlich überfällt Angst sie, sie klammert sich an ihren Mann, sie beschwört ihn umzukehren, sonst geschieht ein Unglück.

Er führt sie in ein stilles Zimmer, fort von den lauschenden Gästen, er redet der Schluchzenden, Zitternden gut zu. Nein, sie will nicht bleiben, sie kann nicht bleiben, er soll Mitleid mit ihr haben, soll mit ihr nach Haus. Er sagt Nein. Sie fleht, sie jammert. Er fragt sie ein letztes Mal, er sagt ihr, dass er seinen Willen nicht von ihren Launen abhängig machen will, aber sie vergeht vor Angst. Es sind keine Launen, es geht um ihr Leben. Sie muss fort von hier, er muss mit. Er nimmt sie auf seinen Arm und setzt sie in den Wagen. Der Kutscher fährt ums Rondell, und der Wagen rollt die Straße heimwärts. Wieder ist er herzlos gewesen und ließ sie allein.

XXIV.

Das nächste Mal ist sie unternehmungslustig, sie willigt ein, mit den Freunden gemeinsam nach Berlin zu fahren. Sie wohnen im gleichen Hotel, sie besuchen zusammen Theater und Variétés, und mit den andern lacht sie über Witze, die sie nur halb versteht. Dann sitzt man noch lange in Bars, man trinkt Wein, es wird getanzt, und die Männer sind freier als daheim, die Reden rascher, die Scherze gewagter. Es ist, als stiege von den blendenden Lichtern, aus den Kleidern der Mädchen, den golden und rot und grün glänzenden Gläsern, den Spiegeln, den weißen Armen und Schultern ein feiner Nebel auf, der die Dinge unwirklicher macht, wie nicht geltend. Alles verschleiert sich, das schrillste Lachen wird gedämpft, der unverhüllteste Blick gilt nur diese Sekunde und keine mehr. Auf der Bühne stehen Mädchen in Reihen, sie beugen sich vor, alle lachen auf einmal, alle werfen die Beine auf einmal, kleine Glöckchen klingen zusammen, – und es ist Märchen, es ist Rausch, es ist Zauberei.

Fern im Norden steht ein grauer Hof. Von den entlaubten Bäumen trieft Regen. Die Wege sind voll Kot, die Stuben düster. In einer dieser Stuben hat sie viel und lange geweint. Sie ist aufgestanden zu einem Tagewerk, das schwer war und voller Elend. Sie hat gehasst, verraten, gelogen.

Auf der Bühne oben ist ein Zaubergarten. Nie geschaute Bäume schließen den Himmel auf, der Vorhang strotzender Blätter wird zurückgeschlagen, sachte, so sacht, ein Prinz schleicht herein, durch die tiefe, glasgrüne Finsternis leuchtet silbern sein Kleid. Er sucht die untadelhafte Geliebte. Siehe dort, sie schlummert, sie schläft. Und er umschleicht sie, er tanzt um sie von seiner Sehnsucht und seinem Verlangen, das zart ist. Die Finsternis ertönt wie Glocken, silbern bricht es herein, die Geliebte erwacht, sie lächelt. Sie ist unter Mund und Arm des Liebhabers, sie ist entschlüpft, und ihr Entschlüpfen verspricht Holderes als bloßes Gewähren. Seltsame schwarze Pagen schlagen Zeltwände zurück, ergreifen Schleppen, tragen Kronen auf Kissen, knien oder halten geheimnisvolle Tiere am Zügel.

Sie fühlt einen Fuß auf dem ihren, tastend, eine Liebkosung. Sie ist erwacht, Gutsbesitzersgattin von Warderhof, eifersüchtig Liebende mit ängstlichem Herz. Sie späht durch das helle Dunkel in die Gesichter bei ihr und sieht zweier Blick ineinander ruhen, ein tief leuchtendes Glück, eine unsagbare Seligkeit.

Auf der Bühne brausen alle Klänge empor, durch die tief

sich neigenden Reihen schreitet die Liebende mit dem Geliebten. Die Vorhänge des Zeltes fallen zu.

Das Licht flammt auf. Nun weiß sie. Es geschah – und geschah es noch nicht, wird es heute geschehen. Sie aber ist auf der Hut.

Und nachts, von ihrem Zimmer aus lauscht sie. Noch ist das Haus lebendig, Geräusche hier, Geräusche dort. Stille dann, lange, tiefe Stille. Ein Schritt tastet sacht an ihrer Tür vorbei, so leicht, so sacht. Die Tür nebenan geht, sie hört Murmeln. Die Tür nebenan fällt ins Schloss, ein Schlüssel wird umgedreht.

Gut, nun weiß sie es. Und? Was nun? Sie hat es einmal gewusst oder hat es beinahe gewusst und hat es geschehen lassen müssen, wie es nun nebenan geschieht. Sie ist nichts wie eine feige Frau. Sie müsste schreien, über ihre beleidigte Ehre müsste das Haus zusammenströmen, die beiden Sünder bloß und ledig stehen. Sie wagt es nicht, nicht die Scheu vor den Menschen hindert sie, nein, die Furcht vor ihm!

Doch, sie wagt es. Nicht dies, anderes. Auseinanderjagen will sie die beiden, sie demütigen, dass sie nie wieder einander in die Augen zu schauen wagen. Sie greift zur Klinke, sie drückt sie herab. Leise, leise. Endlose Zeit verrinnt. Die Tür klafft, ein Spalt, weit genug. Nun der Hotelgang, zwei Wände, viele Türen, ein roter Läufer. Gut. Schritt um Schritt. Sie ist tot vor Angst und toll vor Wut. Sie weiß nicht, was sie tut, sie weiß nur, dass sie tun muss, was sie tut.

Sie legt die Hand auf die Türklinke zum Zimmer des Mannes. Es gibt ein kleines knackendes Geräusch. Tiefe Stille wieder, und doch ist es ihr, als habe sie gehört, wie die drinnen zusammenfuhren.

Es ist ein langer Weg von der Bank im Rostocker Hafen bis hier, länger noch bis dahin, dass sie klopft.

Sie klopft. Sie hört jemand aufstehen. Ihr Mann fragt von innen: »Wer ist da?«

Wonne, hier draußen zu stehen! Herrlichkeit, ihn zu demütigen! Hast du die Angst in seiner Stimme gehört? Das böse Gewissen ist erwacht, da steht er und denkt, es könnte der Mann sein.

Innen fragt die Stimme wieder und diesmal nur unwillig: »Wer ist da?!«

»Deine Frau.«

Er schließt auf, tritt heraus auf den Gang. Er zieht die Tür wieder hinter sich zu, sie hat nichts sehen können, so gierig sie auch spähte. Er ist noch im Smoking, sehr ruhig, sehr kalt: »Du wünschest?«

Sie – schon versagt ihr die Stimme –: »Irma ist bei dir. Ich weiß es!«

Er beugt sich vor, bis er auf ihrer Höhe ist, er sieht sie an. Dieser Blick! Dieser drohende, grausame Blick, vor dem sie zittert. Er flüstert: »Und wenn?«

Und ist wieder still. Sieht sie an. Sie schaudert und tut einen Schritt hinter sich. Er sieht sie an, nimmt ihr den Blick nicht ab. Ihr ist's, als zögen sich die Lippen von seinem Gebiss zurück, als fletsche es sie an wie ein wildes Tier, Mordgier. Sie tut Schritt um Schritt, rückwärts, blind, diesem Blick ausgeliefert. Ihre Schulter stößt gegen die offen gebliebene Tür. Sie macht eine Wendung, fasst die Klinke, zieht. Und ist frei von dem Blick.

Sie schließt ab, stürzt auf ihr Bett und weint, weint lautlos, von einem endlosen Zittern geschüttelt.

Am Morgen ist sie abgereist.

XXV.

Drei Tage nach ihr kommt Fritz auf Warderhof. Er findet die Frau nicht, er findet die Kinder nicht. Sie sind abgereist, vor zwei Tagen schon. Hat er es nicht gewusst? Doch, er hat es gewusst. Er sitzt allein, er überlegt. Sie hat wenig Geld, keine Freunde. Zur Mutter wird sie nicht gereist sein, sie gibt sich nicht freiwillig in alte Abhängigkeit. Er möchte herumhorchen, spähen, aber er weiß, ihm erzählen die Leute nichts.

Er telegrafiert an Werner, Werner muss her, und Werner kommt. Als er eintrifft, weiß er schon mehr, als der Mann in einer Woche erfuhr. Er hat im Zuge herumgehorcht, in der Kreisstadt. Oh! Die Gegend ist voll von Geschwätz, alle wissen etwas. Ist Thilde nicht gleich am Tage ihrer Ankunft fassungslos zu den Nachbarn gestürzt und hat ihnen alles erzählt? Sie hat sie aufgerufen gegen die Frau, diese Verderberin, die ihren Mann verführt hat. Man hat ihr recht gegeben, sie solle fortgehen von ihm, mit den Kindern natürlich, jedes Haus öffnet sich ihr. Sie wird unbedingt den Prozess gewinnen.

Den Prozess? Sie will keinen Prozess. Sie will keine Scheidung. Sie will ihrem Fritz das Kind fortnehmen. Die andern sollen tun, was sie nicht wagt, Irmas Mann Bescheid sagen, dieser Verkehr soll unmöglich werden, und dann, wenn er von allen verlassen ist, will sie zu ihm zurück.

Doch das wollen die andern nicht. Wie kann sie daran denken, wieder zu ihm zurückzugehen? Hat er ihr nicht schon genug Leid getan? Will sie sich von ihm noch töten lassen? Dieser Mensch ist zu allem fähig! O ja, die Frau, gut, die Frau Irma … Doch er ist der Schlechte, er ist der Verführer! Die Gegend hat sie genug gewarnt. Sie hat es kommen sehen, und doch hat sie den Verkehr geduldet! Hat ihren Mann selbst in das Haus begleitet. Nein, sie soll los von ihm, sie muss los von ihm …

»Seien Sie endlich stark, liebste Frau Dohrmann. Wir wissen, wie weh es tut. Aber dieser Mann ist Ihrer unwürdig. Reißen Sie sich los.«

Sie steht auf, beleidigt, Sie geht fort. Am nächsten Morgen reist sie ab.

Nein, auch der Freund erfuhr nicht, wohin sie ist. Aber er wird es erfahren. Er sucht, er horcht, er reist hierhin und dorthin.

Inzwischen ist sie plötzlich wieder da. Meta läuft dem Vater entgegen. Die Mutter ist oben. Er atmet auf. Er steigt herauf zur Frau, er spricht zu ihr, seine letzten Bedingungen: sie wohnt oben, er unten. Keine Gemeinsamkeit. Sie allein. Er allein. Sonst – aus dem Hause!

Sie höhnt: »Aber mit den Kindern!«

Und er: »Die bleiben hier. Meta bleibt hier.«

»Das werden wir sehen!«

»Ja, das werden wir.«

»Die Kinder gehören mir. Wer die Ehe gebrochen hat wie du …«

Er sieht sie an: »Und du –? Du etwa nicht?«

»Ich –?«, fragt sie. »Ich sollte –?«

»Nun, damals mit Werner …«

»Aber das war doch nicht … Das war etwas ganz anderes! Ich habe dich geliebt!«

»Und Ehebruch begangen. Du weißt Bescheid.«

»Fritz, sei nicht so hart! Ich …«

Er lässt sie stehen, er verlässt sie. Und einen Tag, zwei Tage, drei Tage gar ist Ruhe. Doch ihr Fenster geht zur Straße, sie sieht ihn fortreiten, zu jener Frau. Er ist fröhlich, er ist gut, und sie soll sitzen hier wie eine Gefangene. Sie will nicht. Oh, sie ist so böse geworden, so bitter! Sie will nicht. Sie will ihn quälen und demütigen, er soll nicht fröhlich sein können, sie wird ihm das Fortreiten vergällen.

Am Morgen des vierten Tages steigt sie hinunter. Vor der Tür zum Zimmer des Mannes trifft sie den Freund. Er beschwört sie, seine Stimme klingt ehrlich: »Gehen Sie nicht zu ihm. Er ist sinnlos vor Wut. Der Pastor hat gestern gegen ihn gepredigt.«

Sie geht weiter. Noch einmal hört sie die beschwörende Stimme: »Gehen Sie nicht! Es gibt ein Unglück.«

Sie geht. Sie tritt ein. Er sitzt am Tisch, finster, wortlos, grübelnd. Sie an der Tür, höhnisch, verwildert, toll vor Wut. Sie beugt sich vor: »Wie war das mit den Kindern. Du wolltest Meta behalten?«

»Geh, sage ich dir im Guten.«

»Meta? Aber vielleicht wirst du sie gar nicht behalten? Wie? Wie, wenn ich ihr so ein Pülverchen gäbe, ihr und mir, dass wir krank würden und stürben? Gingest du dann auch noch zu deiner Irma?«

Er steht da, totenblass, seine Hand legt sich um die Kante des Tisches. Er zittert.

»Wenn ich es der Meta schon gegeben hätte und mir? Habe ich je den Mut gehabt, so zu dir zu sprechen? Sterbende haben Mut.«

Er macht einen Satz an ihr vorbei und ist fort. Sie hört ihn die Treppen hinaufstürzen, rufen, reden, Leute kommen gelaufen. Eine Viertelstunde vergeht, er kommt wieder, geht an ihr vorüber, setzt sich an den Tisch.

»Nun?«, fragt sie. »Kann ich dein Herz noch rühren? Wenn nicht zu Liebe, so doch zum Schmerz?«

Er spricht nichts. Er steht nur auf, geht zur Tür, schließt ab, steckt den Schlüssel ein. Er wendet sich und geht an den Gewehrschrank. »Nun kommt es«, denkt sie und erzittert. Ihr Mund öffnet sich zu einem Schrei: »Nun kommt es.«

Er wendet sich zu ihr: »Wenn du böse bist, musst du Schläge haben. Wenn du mich nicht mehr fürchtest, musst du meine Peitsche fürchten.«

Sie hebt die Hand vor das Gesicht. Er schlägt zu. Sie flieht. Er folgt ihr, und die Schläge fallen dicht und erbarmungslos. Einmal hat sie aufgeschrien. Dann ist sie stumm. Ihr Gesicht ist bleich wie seines. Doch ihr Herz singt: »Ich leide, er leidet, wir leiden gemeinsam!«

XXVI.

Sie flieht durch Regen und Wind auf den Nachbarhof mit dem einen Kind, das ihr blieb, ihrem Kind. Man bringt sie ins Bett, sie fiebert. Man ruft einen Arzt, der sie untersucht, der die sinnlose Rohheit des Mannes bezeugt. Die Gegend heult auf vor Wut. Ein Kesseltreiben beginnt gegen den Mann, der gemeingefährlich ist, den man einsperren muss.

Er sitzt daheim, mit seinem Kind. Er lächelt. Lass sie jagen gegen ihn. Den, der anders war, haben die Leute immer gehasst. Sie werden wieder stille werden. Sie heulen, sie beißen nicht. Sein Kind ist bei ihm. Meta ist klüger als die andern, sie weiß von Furcht nichts, sie zweifelt schon. Sie ist seine Spur in dieser Welt, unverwischbar, Zeugnis gegen sie alle.

Und schaut auf. Ein Wagen rasselt über die Steine. Eine Frau sitzt drin, seine Frau. Bleich, höhnisch, triumphierend. Neben dem Kutscher saß der Gendarm, er steigt ab, tritt ins Haus. Nun klopft er. »Herein!«

Er weist einen Wisch, wieder solch einen Wisch, wie er Dutzende in den letzten Wochen bekam und zerriss. Er soll das Kind herausgeben, es ist vorläufig der Frau zugesprochen. Er steht aufrecht vor dem Kind. »Sie nehmen es nicht. Eher schlage ich.«

Der Gendarm kennt ihn, spricht ihm gut zu. Noch ist nichts endgiltig entschieden. Er soll prozessieren, er wird das Kind schon bekommen, nur jetzt …

»Nein.«

Noch redet der andere, beschwört ihn, verweist ihn auf die Folgen, aber: »Nein!«

Der wendet sich bedauernd. »Ich werde wiederkommen müssen und dann nicht allein. Es hilft Ihnen nichts, Herr Dohrmann. Sie haben alles gegen sich.«

Er sagt: »Und wenn! Nichts beweist das.«

Er ist allein. Der Wagen ist fortgerollt mit der Frau, die doch triumphiert, weil sie schwach ist. Er fühlt es: die Schwachen siegen. Der Starke ist immer allein. Seine Siege und Niederlagen, er erkämpft sie für sich allein, sie gelten nicht für die andern, die vielen, die zusammenhalten, deren Siege nur Bestätigung ihrer großen Gemeinschaft sind.

Die Frau fährt heim. Sie wird wiederkommen. Sie wird ihm auch das Kind noch nehmen. Sie frohlockt. Sie steht mitten in seinem Leben, bei jedem Schritt spürt er ihren Griff, ihren Hass, ihre Liebe.

XXVII.

Und sie kommt wieder, und er ist fort, und das Kind ist fort. Auf dem Hofe schaltet Werner. Ihn verhaftet man zuerst, er muss die Flucht begünstigt haben, er muss wissen. Und nun sucht man den Mann und das Kind, Tage, Wochen, Monate.

Sie sitzt allein auf Warderhof, in seinem Zimmer sitzt sie, aus dem er sie verstieß, in seinem Bett schläft sie. Sie öffnet die Laden seines Schreibtisches, sie liest die Briefe der Frauen, der dunkeln und der andern. Nun weiß sie!

An einem Abend, in der Dämmerung, tritt sie ein, die andere. Sie steht an der Tür, auch sie dunkel und bleich, die erste, die zweite, alle, die er geliebt hat. Sie bittet um Gnade für ihn. Sie soll ihm das Kind lassen. Die andere will verzichten, sie will aus seinem Leben gehen, sie bittet.

»Keine Gnade!«, spricht die Blonde. »Wer hat Gnade mit mir gehabt?«

Die andere spricht weiter, gute Worte, schöne Worte, aber zu oft täuschte man Thildes Herz. Nun hält sie fest, was ihr blieb: ihre Rache.

Die andere wartet, dann geht sie.

Aber Thildes Herz jauchzt. Sie hat über die Feindin triumphiert, nun fehlt noch der Mann. Auch er wird kommen, auch er wird betteln.

Er kommt nicht, doch man fängt ihn. Das Kind kehrt zu ihr zurück, er bleibt im Gefängnis.

Sie sieht ihn dort, auf und ab gehend, rastlos, immer an sie denkend, ewig sie verfluchend. Sie weiß den Tag, da er freikommt. Es sind Menschen um sie, Männer, die sie beschützen werden, aber als der Tag naht, flieht sie.

Sie elend, er elend. Ein ewiger Krieg, der Hass ruht nicht. Schriftsätze, Klagen, Gegenklagen, Termine, Eide … Er stiehlt das Kind noch einmal, er wird wieder gefangen, und sie siegt von neuem.

Als er entlassen wird, verlässt er das Land.

XXVIII.

Sie ist alt geworden, sie sitzt am Fenster. Sie ist allein, kein Schritt kommt mehr über ihre Schwelle. Die Kinder gingen von ihr, ihres heiratete, seines konnte den Tag nicht erwarten, da es zum Vater durfte. Es verließ sie ohne Tränen, es hat sie gehasst.

Doch allein, doch alt geworden und so viele Kämpfe umsonst gekämpft! Sie schlägt das Buch auf, das vor ihr liegt, sie liest es wieder.

»Wenn ich mit Menschen- und mit Engelzungen redete, und hätte der Liebe nicht, so wäre ich ein tönend Erz oder eine klingende Schelle. Und wenn ich weissagen könnte und wüsste alle Geheimnisse und alle Erkenntnis, und hätte allen Glauben, also dass ich Berge versetzte, und hätte der Liebe nicht, so wäre ich nichts. Und wenn ich alle meine Habe den Armen gäbe und ließe meinen Leib brennen, und hätte der Liebe nicht, so wäre mir's nichts nütze. Die Liebe ist langmütig und freundlich, die Liebe eifert nicht, die Liebe treibt nicht Mutwillen, sie blähet sich nicht, sie stellet sich nicht ungebärdig, sie suchet nicht das Ihre, sie lässet sich nicht erbittern, sie rechnet das Böse nicht zu, sie freuet sich nicht der Ungerechtigkeit, sie freuet sich aber der Wahrheit; sie verträget alles, sie glaubet alles, sie hoffet alles, sie duldet alles. Die Liebe höret nimmer auf ...«

Sie meint wie je, von ihrer Liebe sei die Rede. So hat sie ihn geliebt. War sie erbittert, die andern waren's schuld, rechnete sie Böses zu, er hatte es veranlasst.

Sie hatte ihn immer geliebt, sie liebte ihn wie je. Noch im Sterben würde sie ihn allein lieben.

Pogg, der Feigling

Diese Geschichte muss erzählt werden, indem man sich streng an die Tatsachen hält. Ich habe längst aufgegeben, sie zu verstehen. Ich präsentiere sie dem Leser so, wie ich sie erfuhr, und muss es ihm überlassen, das Beste – oder das Schlechteste – aus ihr zu machen, wie nun eben seine Geschmacksrichtung liegen mag. Dass mein Tatsachenmaterial lückenhaft ist, kann ich nicht bestreiten, es bleibt meiner und des Lesers Phantasie frei, diese Lücken zu ergänzen: Kolportage oder Wirklichkeit, auch hier sind keine Grenzen gezogen.

Jedenfalls war Julius Pogg aus guter Familie. Sein Vater war irgendein hohes Tier in der Verwaltung oder Justiz, das habe ich vergessen. Sicher, dass er viele Orden trug und dass die Berührung mit seinem einzigen Sohn sich darauf beschränkte, vierteljährlich seine Zeugnisse durchzusehen.

Die waren jämmerlich genug. Pogg Vater war es unverständlich, dass sein Sohn solche Zeugnisse nach Haus bringen konnte. Da stand dieser Bursche nun, käsig, zum Umpusten, und auf zehn Schritte roch man ihm Angst an. Pogg Vater wusste nicht was tun, er händigte Julius der Mutter aus, die ihn zum Arzt schickte. Der Arzt verordnete Eisen, Lebertran, kalte Abwaschungen, Sanatogen, Brom, aber Julius blieb geduckt und schiech, kroch an den Wänden lang und tat das Maul nicht auf.

Umso größer war das Entsetzen, als sich herausstellte, dass Julius noch anders konnte als schiech sein: die Gouvernante der Schwestern meldete, dass Julius regelmäßig ihr im Nachttisch aufbewahrtes Portemonnaie bestehle. Es war unglaubhaft, doch stellte man eine Falle, in die Julius mit rührendem Ungeschick ging.

Diesmal nahm der Vater selbst die Kur in die Hand, er verordnete Pfeifenrohr, mehrere köstliche Weichselrohre mussten daran glauben, dann wurde Julius in eine strenge Pension gesandt.

Überraschenderweise lauteten die Berichte von dort nicht ungünstig, die Zeugnisse wurden besser, der Vater musste zu seinem Erstaunen erleben, dass Julius Zweiter wurde. Er wäre Erster geworden, hätte er nicht einen Tadel wegen Frechheit erhalten – der Schieche wegen Frechheit, Gott bewahre! Er durfte zum ersten Male wieder in den Ferien heimkommen und zeigte sich als ein sorgfältig bekleideter Jüngling, dessen Sicherheit zu betont war, um nicht Schüchternheit zu verdecken. Die Frivolität, mit der er seinem Vater zur Begrüßung entgegenschrie: »Tag, alter Knabe!«, wobei seine Augen abirrten, war derart bestürzend, dass der Vater nach einer Weile heftigen Atmens nichts entgegnen konnte als: »Du scheinst ja eine nette Pflanze geworden zu sein! Ein sauberes Früchtchen!«

Julius reiste wieder ab, sein Abitur zu bauen, nicht ohne vorher zweimal um vier Uhr früh betrunken nach Haus gekommen zu sein. Die Eltern mussten dies übersehen, obwohl der Sohn – zum Entzücken der Dienerschaft – vornehmlich auf Treppe und Vorplatz seinen ledernen Herrn Papa angesungen hatte –, mussten es übersehen, weil sie einfach nicht wussten, wie Julius eine Reprimande aufnehmen würde.

Aus dem Abitur wurde nichts. Vier Wochen vorher schlug der Blitz ein: Der Sohn hatte seinen Freund erschossen. »Einfach so«, erklärte er bei der Vernehmung. »Er wollte es gerne. Er dachte, er hätte einen Hundewurm im Hirn. Der Blödsinn war ihm ja nicht auszureden.« Übrigens hatte sich Julius auch mit seinem eigenen Körper an der Sache beteiligt, nur war in persönlicher Angelegenheit seine Hand nicht so sicher gewesen wie in fremder. Er lag acht Wochen krank und siedelte dann in eine Heil- und Pflegeanstalt über. Nach drei Jahren war er gesund und ging ins Bankfach, nun zwanzig Jahre alt.

In den nächsten fünfzehn Jahren entwickelte sich Julius im Allgemeinen gedeihlich. Die Nachrichten aus diesem Zeitabschnitt sind rar. Immerhin weiß man, dass er eine außergewöhnliche Begabung in vielen Materien zeigte, er war nicht nur Bankfachmann, er handelte auch mit Autos, fuhr in Rennen mit, schrieb ein nicht erfolgloses Libretto, kam wegen zweifelhafter Geschäfte in Untersuchungshaft und wieder frei, kaufte eine blühende Zeitschrift und arbeitete sie in sechs Wochen in den Grund – kurz, war ein normales Mitglied der besseren Gesellschaft im ersten Viertel des 20. Jahrhunderts.

Man weiß auch, dass er sich zu Anfang dieser Laufbahn mit einem ganz unmöglichen Mädchen verlobte und sogar von Papa, der mittlerweile Exzellenz geworden war, die Anerkennung dieser Verlobung auf nicht feststellbare Weise erzwang. Vierzehn Tage nach der Veröffentlichung löste er dieses zarte Band wieder, da er seine Braut, wie er ernst mitzuteilen pflegte, nicht ihrem eigentlichen Beruf als Jüngerin der Venus vulgivaga abtrünnig machen wollte. Von diesem Zeitpunkte ab darf man seine Beziehungen zum Elternhaus als erkaltet oder doch lau ansehen.

Man erzählt ferner noch aus dieser Zeit von seinem Verhältnis mit einer berühmten Schauspielerin, die, in keiner Weise kleinlich, es später nie über sich gebracht haben soll, ihn wiederzusehen, schon bei der Nennung seines Namens soll sie ein Schauder, eine Art physischen Grauens gefasst haben. Doch mag das Geschwätz sein.

Der Schwanz, den dieser Stern nach sich zog, erlischt, wir verlieren ihn völlig aus dem Auge, für Jahre wissen wir nichts von ihm zu berichten. Als er wieder auftaucht, heißt er schlicht, ohne alle Titel, Julius Pogg, er ist fünfunddreißig Jahre alt und erster Buchhalter einer kleinen Bank. Ein Bild von ihm aus dieser Zeit liegt vor mir: das bartlose Gesicht ist eckig, flächig und fahl, die Lippen sehr stark und rot, die Stirn niedrig. Man würde ihn auf Mitte der Zwanziger taxieren, wenn die Augen nicht wären, die glanzlos und vollkommen kalt sind. Er ist sehr sicher, geschäftlich die Zuverlässigkeit selbst, von außerordentlichem Fleiß, das Entzücken seines Chefs und – in Männergesellschaft – ein fabelhafter Erzähler.

Und erst jetzt teile ich dem Leser mit, den ich erbarmungslos bis hierher geschleppt, wo er schlechterdings bis zu Ende wird lesen müssen, wenn er erfahren will, warum Pogg interessant sein soll – erst jetzt teile ich ihm mit, dass nun meine eigentliche Erzählung beginnt. Alles bisher Berichtete war ja schließlich nichts Außergewöhnliches, nun aber fange ich an:

Bradley, Inhaber von Bradley und Fischer, Bankgeschäft, Königstraße, ladet seinen Buchhalter Julius Pogg zum Wochenende nach Buchhof ein. Pogg folgt dieser Einladung und findet, dass Buchhof ein wundervolles Barockschlösschen in einem riesigen Park ist. Das Schlösschen hallt von Leben: Bradley hat eine Tochter, diese Tochter hat eine Unzahl Freundinnen, und ein halbes Dutzend dieser Freundinnen ist immer zu Besuch auf Buchhof.

Pogg meint, er träumt. Er, der Fünfunddreißigjährige, der alte Gauner, der sich nach Ruhe und einem gleichförmigen Leben sehnt, trifft zum ersten Male die Tochter aus gutem Haus. Er trifft sie nicht einmal, er trifft sie gleich siebenmal. Alice, Lotte, Irmgard, Irene, Luise, Hertha und Bertha – wo noch hätte er je so viel Jugend gefunden? Gesund, gepflegt, körperlich und geistig gut genährt, siebzehn-, achtzehn-, zwanzigjährig, alles in der Theorie wissend und nichts in der Praxis, schlagfertig, tollkühn, keusch – Julius Pogg kann abends nicht einschlafen.

Es zeigt sich, dass er vielleicht wirklich erst Mitte der Zwanziger ist. Und kaum das. In den dämmernden Park huschen zwei, drei, in Laken gehüllt, und Gespenster erschrecken die Liebenden unter der Dienerschaft. Bradley, der nach dem Essen einschlummerte, erwacht von dem Rascheln eines Igels, fängt ihn ungeschickt in einem Perserteppich, setzt ihn in den Garten und findet, zurückgekehrt, sein Zimmer mit zehn, zwölf, zwanzig Igeln bevölkert. Sie kriechen unter dem Sofa, unter dem Schreibtisch hervor, im Papierkorb raschelt's, im Uhrgehäuse fiepen sie. Aus den Fenstern steigen nachts um zwölf Verschwörer, kapern Boote und liefern Seegefechte, bei denen alle ins Wasser stürzen. Am Tage gibt es Wettschwimmen, Springkonkurrenzen, die staunende Dorfschaft erlebt, dass ein Dutzend Männlein und Weiblein schweigend, ernst und auf den Zehenspitzen stundenlang im Regen die Straße auf und ab wandeln: eine Wette.

Je öfter Pogg zum Wochenende herauskommt, umso belebter werden seine Augen. Schon ist er anerkannter Führer. Manchmal abends überlegt er: »Merken sie nicht, wie viel älter ich bin? Was alles schon durch mich hindurchging?« Und ist der Erste morgens, an Türen zu schlagen, Wasser durch Schlüssellöcher zu pusten, Programme zu entwerfen. Singt er nicht sogar Volkslieder abends im Boot? Er hat sie nie richtig gekonnt, nun lernt er sie. Da ist eines, Irmgard sitzt am Klavier, die kurzen schwarzen Haare fallen nach vorn, sie singt:

> »Es ist nicht alle Tage Sonntag,
>   Es gibt nicht alle Tage Wein,
>   Doch du sollst immer lieb zu mir sein …«

Pause. Gefasst, ein Versprechen:

> »Und bin ich einmal in der Ferne,
>   So sollst du immer an mich denken,
>   Aber weinen sollst du nicht …«

Hat sie ihn angesehen? Sie hat ihn angesehen. Wundervoll! Eigentlich ein Nichts, nicht einmal Reime, es muss die Melodie sein. Nein, es muss die Stimme machen, dieser Alt: »Doch du sollst immer lieb zu mir sein ...«

Es geschieht nichts weiter. Blicke vielleicht, der Händedruck ein wenig fester wie bei den andern, sie ist so gesund, nichts Schwüles. Sie weiß nichts von dem schließlichen Ende, an das er immer denken muss. Sie gehen vielleicht langsamer durch den dunkelnden Park, aber die andern sind immer dabei. Einmal geraten sie in Streit, sie findet es furchtbar gleichgiltig, ob die Sonne eine Kugel oder eine Scheibe ist. Er ist empört. Am nächsten Morgen geben sie sich besonders betont die Hand.

Was ist schließlich? Er ist verliebt. Es ist vielleicht das Schicksal fünfunddreißigjähriger verlebter Männer, sich in siebzehnjährige Gänse zu verlieben. Einmal bezeichnet er Irmgard zu Bradley als »Flammenseele« und schämt sich hinterher bis aufs Mark. Mitten in der Woche trinkt er sich abends einen an und schreibt einen Brief an Irmgard, nein, keinen Brief, ein Liebesgedicht, ein schlichtes kleines Gedicht, das er aus einem Buche stiehlt.

Bei der nächsten Begegnung ist sie wie starr, kaum gibt sie ihm die Hand, steht nicht auf. Die andern Mädchen sehen ihn sonderbar an, tuscheln. »Ich habe sie erschreckt«, sagt er sich, »solch ein Seelchen. Es war viel zu früh.« Und wütend: »Verfluchte Ziererei! Diese Weiber – alle sind sie Affen.«

Keine rechte Stimmung kommt auf. Irmgard singt nicht: »Es ist nicht alle Tage Sonntag ...« Als er das nächste Mal kommt, ist sie abgereist, fort, nach Weimar, studiert Musik. Ende. Schluss. Herbst. »Und alle die Männer draußen, die sie treffen wird! Sie alle, die mit ihr machen können, was sie wollen, die keine Ahnung haben von dem Edelmetall, das diese Irmgard ist –!«

»Ach was! Ganz egal! Ein kleines Flittchen, vergessen wir schon!«

Er kommt noch ein, zwei Male nach Buchhof. Er fragt sogar: hatte sie geschrieben? Sie hatte geschrieben. Und? Ja, es ginge ihr gut. Nun also, das war ja erfreulich!

Ende. Schluss. Herbst. Pogg bleibt von Buchhof weg. Arbeit. Überarbeit. Er sitzt bis in die Nacht. Eines Morgens kommt er nicht zum Dienst. Krank geworden? Nein, abgereist. Abgereist? Ja, mit der Kasse. Bradley versteht nicht. Pogg mit der Kasse? Und nicht zu knapp. Nun geht alles seinen vorgeschriebenen Weg. Polizei, Vernehmungen, Buchprüfungen, Steckbriefe …

Ehe die noch recht wirken, kommt ein Telegramm aus Süddeutschland, irgendeinem Nest: Pogg hat sich selbst gestellt. Und das Geld –? Geld –? Keines.

Polizeigefängnis, Transport, Untersuchungshaft, Vernehmung. Diese Vernehmung muss etwas Stupendes gewesen sein. Der Richter stieß kaum an, und Julius Pogg legte los. Er gestand und er gestand, er hörte überhaupt nicht auf zu gestehen. Er gestand, was man wissen wollte und was man nicht wissen wollte. Er gestand frische Unterschlagungen und alte Diebstähle, aus der ersten Zeit seiner Laufbahn wusste er Dinge zu berichten, die nie ein Mensch gemerkt hatte, er gestand einfach um des Gestehens willen. Nun stellte es sich heraus, dass er sogar schon vorbestraft war, jawohl, dieser Mensch hatte schon ein Jahr gesessen, nicht umsonst war der Komet eine Weile erloschen gewesen. Pogg machte clean breast, wie er es selber nannte. »Endlich einmal den ganzen Salat erledigen, dass man Ruhe hat«, sagte er.

Da saß er, Julius Pogg, Exzellenzensohn, und schüttete sein Herz aus, halblaut, rasch erzählend, wie etwas Belangloses. Der Richter saß wie erschlagen. Von Zeit zu Zeit hob er die Hand und strich über den Tisch, als wolle er diesen tollen Wust fortwischen, aber vorläufig redete der da drüben noch, und jedes Wort saß. Als der Richter sprach, war sein Satz sehr kurz. Er hieß: »Und das Geld?«

Auch hier zeigte sich Pogg ungewöhnlich beschlagen. Es

erwies sich, dass er Buch geführt, sorgfältig vom Zeitpunkt seiner Unterschlagung an jeden Pfennig aufgeschrieben hatte. Auch gab es Belege, Quittungen, sauber nummeriert. Der Richter sah lange die Zahlenkolonnen durch, Pogg schien mit offenen Augen zu schlafen, als sei nun alles erledigt, die Welt endgiltig abgetan. Da fragte der Richter: »Und warum?«

Pogg schreckte auf: »Warum?«

»Nun ja, Herr Pogg, warum? Schließlich müssen Sie doch einen Grund haben. Wozu diese Geständnisse, warum vor allem diese letzte Unterschlagung? Sinnloser wurde nie Geld verschleudert. Sie müssen sich doch etwas dabei gedacht haben, als Sie die Mädchen öffentlicher Häuser mit Tausenden beglückten?«

Pogg wiegte zweiflerisch lächelnd das Haupt: »Oh, Herr Amtsgerichtsrat, unterschätzen Sie nicht das prahlerische Glück, als ein großer Mann dazustehen.«

»Möglich. Aber ich glaube Ihnen nicht, dass dies für Sie den Grund abgab.«

Pogg war plötzlich müde. Es hatte keinen Sinn, lange zu salbadern: »Vielleicht war es, dass ich mich hier bei Ihnen, in Ihren Zellen, zur Ruhe setzen wollte –?«

Der Richter dachte lange nach. »Mag sein, dass dies der Grund war. Aber die Ursache –?«

»Müde, Herr Amtsgerichtsrat, müde. Nichts als das.«

Der Richter fragte: »Wenn ich Ihnen das nun nicht gönne, dass Sie sich hier zur Ruhe setzen? Stoße Sie für eine Weile wieder hinaus? Sehen Sie, Herr Pogg, ich glaube Ihnen, was Sie mir erzählt haben, ich glaube Ihnen auch, dass Sie das Geld verbraucht haben. Ich werde das nachprüfen. Wir werden morgen im Einzelnen ein Protokoll aufnehmen. Aber dann entlasse ich Sie. Fluchtverdacht liegt nicht vor, Sie blieben nur zu gerne hier. Und Verdunkelungsgefahr? Nein. Also übermorgen sind Sie frei, Herr Pogg.«

Weiß Gott, was sich dieser Richter dachte. Vielleicht

glaubte er Pogg doch nicht so ganz, Geld mochte beiseitege-
bracht sein, das nur durch Beobachtung des Freigelassenen
aufzufinden war. Vielleicht war dieser Psychologe auch auf
die Ursache gespannt, gleichviel, er tat das, was für Pogg das
Schmerzlichste war.

So geschah es, dass Pogg an einem trüben Novembertage
aus dem Gefängnis entlassen wurde. Er war frei zu gehen,
wohin er wollte, wobei man immer voraussetzte, dass er sich
zu seinem Termin wieder einfinden würde. Da man ihm sein
sonstiges Hab und Gut gepfändet hatte, trug er noch jene
Sachen, in denen er sich vor einigen Wochen der Polizei gestellt hatte: Smoking, Lackschuhe, Abendmantel, Zylinder,
eine ungewöhnliche Kleidung für diesen fröstelnden Spät-
herbstmorgen. Es troff von den Bäumen, die Menschen stri-
chen eilig und missvergnügt an ihm vorüber, Pogg wusste
nicht wohin. Freunde, die aufzusuchen waren, hatte er nicht,
die Welt war groß, so viele Wege, Pogg wusste keinen, der
für ihn passend gewesen wäre. Noch einmal anfangen? Und
wozu etwa?

In seiner Hilflosigkeit dachte er schon an einen kleinen La-
dendiebstahl, dass sie ihn wieder würden verhaften müssen
und in seine kleine, saubere, warme, stille Zelle steckten, vor
deren Tür die Welt aufhörte, als ihm der Duft einer Zigarette
in die Nase stieg. Dieser Zigarettenduft entschied über sein
künftiges Handeln. Pogg wurde nach so langer Abstinenz
von einem rasenden Rauchhunger erfasst und entschied, das
Leben möge sich anlassen, wie es wolle, erst einmal müsse
geraucht werden.

Das Weitere entwickelte sich logisch. Zwei Stunden später bummelte Pogg über den Güterbahnhof, nicht mehr elegant, aber warm in eine Joppe gekleidet. In ihrer Tasche steckten Brot, Wurst, Zigaretten und Streichhölzer, dazu an die
zehn Mark. Der Verkauf seiner Sachen war nicht unlohnend
gewesen. In seinem Kopfe steckte ein fester Plan. Nicht um-

sonst hatte er im Gefängnis gesessen, er wusste, was »Schwarz-fahren« ist und wie man es angeht.

Als die Nacht da war, saß Pogg in dem Bremserhäuschen eines Güterwagens, frierend und rauchend, zwischen Berlin und Luckenwalde. Er hatte sich entschlossen, noch einmal eine Reise zu tun, und zwar nach Weimar. Wobei zu berichten bleibt, dass Pogg fünfunddreißig Jahre alt ist. Zehn Jahre jünger, und er wäre in Berlin geblieben.

Diese Reise ging nicht ohne Hindernisse vonstatten und war langwierig. Entweder fehlte es Pogg doch an der nötigen Routine, oder er war nicht unternehmungslustig und geistesgegenwärtig genug. Einmal wurde sein Wagen auf ein Nebengleis verschoben, und er hatte einen Tag zu laufen, bis er einen anständigen Güterbahnhof fand, der Wagenauswahl bot. Einmal erwischte ihn ein Schaffner, und erst nach einer kleinen Schlägerei und Drängelei konnte er den Hasen machen. Zwischendurch landete er in Leipzig, was außer dem Plan lag.

Doch seine Energie verließ ihn nicht: nach fünf oder sechs Tagen war er in Weimar. Ausgehungert, mager geworden, bis auf die Knochen durchgefroren, aber entschlossener denn je. Wozu eigentlich entschlossen –? Nun, sie zunächst erst einmal zu sehen, zu stellen. Das Weitere würde sich finden.

Vorerst einmal fand sich Essen, Schnaps, Rauchware, Schlafen in der Herberge, und als Entgelt für das Letzte hatte er Holz zu sägen, worin seine Leistungen mäßig gefunden wurden. Unschwer stellte er das Konservatorium fest, eine Zigarre an den Portier verschaffte ihm Einsicht in die Schülerinnenliste, hier jedenfalls war Irmgard nicht. Also Privatunterricht. Es war erstaunlich, wie viel Musiklehrer es in Weimar gab, sie wohnten an allen Ecken und Enden, sogar in den Dörfern rundum. Und da Poggs Geld mit dem Entschwinden des Novembers entschwand, verband er, getreu seiner Aufgabe, die Erkundungen nach Irmgard mit einer sanften Hausbettelei, wobei ihn einige Male nur seine Beine vor Wachtmeister und Arbeitshaus retteten.

Eines Sonntags vormittags, als er es bald satthatte, da er sonst nichts satt hatte, traf er sie im Park, ein wenig oberhalb des Grottenhäuschens. Sie ging, das Profil aufmerksam geneigt, neben einem Jüngling, der eifrig auf sie einredete. Pogg kam grade auf sie zu, sein Herz drohte stille zu stehen, plötzlich war es ihm, als trete er einer furchtbaren Gefahr entgegen. Er zitterte. Dann waren sie vorüber. Sie hatte ihn überhaupt nicht gesehen.

Eine Weile stand Pogg wie betäubt und starrte ihnen nach. Dann raffte er sich zusammen, stürmte hinterdrein und rief atemlos: »Verzeihung, Fräulein Irmgard, ein Wort bitte!«

Sie blieb stehen, machte eine halbe Wendung, sah ihn an. Dieses Gesicht! Dieses Gesicht! (»Doch du sollst immer, doch du sollst immer lieb zu mir sein!«, sang es in ihm.)

»Ein Wort bitte, Fräulein Irmgard.«

»Sie wünschen? Ich kenne Sie nicht.«

»Aber Fräulein Irmgard. Pogg. Julius Pogg. Wir lernten uns bei Fräulein Bradley kennen.«

Sehr entschieden, kalt: »Nein, ich kenne Sie nicht.«

Verzweifelt, wie ein Unsinniger: »Aber, Fräulein Irmgard, meine andere Kleidung –«

Worauf der Jüngling es an der Zeit hielt einzuschreiten: »Aber, gute Mann, so gehen Sie doch endlich. Sie sehen doch, dass die Dame Sie nicht kennt. Oder nicht kennen will.«

Worauf Pogg, der Feigling, kehrtmachte, die Stadt betrat, eine Ladenkasse ausraubte und am Abend betrunken aufgegriffen wurde.

Wie ich schon sagte, ich verstehe diese Geschichte nicht. Für die Wahrheit der Details könnte ich nur Pogg als Zeugen anrufen, doch ist der leider zur Zeit unabkömmlich – für die nächsten fünf, sechs Jahre.

Robinson im Gefängnis

Der neue Selkirk brauchte keinen Juan Fernández, eine Robinsonei zu errichten, dem Städter genügte ein Bauernhof, dem Landmann ein Büro, beiden ein Gefängnis. Jeder hat die Sinne und Gliedmaßen seines Milieus und nur die, ein Schritt abseits vom gewohnten Wege, und Robinson versuchte, Ton zu brennen: du, ich, wir alle.

In jedem Menschen webt der Traum, ein Leben ganz von vorn zu beginnen, einschlafend überlegt der Mann: wie war es bei jenem Defoe? Und er verschmäht den billigen Ausweg, mit gescheitertem Schiff die Hilfsmittel heranzuschaffen; die Gewässer, die Höhlungen in den Erdfalten, die Tiere in Luft und Wasser, sie sind es, mit denen zu beginnen ist. Seine Hände allein und sein Kopf – und langsam ersteht dem Schiffbrüchigen eine schönere Welt. Schöner, da reiner; reiner, da unabgelenkt. So ist es.

Jeder Dichter, der ein Buch schreibt, träumt diesen Traum. Er träumt ihn hundertmal, er schreibt ihn fünfmal. Fünfmal behauptet er ihn und zwingt ihn, gegen eine ganze flatternde, flüchtige Welt wahr zu sein. Hamsun, Segen der Erde ... sieh doch das schöne Rund dieser Muschel, an ihre Ränder brandet die Welt, innen summt es wie sie, aber es summt neben ihr, außer ihr, es hat nichts gemein mit dem Tosen, das ewig vergeht und sich ewig erneut: es summt für sich.

Isak geht über das Feld und sät, er schlägt Holz, bricht Steine, aber als Isak in dieses Ödland ging, hatte er da nicht die Gliedmaßen, den Kopf, die dieser Heide- und Multebeerenboden verlangte? Wie wäre es, wenn du mit deinem Büro, du von der Drehbank, du vom Schaltpult, du von der Kanzel, wenn wir alle einmal in solches Ödland gingen?

Ich bin den Weg gegangen, die Zellentür schlug hinter mir zu, durch das Milchglas des kleinen Fensters sieht Robinson nur die Helligkeit des Lichts, nicht mehr den Himmel und seine Wolken. Vier weiße Wände, ein Schränkchen, ein Bett, ein Tisch, ein Schemel –: einmal noch ist es ihm, als brause die Welt draußen laut und lockend auf, sie verstummt, und eine kleine sachte Melodie hebt an, so leis, er hört sie erst kaum. Hörst du? Horchst du? Das bist du, dem es nie gelang, sich gegen all das draußen zu behaupten, der einmal erklang und lange verstummte und wieder einmal erklang und länger noch verstummte.

Nun wird es sich erweisen, ob du es machen wirst wie die Flüchtigen, die diese Tage, Wochen, Monate, Jahre hier nur durchwarten, fortstreichen mit dem Kalender, bis der Tag kommt, da die Tür sich wieder aufschlägt, oder ob du dich demütig hineinkniest in dieses Leben mit dem festen Vorsatz, es zu nehmen, wie es ist, dir nichts zu ersparen und ganz du zu werden in ihm. Nun wird es sich erweisen.

Da stehst du in deiner Zelle, und zwischen dir und dir ist nichts mehr. Keine Bücher, die dich doch immer nur von dir fortlockten, keine Menschen, die sich nur in dir spiegelten und nach ihrem Ebenbild dich umschaffen wollten, keine Geschäfte, die das Leben zu erhalten vorgaben und es nur vergessen ließen – nichts wie du und du.

Ach! wie alle menschliche Welt baut mich diese mit den kleinen Dingen auf. (Sie sind so klein und groß, wie du sie in dir werden lässt.) Vielleicht ist es dem andern Robinson gelungen, ein wenig Tabak in seine Zelle zu schmuggeln, er steht horchend: der Schritt des Wärters verklingt ferner, noch einmal klirren die Schlüssel, nun ist er allein. Er holt seinen Schatz hervor, ein Händchen voll Tabak, mit Zeitungspapier rollt er eine Zigarette und nun Feuer! Feuer! Er durchsucht seine Taschen: nichts. Er riecht an dem Tabak, der feine, ein wenig staubige Geruch regt seinen Hunger noch wilder auf: nichts. Er beginnt seine Zelle zu durchsuchen. Das dauert nicht lange. Könnte nicht ein Vorgänger ein Streichholz hier gelassen haben?

Und das Wunder geschieht ihm. Er flüstert: »Ein Wunder!« Zwar kein Streichholz ist's, was er hinter der äußersten Kübelecke findet, aber dies: ein Stück Feile, einen Feuerstein, zwischen Holz geklemmt und festgebunden, in einem Büchschen ein wenig angesengte Leinwand. Er begreift sofort: Stahl, Stein, Zunder. Er wird Feuer haben, gleich Feuer.

Er stellt sich an seinen Tisch. Er schlägt den Stein gegen die Feile, darunter stellt er die Büchse, dass die Funken auf den Zunder fallen können. Er schlägt einmal, zweimal, dreimal: nichts. Er schlägt stärker, der Stein rutscht aus der Holzfassung und fällt auf die Erde. Er begreift: er muss auch dies erst lernen, und unermüdlich steht er da und schlägt Stein und Stahl aneinander. Es wird dunkel. Einmal ist ein kleiner Funke aufgeglommen und erloschen. Es ist Nacht, noch pinkt er.

Müde geht er ins Bett, ein wenig Tabak im Munde, dessen Geschmack er leise in sich anschwellen lässt, und einschlafend fällt ihm Robinson ein, der, ganz wie er, ein hartes und ein weiches Holz gegeneinanderrieb, bis die Arme versagten, und der auch kein Feuer bekam. Von vorne anfangen, weiß er nun.

In die Anfänge der Sprache dringt er ein. Was er so oft gedankenlos hörte: sein Brot brechen, nun tut er es, da er kein Messer besitzt.

Der Sinn von Sprichwörtern geht ihm auf, als er sein schmutziges Wasser weggoss, ehe er reines hatte, nun muss er bis morgen früh um sechs warten.

Da ist Putzpulver, da ist seine zinnerne Waschschüssel, da

sind Lappen. Putzt man nass? Putzt man trocken? Wäscht man hinterher ab oder reibt nur den Staub herunter?

Er lernt. Eines Tages fliegt von seinem Stahl Funke um Funke, und der Zunder erglüht rot. Gegen Stein reibt er seinen Löffelstiel, und der schmal geriebene wird Messer. Die immer wieder geputzte Ofenkachel ist ein Spiegel, das Zinngeschirr glänzt, und die Geheimnisse wie Nass- und Trockenaufwischen sind ihm nicht verborgen.

Jeder solche Entdeckungstag ist ein Freudentag, seltsam, er hat das Gefühl, er habe wirklich etwas gewonnen, innerlich, er sei mehr geworden. Kannte er draußen diese Freuden? Kleines Leben? Geringes Leben? Wenn er im Kreise der andern, drei Schritt Abstand nach vorn, drei Schritt Abstand nach hinten, seine halbe Stunde im Freien abzottelt, umspannt sein Auge anders den Himmel mit Wolken und Sonne als damals, da er noch »frei« war. Damals war sein Auge gleichgiltig über Wald, Wasser und See geglitten, nun trägt er in seine Zelle den Himmel und das dürftige Gras und lässt sie leben in sich, und ein ganzer Sommer mit Blütenübersturz, mit triefendem Geäst, mit frohem Winken von Blau Wassers und Himmels baut sich in ihm auf.

Er ist so allein? Alle Welt ist um ihn. Die vergessenen Freunde kommen, und nun weiß er ihnen das rechte Wort, das er nie gewusst. Die Geliebte, die ihm entglitten, weil er nie die Zeit gefunden, seine Zärtlichkeit in sich reif werden zu lassen, wohnt in seinem Herz, und nun kennt seine Hand die rechte Schmeichelei und sein Auge den Glanz der Freude.

Vielleicht geschieht es ihm dann, dass er nach langen Monaten solcher Einsamkeit ein Mädchen sieht, im Vorzimmer eines Richters, vor dem Sitzungssaal etwa, in dem sie eben verurteilt wird. Sie weint fassungslos, aber immer wieder hebt sie den Kopf, und, Glanz im Auge, späht sie nach jener Tür, die ins Freie führt. Sie öffnet sich, Gerichtsdiener kommen und gehen, Polizisten, sie lässt den Kopf enttäuscht wieder sinken. Und schaut wieder hoch, und wieder erglänzt Hoffnung in ihren Augen. Man fragt sie, ob sie auf jemand wartet, und sie flüstert: »Die Amnestie! Die Amnestie.«

Dies geschieht ihm, und er sieht Robinson auf den Berg steigen und auf ein Segel hoffen, Tag um Tag. Kleine Menschen, armes, törichtes Mädchen!

Er geht in seine Zelle zurück. Nun wird es Nacht, er legt sich schlafen. Er ist sehr allein, und keinen braucht er. Aber vielleicht richtet sich an der Schwelle seines Traumes jenes verweinte Mädchen auf, und eine nicht minder törichte Hoffnung fragt leise, ob er noch einmal wird lieben dürfen –?

Anhang

Robinson im Gefängnis.

Erste Seite der bisher unbekannten Erzählung
»Robinson im Gefängnis«.

Die Wiederentdeckung der Akte über den Betrugsfall Hans Fallada aus dem Bestand des Gerichtsmediziners Ernst Ziemke

Von Johanna Preuß-Wössner

Der Aktenfund

Jeder, der forschend tätig ist – noch dazu in Archiven –, wird den Moment niemals vergessen, in dem er etwas lang Gesuchtes und noch dazu als verschollen Geltendes findet. Welch ein Gefühl der tiefsten Befriedigung und elektrisierenden Freude, wenn sich die eigene Hypothese als richtig erweist und zum Fund führt! Wenn jahrelange biographische Forschungsarbeit so endet – unbeschreiblich!

So war es auch im Fall des als verschollen geltenden gerichtsärztlichen (heute wohl eher: forensisch-psychiatrischen) Gutachtens über Rudolf Ditzen alias Hans Fallada aus dem Jahr 1926.

Die Quellenlage in Bezug auf das Strafverfahren von 1926 war bislang deutlich eingeschränkt. Die Akte zum Verfahren wegen Unterschlagung und Betrug einschließlich des psychiatrischen Gutachtens von Ernst Ziemke ließ sich nicht mehr nachweisen. Sie war mit der Geschäftsnummer 7 J 1042/25 durch die Staatsanwaltschaft Kiel an das Landesarchiv Schleswig-Holstein abgegeben worden, wo inzwischen jede Spur von ihr fehlte.

Im Wesentlichen war das Urteil des Verfahrens überliefert. Die Hauptverhandlung vor dem Landgericht Kiel endete mit einer Verurteilung des Angeklagten zu zweieinhalb Jahren Gefängnis. Diese Gefängnisstrafe wird immer wieder als »Lebenswende« bezeichnet, weil Fallada in der Haft zur Ruhe gekommen sei.[1] Danach war ihm ein Leben als freiberuflicher Schriftsteller möglich. Nicht zuletzt deshalb kommt dem Gutachten und dem Strafverfahren aus dem Jahr 1926 eine biographisch prägende Bedeutung zu (siehe hierzu auch das Nachwort von Peter Walther in diesem Band).

Doch nicht nur das maschinengeschriebene ärztliche Gutachten fand sich in dem aufgefundenen schlichten Papiereinschlag.[2] Die von Prof. Ernst Gustav Ziemke (1867–1935) angelegte und aufbewahrte Akte enthält neben handschriftlichen Gesprächsnotizen zur Exploration Falladas vor der Gutachtenerstellung u. a. auch Abschriften früherer psychiatrischer Begutachtungen sowie Abschriften von medizinischen Behandlungsunterlagen, einen bis dato völlig unbekannten handschriftlichen Brief des Untersuchungshäftlings an Ziemke, der ein neues Licht auf Fallada wirft,[3] dazu weitere Notizen des Gutachters sowie die Ladung zum Gerichtstermin u. Ä. Bedeutsam sind zudem die Abschriften von Teilen der Berliner Ermittlungsakte, die weiteres Licht auf Falladas Verhaftung 1925 in Berlin werfen. Es ist mit hoher Sicherheit davon auszugehen, dass diese Akten im Original heute nicht mehr existieren. Dass sie in der Gutachtenmappe bewahrt sind und so der Vernichtung entgingen, ist, wie noch beschrieben wird, eher ein Werk des Zufalls. Mit diesen Unterlagen können nun mehrere biographische Lücken gefüllt werden, nicht nur die Frage nach einer möglichen Manipulation des Gutachters durch Fallada, wie sie von einigen Autoren konstatiert wird[4] und von diesem selbst behauptet wurde, sondern auch die Frage nach dem exakten Ablauf seiner »Reise« ab dem Moment der Unterschlagung bis hin zu dem genauen Ort und Zeitpunkt seiner Verhaftung.

Doch damit nicht genug: Die Akte enthielt zudem die fünf in diesem Band veröffentlichten handschriftlichen Erzählungen Falladas, von denen zwei bisher gänzlich unbekannt waren.

1 Papierdeckel der Akte.   2 Ernst Ziemke, 1927.

Wie aber kam es dazu, dass eine solch umfangreiche Fallada-Akte im Bestand des Gerichtsmedizinischen Instituts in Kiel existierte? Es ist bekannt, dass Hans Fallada nach Straffälligkeiten in den Jahren 1911, 1925 und 1944 jeweils psychiatrisch bzw. gerichtsärztlich begutachtet worden ist. Die strafrechtlichen Vorwürfe waren durchaus unterschiedlich. Während es sich 1911 um einen als Duell getarnten gemeinsamen Selbstmordversuch handelte, bei dem der Freund starb (Tötung auf Verlangen), wurden ihm 1925 mehrfache Unterschlagungen vorgeworfen. 1944 ging es um eine Schussabgabe in Richtung von Falladas geschiedener Ehefrau Anna Ditzen. In diesem Umfeld sind die Vorwürfe von 1925/26 unter strafrechtlichen Gesichtspunkten die banalsten in Falladas Delinquenzgeschichte.

Während die Unterlagen der Jahre 1911 und 1944 im Original vorliegen und bereits ausführlich ausgewertet und publiziert wurden,[5] war das Gutachten von 1926 bislang unauffindbar und galt als verschollen.

Gutachter im Verfahren 1926, das bei der Staatsanwaltschaft
Kiel geführt wurde, war der dortige Gerichtsmediziner
Prof. Dr. Ernst Gustav Ziemke.

Ziemke, am 16. August 1867 in Stettin als Sohn eines
Schiffskapitäns geboren, studierte nach dem Abitur an ver-
schiedenen Universitäten Medizin. In Halle legte er 1892 das
Staatsexamen ab, erhielt im selben Jahr die Approbation als
Arzt und promovierte im Jahr darauf.

Ziemke war zunächst für zwei Jahre an der medizinischen
Universitätsklinik in Halle tätig, bevor er an das Pathologische Institut der Universität Tübingen wechselte. Nach wei-

3 Ernst Ziemke (hinten, 2. v. l.) als Student in Halle 1891 vor
der Medizinischen Klinik.

4 Ziemke 1903 als
Professor für Gerichtliche
Medizin in Halle.

5 Ernst Ziemke als
Reserveoffizier im Ersten
Weltkrieg.

teren Zwischenstationen absolvierte er eine psychiatrische
Ausbildung in der Städtischen Irrenanstalt in Dalldorf bei
Berlin. Von 1897 bis 1901 war er Assistent an der Unterrichtsanstalt für Staatsarzneikunde in Berlin bei Fritz Strassmann
(1858–1940), einem der bedeutendsten Gerichtsmediziner
der damaligen Zeit mit Strahlkraft bis heute und Autor eines
dauerhaft vergriffenen Lehrbuches, welches immer noch lesenswert ist. 1901 wurde Ziemke auf das Extraordinariat für
Gerichtliche Medizin an der Universität Halle berufen.[6]

1906 ging er als außerordentlicher Professor für Gerichtliche und Soziale Medizin an die Christian-Albrechts-Universität nach Kiel, wo er mit einer kurzen Unterbrechung bis
zu seinem Lebensende blieb. 1914 diente er im Ersten Weltkrieg als Chefarzt eines Reservelazarettes in Belgien und
Weißrussland, bis ihn 1917 die Universität Kiel reklamierte.
Im Krieg operierte Ziemke auch selbst, eine Kombination,
die heutzutage undenkbar wäre.[7]

Als er 1926 Hans Fallada während dessen Untersuchungshaft in Kiel begutachtete, hatte er bereits zwanzig Jahre die
Leitung des Kieler Institutes inne.

Wer sich mit der Geschichte der deutschsprachigen Gerichts- oder Rechtsmedizin der letzten 150 Jahre befasst, kommt an Ernst Ziemke nicht vorbei. Kennern der einschlägigen älteren Fachliteratur ist er als Autor zahlreicher wissenschaftlicher Arbeiten ein Begriff, sei es aufgrund der von ihm formulierten drei Hauptmerkmale einer offensiven Leichenzerstückelung,[8] sei es aufgrund seines Engagements in der Fachgesellschaft für Gerichtliche Medizin. Seine wissenschaftliche Biographie ist in verschiedener Hinsicht von Interesse. Als Nicht-Habilitierter wurde er relativ bald mit einem Extraordinariat betraut und erhielt zahlreiche weitere Rufe auf andere Lehrstühle. Auch war er in der politisch äußerst interessanten und für das Fach der Gerichtlichen Medizin fruchtbaren Zeit der Weimarer Republik tätig[9] und erlebte in seinem Amt die Machtergreifung der Nationalsozialisten, wobei er mit seinen duldenden und abwartenden politischen Positionen als typischer Vertreter weiter Kreise der bildungsbürgerlichen, aber auch der akademischen Welt gesehen werden kann.[10]

Dass Ziemke in dem Strafverfahren gegen Fallada 1926 als ortsansässiger Professor der Gerichtlichen Medizin mit der Begutachtung beauftragt wurde, ist nicht weiter verwunderlich. Während heutzutage das Fach Rechtsmedizin überwiegend mit der Untersuchung von Leichen und der Begutachtung von Gewaltopfern verbunden wird, wurden die Gerichtsmediziner in jener Zeit mit allen Fragen betraut, die ein Gericht stellte. Das heißt, wenn das Gericht oder die Staatsanwaltschaft eines medizinischen Sachverständigen bedurfte, wurde ein Gerichtsmediziner hinzugezogen. Diese Position hatte sich die Gerichtsmedizin als akademisches Fach jedoch hart erkämpfen müssen. Um die Jahrhundertwende bildeten sich zunehmend die medizinischen Fachrichtungen wie die Frauenheilkunde oder Neurologie heraus. Viele argumentierten, dass die Gerichtsmedizin keine »richtige«, eigenständige Disziplin sei, da jeweils Fachvertreter der klinischen

Disziplinen die Fragen eines Gerichtes beantworten könnten. Zur Begründung für die Gerichtsmedizin als eigenständiges Fach schrieb der Wiener Lehrstuhlinhaber Eduard von Hofmann (1837–1897): »Es ist ein schwerer Irrtum, daß, wenn sonst tüchtiges medizinisches Wissen vorhanden ist, sich dessen Anwendung für forensische Zwecke von selbst ergibt, und sonach der Lehre der Gerichtlichen Medizin nur eine nebensächliche Bedeutung zukommt.«[11] Selbst wenn diese Feststellung bis heute Bestand hat, war das Fach in den letzten Jahrzehnten deutlichen Strukturänderungen unterworfen.

In der heutigen Zeit mit ihrer zunehmenden Spezialisierung in der Medizin und dem Fortschreiten der Forschung könnte ein Sachverständiger allein die vielfältigen Fragen nicht mehr im erforderlichen Maße beantworten, so dass sich das Spektrum eines heutigen Rechtsmediziners eher verkleinert, zugleich aber spezialisiert hat.

Zu Ziemkes und Falladas Zeiten gab es Gerichtsmediziner wie Richard Kockel (1865–1935) in Leipzig, die »eine sehr umfassende Vorstellung von den Aufgaben der gerichtlichen Medizin«[12] hatten. Für Kockel gehörten zum Beispiel auch Untersuchungen wie Handschriftenvergleiche oder die sachverständige Prüfung von Geldspielautomaten, die inzwischen seit Jahrzehnten durch die Polizei und die Kriminalistik oder andere Bereiche bearbeitet werden, zur Gerichtlichen Medizin. Die Gerichtliche Medizin/Rechtsmedizin ist insofern immer auch ein Spiegel der Zeitgeschichte.[13] In ihr zeigen sich politische und gesellschaftliche Strömungen, die sich zum Teil auch in der Namensgebung der Institute widerspiegeln. So hießen die Institute vor 1945 zeitweise etwa »Institut für gerichtliche Medizin und medizinische Kriminalistik« oder auch »Institut für gerichtliche und soziale Medizin«. In der BRD hieß das Fach ab 1969 Rechtsmedizin. In der DDR blieb die alte Fachbezeichnung Gerichtliche Medizin bis zur Wiedervereinigung bestehen.

Auch Ziemke bearbeitete neben dem, was heute als »klassische« gerichtsmedizinische Tätigkeit gilt – Sektionen und Untersuchung von Toten –, Bereiche, die nicht mehr Bestandteil des Faches sind und auch zu seiner Zeit als Teil des Faches nicht unumstritten waren. So publizierte er einschlägige Arbeiten zu psychiatrischen Themen, darunter ein Lehrbuchkapitel zur verminderten Zurechnungsfähigkeit. Erst später, mit der Herausbildung medizinischer Spezialdisziplinen, wurden psychiatrische Fragestellungen in Strafverfahren nicht mehr von Gerichtsmedizinern bearbeitet. Heute erfolgen solche Begutachtungen durch forensische Psychiater.

Ernst Ziemke war ein ausgesprochen genauer, nahezu pedantischer Wissenschaftler und Gutachter – für einen Gerichtsmediziner nicht die schlechteste Eigenschaft. Kennzeichnend sind seine akribischen Dokumentationen. Während des Ersten Weltkriegs führte er nicht nur ein persönliches Tagebuch, sondern beschrieb auch bis ins Kleinste die von ihm im Feldlazarett durchgeführten Sektionen an Gefallenen bzw. an Verwundungen verstorbenen Patienten, was seltene Einblicke in die Kriegsmedizin bzw. -chirurgie im Zeitalter vor der Entdeckung des Penicillins erlaubt.[14] In seiner Kieler Zeit als Professor für Gerichtliche Medizin erwies er sich zudem als akribischer Sammler und Aufbewahrer. Er legte eine umfangreiche Bibliothek mit allen damals aktuellen Lehrbüchern seines Faches einschließlich der Publikationen im europäischen Ausland sowie eine umfangreiche anatomische Sammlung an. Außerdem existierte mit hoher Wahrscheinlichkeit eine umfangreiche Sammlung von fotografisch dokumentierten Fällen.

Vor diesem Hintergrund lässt sich erklären, dass Ziemke für eine eigentlich banale Begutachtung wegen Unterschlagung eine so umfangreiche Akte zu dem Fall Fallada anlegte.

6 Pathologisches Institut und Gerichtliche Medizin Kiel, 1935.

Dass er 1926 die Begutachtung durchgeführt hatte, war hinlänglich bekannt, und auch in seiner Familie wurde mündlich überliefert, dass er Fallada »geholfen« habe. Die Frage für die Herausgeberin, die sich biographisch-wissenschaftlich schon lange mit Ernst Ziemke befasste, bevor sie den Lehrstuhl für Rechtsmedizin in Kiel übernahm und damit seine Nachfolgerin im Amt wurde, war daher weniger, *ob* Ernst Ziemke die Akte und das Gutachten aufgehoben hat, sondern vielmehr *wo*.

Der Kieler Lehrstuhl für Gerichtliche Medizin ist einer der ältesten in Deutschland. Zu Ziemkes Zeiten befand sich das gerichtsmedizinische Institut zusammen mit dem Institut für Pathologie in einem Gebäude, in dem das Pathologische Institut noch heute angesiedelt ist. 1964 bezog die Gerichtliche Medizin einen Neubau, in dem sich das Institut für Rechtsmedizin nach wie vor befindet.[15]

Wenn man als Nachfolgerin auf einem ehrwürdigen Lehrstuhl das Glück hat, nicht auf Vorgänger zu stoßen, die geschichtsvergessen alles Alte entsorgt haben, weil es Platz wegnahm, bergen die Archive solch alter Universitätsinstitute wahre Schätze.

Die Unterlagen aus der Zeit Ziemkes waren bis 1989 vollständig und nach Themen und Jahren geordnet im Institut verblieben. Dann fragte der Lehrstuhlinhaber Günther Schewe (1930–1997) wegen Platzmangel im Landesarchiv in Schleswig an. Eine Mitarbeiterin des Archivs sichtete den gesamten Bestand und nahm mit, was sie als bedeutsam einstufte. Der Rest wurde: vernichtet. Welcher Art diese vernichteten Unterlagen waren, entzieht sich inzwischen jeder Kenntnis. Die Auslagerung nach Schleswig war in doppelter Weise ein Glücksfall, weil auch Schewes Nachfolger radikal »ausmistete«. So wurden weite Teile der umfangreichen Bibliothek und nahezu die gesamte Sammlung anatomischer Präparate bis auf wenige Teile, die sich in der medizinhistorischen Sammlung erhalten haben, entsorgt, zum Beispiel einzelne Fototafeln zu konkreten Fällen (meistens Tötungsdelikten), die Ziemke offensichtlich zu Lehrzwecken hatte anlegen lassen. Diese Geschichtsvergessenheit der »Entsorger«, die selbst vor über hundert Jahre alten Büchern nicht haltmachte, ist aus Sicht der Herausgeberin schwer nachvollziehbar.

Der »gerettete« Bestand in Schleswig ist bislang weder katalogisiert noch anderweitig erschlossen worden. Da es sich um eine thematische Ordnung handelt, war es nur für diejenige, die ungefähr wusste, was sie sucht, mit einem vertretbaren Zeitaufwand möglich, die Akte Fallada aufzuspüren. Sie befand sich in einem Stoß mit anderen Gutachten zur gleichen Fragestellung, nämlich dem Vorliegen oder Nichtvorliegen der Voraussetzungen des § 51 StGB. Diese Fragestellung der Zurechnungsfähigkeit ergibt sich auch aus der handschriftlichen Notiz auf dem entsprechenden Aktendeckel (vgl. Abb. 1). Selbiger Paragraf regelte, dass eine strafbare Handlung nicht vorliegt, wenn zum Zeitpunkt der Tat eine Bewusstlosigkeit oder eine krankhafte Störung der Geistestätigkeit bestanden hat, durch welche die freie Willensbil-

7 Ernst Ziemke, 1925. In einer weiteren Gutachtenmappe enthaltene Bleistiftzeichnung des Malers E. Piper, dessen Zurechnungsfähigkeit der Porträtierte ebenfalls beurteilte.

dung ausgeschlossen war. Aus dem Jahr 1926 haben sich von Ziemke 56 Gutachten erhalten, die er zur Frage des Vorliegens von § 51 StGB erstellt hat.

Bereits bei der ersten Durchsicht erstaunte der Umfang der Fallada-Akte im Vergleich zu den anderen Gutachten im gleichen Ordner. Fallada war um 1926 noch kein berühmter Schriftsteller, und es beeindruckt, mit welcher Akribie Ziemke diesen Fall bearbeitet hat. Diese Akribie haben wir jedoch bereits in anderen Zusammenhängen bei Ziemke und in seiner Arbeit beobachten können. Umfangreiche Recherchen stellte er in jedem Begutachtungsfall an; in diesem Fall erhielt er auf seine Anfragen aber auch viele Antworten. Aus der Familie und dem Umfeld des Angeklagten wurde ihm reichlich Material übersandt.

Auf der Maschinenabschrift eines Briefes des Beschuldigten an seine Eltern vom 27. September 1925, den er wohl nach seiner Verhaftung aus dem Berliner Gefängnis abschickte, finden sich Bleistiftunterstreichungen sowie eine handschriftliche Notiz mit der Bewertung einer brieflichen Wendung als Phrase (»ehrlichen Herzens«) – wobei es sich mit großer Wahrscheinlichkeit um einen Kommentar Ziemkes handelt. Dies kann als Hinweis darauf gedeutet werden, dass Ziemke das umfangreiche, ihm zur Verfügung stehende Material intensiv bearbeitet hat. Er las sogar Falladas Debütroman »Der junge Goedeschal«, wohl weil Falladas Tante Ada angegeben hatte, dass sie hierin »ein neues Krankenjournal von ihm selbst« sehe.[16]

Ziemkes Gutachten über Fallada

Das vom 14. Februar 1926 datierte maschinengeschriebene Gutachten gliedert sich in drei Abschnitte. Im ersten Teil werden die aktuellen strafrechtlichen Vorwürfe, die Vorgeschichte Falladas und der Inhalt der Vorgutachten umfangreich dargestellt. Dann folgen unter der Überschrift »Eigene Beobachtungen« der von Ziemke erhobene körperliche Untersuchungsbefund des Beschuldigten sowie der Inhalt der eigenen Befragung. Der dritte Abschnitt umfasst die Beurteilung und ist mit »Gutachten« übertitelt.

Unter den »Eigenen Beobachtungen« führt Ziemke neben den detaillierten Angaben Falladas zu den aktuellen Vorwürfen auch Tatbestände an, die ihm von dessen Eltern schriftlich mitgeteilt worden sind und die er offensichtlich dazu angefordert hatte. Darüber hinaus finden sich Berichte von Falladas Tante Adelaide (Ada), dem Leiter der Kartoffelbaugesellschaft Berlin Dr. Bischoff und der Gutsverwaltung Lübgust. Ziemke stützte sich also auf eine breite Basis fremdanamnestischer Vorinformationen.

In seiner Beurteilung macht er deutlich, dass aus seiner Sicht »keine Zweifel [bestehen], dass wir in dem Angeschuldigten einen entarteten Psychopathen vor uns haben«. Diese Bewertung deckte sich im Grunde völlig mit den früheren Einschätzungen Binswangers nach Falladas Selbstmordversuch 1911. Bei der Beurteilung des Schweregrades der Psychopathie in Bezug auf die Frage eines die Zurechnungsfähigkeit ausschließenden Zustandes krankhaft gestörter Geistestätigkeit im Sinne von § 51 StGB bezog Ziemke den Substanzkonsum mit ein und stellte die naheliegende Frage, ob Fallada erst durch den übermäßigen Alkoholkonsum die Straftaten begangen habe.

Er kommt jedoch zu dem Ergebnis, dass dem Alkohol lediglich eine konstellative Bedeutung zukomme und in ihm keineswegs die alleinige Ursache für die wiederkehrenden Straftaten zu sehen sei. Zudem hätten sich keine Hinweise auf eine Substanzvergiftung unmittelbar bei Tatbegehung gefunden. Ziemke zog als ein Argument auch Falladas Angaben zu früheren alkoholunabhängigen Unterschlagungen heran, die dieser nach späteren Aussagen wissentlich falsch gemacht haben will, um eine möglichst lange Haftstrafe zu erhalten und sie zum Entzug zu nutzen. Dies könnte, entgegen der Auffassung Neumärkers, die Annahme Mantheys stützen, dass es Fallada gelungen sei, Ziemke in dieser Hinsicht zu täuschen. Für das Ergebnis der Begutachtung ist es allerdings unerheblich, ob er die Angaben geglaubt hat, ob Fallada ihn also erfolgreich in die Irre geführt hat oder nicht, da Ziemke den Alkohol lediglich als zur Gesamtsituation hinzutretenden Faktor bewertete. Zu dieser Einschätzung kam er nicht aufgrund von Falladas Selbstbeschuldigungen, sondern durch die Zeugenaussagen, insbesondere der früheren Arbeitgeber Falladas, die aus Ziemkes Sicht keine Hinweise dafür boten, dass der Alkoholismus des Beschuldigten eine Geisteskrankheit im Sinne des § 51 StGB hervorgerufen habe. Ziemke sah darüber hinaus das Geschick, mit dem Fallada die Entdeckung der Unterschlagungen über längere Zeit verhindert hatte, in klarem Widerspruch zum Vorliegen eines Zustands krankhafter Störung. Unzweifelhaft sei jedoch, dass der Alkoholismus einen negativen Einfluss auf den Delinquenten hatte.

8 Das Strafgefängnis Neumünster. Datierung unbekannt.

Letztlich fand das Schöffengericht in Kiel die Darlegungen Ziemkes so überzeugend, dass es sich dessen Gutachten vom 26. März 1926 vollumfänglich anschloss und Fallada zu einer Gesamtstrafe von 2 Jahren und 6 Monaten Gefängnis wegen Unterschlagung in vier Fällen verurteilte. Die Haft verbüßte er im Strafgefängnis Neumünster

Falladas Brief an Ziemke

In der Gutachtenmappe ist ein handschriftlicher Brief enthalten, den Fallada am 4. Februar 1926 an Ziemke schrieb. In Ziemkes Gutachten findet sich kein Hinweis auf diesen Brief, obwohl er 10 Tage vorher datiert. In dem Brief begründet Fallada seine Aussageverweigerung, zu der es im Verlauf von Ziemkes Befragung gekommen war. Er legt dar, dass ihm der Charakter der Begutachtung durch Ziemke (nämlich als Sachverständiger) zunächst nicht bewusst gewesen sei. Er habe geglaubt, Ziemke sei an die ärztliche Schweigepflicht gebunden. Nachdem dieser ihm jedoch mitgeteilt habe, dass er Falladas Angaben vor Gericht vortragen müsse, habe er sich hintergangen gefühlt und befürchtet, dass seine Angaben vom Gericht überprüft würden.

Diese besondere Rolle des Sachverständigen in einem staatsanwaltschaftlichen Ermittlungsverfahren, die sowohl für den damaligen Gerichtsmediziner als auch für den heutigen Rechtsmediziner tägliches Brot ist, ist auch fast hundert Jahre später vielen Menschen, sogar ärztlichen Kollegen, nicht bewusst. Ein rechtsmedizinischer Sachverständiger erstellt sein Gutachten in den meisten Fällen im Auftrag der Staatsanwaltschaft. Es besteht daher kein »gewöhnliches« Arzt-Patienten-Verhältnis, und die Angaben, die der zu Begutachtende in der Befragung durch den Sachverständigen macht, unterliegen nicht der ärztlichen Schweigepflicht, vielmehr ist der Sachverständige gegenüber der beauftragenden Behörde auskunftsverpflichtet.

Fallada meinte zudem, dass ein weiterer Grund für seine Aussageverweigerung gewesen sei, dass ihn die gutachterlichen Fragen in Bezug auf den Brief an seine Eltern vom 27. September 1925, den Ziemke in seinem Gutachten ausführlich zitiert, zu sehr aufgewühlt hätten.

Im Januar 1928 beantragte Fallada kurz vor Ende der Haft die Wiederaufnahme des Verfahrens, wohl in der Hoffnung, dass die Vorstrafe aus seinen Akten getilgt werde. Der Antrag wurde vom Amtsgericht Kiel sowohl aus formalen Gründen als auch angesichts fehlender Beweiskraft der Angaben als unzulässig verworfen.

Resümee

Das Auffinden der Unterlagen des Gerichtsmediziners Prof. Ernst Ziemke zur Begutachtung von Rudolf Ditzen alias Hans Fallada aus dem Jahr 1926 ist sowohl aus medizinhistorischer als auch aus literaturgeschichtlicher Sicht bedeutsam und schließt nicht nur biographische Lücken. Der Akribie Ziemkes verdanken wir den Erhalt von fünf Geschichten Falladas, die in diesem Band zusammenhängend veröffentlich sind.

Mit seiner Erfahrung als Gerichtsarzt und seiner psychiatrischen Vorbildung war Ziemke als Gerichtsmediziner fraglos hinreichend für dieses Routineverfahren einer Unterschlagung qualifiziert. Die Darstellung von Cecilia von Studnitz, Ziemke habe dem Gericht die Anwendung des § 51 StGB empfohlen, kann als widerlegt angesehen werden.[17] Im Hinblick auf die Überlieferung der Familie Ziemkes, dass dieser Fallada »geholfen« habe, kann festgestellt werden, dass das Ergebnis der Begutachtung (zunächst) Falladas Wunsch entsprach, aber nicht auf einer Täuschung Ziemkes durch ihn beruhte.

Abschließend soll noch auf einen Umstand hingewiesen werden, der zumindest bemerkenswert erscheint: Fallada, der häufig autobiographische Aspekte in seinen Werken verarbeitete, hat in seinem Buch »Jeder stirbt für sich allein« (1947) den Namen Ziemke mit einer wenig schmeichelhaften Figur verbunden, und zwar mit der des Karl Ziemke, der im Bunker der Gestapo der Zellengenosse von Otto Quangel ist. Karl Ziemke wird von ihm als ein brutaler und gewissenloser Berufsmörder beschrieben, der im Auftrag der SS und dann auf eigene Initiative getötet hat und jetzt versucht, sein Leben zu retten, indem er den Wahnsinnigen spielt und sich wie ein Hund gebärdet.[18] Ob es sich hier um eine »späte Rache« oder Zufall handelt, mag wohl kaum jemand entscheiden.

Anmerkungen

1 Vgl. z. B. Jürgen Manthey: Hans Fallada mit Selbstzeugnissen und Bilddokumenten, Reinbek 2007, S. 65.

2 Gutachten Rudolf Ditzen, Landesarchiv Schleswig-Holstein (LASH), Acc34/89.

3 Johanna Preuß-Wössner, Jan Armbruster: Die forensisch-psychiatrische Begutachtung des Schriftstellers Hans Fallada durch den Gerichtsmediziner Ernst Ziemke im Jahr 1926. Archiv für Kriminologie, 245 (2020), S. 118–133.

4 Jürgen Manthey: Hans Fallada mit Selbstzeugnissen und Bilddokumenten, Reinbek 2013, S. 65; Jenny Williams: Mehr Leben als eins. Hans Fallada. Eine Biographie, Aufbau Taschenbuch, Berlin 2011.

5 Jan Armbruster, Stefan Orlob: Der Schriftsteller Rudolf Ditzen/Hans Fallada (1893–1947) aus dem Blickwinkel der Forensischen Psychiatrie. Archiv für Kriminologie, 242 (2018), S. 159–172; Daniel Börner: »Wenn Ihr überhaupt nur ahntet, was ich für einen Lebenshunger habe!«. Hans Fallada in Thüringen, Ausstellungskatalog (»Dokumentation« der Städtischen Museen Jena, 18), Hain-Verlag, Jena/Weimar 2010; Klaus-Jürgen Neumärker: Der andere Fallada. Eine Chronik des Leidens, Steffen, Berlin 2014; Stefan Orlob, Jan Armbruster: Pathographie von Rudolf Ditzen [Hans Fallada (1893–1947)]. In: Axel Karenberg, Ekkehardt Kumbier (Hrsg.): Schriftenreihe der Deutschen Gesellschaft für Geschichte der Nervenheilkunde, Bd. 19, Königshausen & Neumann, Würzburg 2013, S. 479–509; Christiane Witzke: Domjüch. Eine Landesirren-, Heil- und Pflegeanstalt in Mecklenburg, Steffen, Friedland 2012, S. 94–103; Peter Walther: Hans Fallada. Die Biographie, Aufbau, Berlin 2017.

6 Catalogus-professorum-halensis, Ernst Ziemke; Zugriff am 15. 3. 2020.

7 Johanna Preuß-Wössner, Eberhard Lignitz: Ernst Ziemke (1867 bis 1935) und die Urkatastrophe des 20. Jahrhunderts, Rechtsmedizin, 27 (2017), S. 500–505.

8   Ernst Ziemke: Über die kriminelle Zerstückelung von Leichen und die Sicherstellung ihrer Identität, Vjschr. gerichtl. Med., 56 (1918), Suppl., 270–318.

9   Tina Junker: Rechtsmedizin in der Weimarer Republik, Med. Diss., Greifswald 2010.

10 Ratschko stufte Ziemke in die Gruppe der politisch desinteressierten, den Nationalsozialismus tolerierenden bzw. partiell zustimmenden Medizinprofessoren ein. Ziemke war kaiserzeitlich geprägt und erschien im kargen Quellenmaterial politisch farblos, vgl. Karl-Werner Ratschko: Kieler Hochschulmediziner in der Zeit des Nationalsozialismus, Klartext, Essen 2014, S. 471 u. 500.

11 Zitiert n. Wolfgang Eisenmenger: Vorwort. 100 Jahre Deutsche Gesellschaft für Gerichtliche Medizin/Rechtsmedizin, hrsg. von Burkhard Madea, Heidelberg 2004.

12 Friedrich Herber: Sezierte Wahrheit. Aus den Annalen des Gerichtsmediziners Richard Kockel, Militzke, Leipzig 2000.

13 Burkhard Madea (Hrsg.): 100 Jahre Deutsche Gesellschaft für Gerichtliche Medizin/Rechtsmedizin, Eigenverlag 2004; Burkhard Madea, Johanna Preuß (Hrsg.): 100 Jahre Deutsche Gesellschaft für Rechtsmedizin – Entwicklung und wissenschaftliche Schwerpunkte, Shaker, Aachen 2004; Burkhard Madea (Hrsg.): Rechtsmedizin im Wandel, Lehmanns Media, Köln 2017; Burkhard Madea (Hrsg.): History of Forensic medicine, Lehmanns Media, Köln 2017.

14 Ziemke dokumentierte nicht nur die Verletzungen inklusive, wenn möglich, die Art der Verursachung, sondern auch den klinischen Verlauf bis zum Tod einschließlich des Sektionsbefundes, teilweise sogar mit Zeichnungen versehen, vgl. Johanna Preuß-Wössner, Eberhard Lignitz: Ernst Ziemke (1867–1935) und die Urkatastrophe des 20. Jahrhunderts, Rechtsmedizin, 27 (2017), S. 500–505.

15 Peter Schnoor, Manfred Oehmichen: Die Geschichte der Rechtsmedizin in Schleswig-Holstein. In: Burkhard Madea (Hrsg): 100 Jahre Deutsche Gesellschaft für Gerichtliche Medizin/Rechtsmedizin, Heidelberg 2004, S. 406.

16 Gutachten Rudolf Ditzen, LASH, Acc34/89.

17 Cecilia von Studnitz: Es war wie ein Rausch. Fallada und sein Le-
    ben, Droste, Düsseldorf 1997.

18 Hans Fallada: Jeder stirbt für sich allein. Roman, Aufbau Verlag,
    Berlin 2011, S 530–535.

Einer, der sich selbst entflieht

Die Irrfahrten des jungen Hans Fallada

Von Peter Walther

1

Am 26. März 1926 wird Rudolf Ditzen, der sich als Schriftsteller Hans Fallada nennt, wegen Unterschlagung in vier Fällen zu zwei Jahren und sechs Monaten Haft verurteilt. »Bei der Strafzumessung«, heißt es in der Urteilsbegründung des Landgerichts Kiel, »ist der ungeheure Vertrauensbruch des Angeklagten und die Raffiniertheit seiner Handlungsweise strafverschärfend, seine unglückliche Veranlagung strafmildernd berücksichtigt worden.«[1] Um die Zurechnungsfähigkeit des Angeklagten zu ermitteln, wurde der Gerichtsmediziner Ernst Ziemke (1867–1935) vom Gericht mit dessen Begutachtung beauftragt. Das lange für verschollen gehaltene Gutachten ist jetzt von der Rechtsmedizinerin Johanna Preuß-Wössner, einer Nachfolgerin von Ernst Ziemke, wiederaufgefunden und zusammen mit dem forensischen Psychiater Jan Armbruster erstmals ausgewertet worden.[2] Die Arbeit der beiden Wissenschaftler verdeutlicht, dass dieser Fund gleich einen doppelten Glücksfall darstellt: Zum einen geben die Unterlagen einen unverhofften Einblick in das Selbstverständnis Hans Falladas in jenen Jahren, als seine ökonomische Existenz als Schriftsteller vorerst noch ein Wunschtraum war. Zum andern ist es dem weit ausgreifenden Interesse des Gerichtsmediziners an der geistigen Entwicklung Falladas zu verdanken, dass sich in den Akten fünf Erzählungen erhalten haben, von denen zwei bisher unbekannt waren.

Das Gutachten selbst dokumentiert vor allem eins: den verzweifelten Kampf Falladas gegen die Anfechtungen seiner Süchte, einen Kampf, den er im überscharfen Bewusstsein seiner selbst und seiner Eskapaden führt. Liest man die Selbstauskünfte des Zweiunddreißigjährigen im Gutachten, die auch zahlreiche bisher unbekannte biographische Details enthalten, wirkt es beinahe so, als hätte man es mit zwei Personen zu tun: mit einer, die straffällig wird, die keine Gelegenheit auslässt, Lust zu gewinnen, um die Depressionen und das Gefühl der Einsamkeit (mit nachlassender Wirkung) zu betäuben, und mit einer anderen, die sich bei dem Versuch zuschaut, den Teufelskreis aus Einsamkeit und Depression, Aufschneiderei und Unterschlagungen zu durchbrechen, indem sie sich bewusst in die Unfreiheit, ins Gefängnis rettet. Es wird noch einige Jahre dauern, bis Rudolf Ditzen in Gestalt seiner Frau Suse jenen Halt findet, der ihm für einige Jahre, gewiss für die glücklichste Zeit seines Lebens, die Existenz als Hans Fallada ermöglicht, als Autor von Weltrang.

2

Schriftsteller zu werden war Rudolfs Ziel seit früher Jugend. Aufgewachsen im Haushalt eines hohen Richters, liest sich der Junge, von Schlaflosigkeit geplagt, quer durch die Weltliteratur. Seinen Eltern und Geschwistern gilt er als Sonderling, als Pechvogel – kaum ein Jahr seiner Kindheit vergeht, in dem er nicht an den schwerwiegenden Folgen eines Unfalls oder einer Erkrankung zu leiden hat. Auch sondert er sich durch Hochmut und schroffes Verhalten von der Familie ab. Wenn der Vater abends den Kindern Geschichten und Romane vorliest, fällt Rudolf das Zuhören schwer. Das Zusammensein mit Eltern und Geschwistern wirkt auf ihn wie eine Inszenierung, er spottet über das »*Familie-Spielen*«.[3]

Nach der Berufung des Vaters ans Kammergericht wechseln die Ditzens von Greifswald nach Berlin, wo Rudolf aufs Gymnasium kommt. Hier trifft er auf einen Lehrer, der ihm den Schulbesuch zur Hölle macht und seine schlechten Leistungen als Ausdruck eines »leichten Schwachsinns« deutet.[4] Erst ein Schulwechsel bringt Entspannung. Fortan gehört er zu den besten Schülern seiner Klasse. Daran ändert sich auch in Leipzig nichts, wohin die Familie nach Berufung des Vaters ans Reichsgericht zieht. Doch Rudolfs Pech aus Kindertagen verfolgt ihn weiter: Er wird von einem Pferdewagen überfahren, ist tagelang bewusstlos und leidet über ein Jahr lang an Schwindelanfällen, Kopfschmerzen und Konzentrationsschwäche. Kaum glaubt er die Folgen des Unfalls für überwunden, kehrt er im darauffolgenden Sommer, inzwischen siebzehnjährig, von einer Wandervogelfahrt mit einer Typhuserkrankung zurück, die alle alten Symptome verstärkt wieder hervorbringt.

Wurde schon der Dreizehnjährige von periodischen Depressionen heimgesucht, die ihn zu Selbstmordversuchen führten, kommen jetzt Zwangsvorstellungen hinzu.[5] So schreibt er anonyme Briefe mit Selbstbezichtigungen an die Mutter einer Mitschülerin, deren Vater ein Kollege von Wilhelm Ditzen am Reichsgericht ist. Rudolf behauptet in den Briefen, intime Kontakte zu seiner Mitschülerin zu unterhalten, was sich zur Affäre auswächst, als bekannt wird, wer der Briefschreiber ist. In Leipzig ist er unmöglich geworden. Auf eigenen Wunsch wechselt er nach Rudolstadt, um hier sein Abitur zu absolvieren.

Seit seiner Wandervogel-Zeit ist er maßlos nicht nur im Lesen, sondern auch im Schreiben. Zunehmend verengt sich seine Weltsicht aufs Literarische. Im Schreiben gelingt es Rudolf, seine innere Zerrissenheit zumindest eine Zeitlang zu vergessen. Die Breite seines literarischen Wissens gibt ihm aber auch ein Gefühl von Überlegenheit, das mit Überdruss und Lebensekel gepaart ist. Er teilt diese problematischen Empfindungen, zunächst nur brieflich, mit seinem Freund Hanns Dietrich von Necker. Als sich beide auf dem Gymnasium in Rudolstadt als Mitschüler begegnen, reift schon bald der Plan zu einem gemeinsamen Selbstmord, der als Duell getarnt werden soll. Im Oktober 1911 tötet der achtzehnjährige Rudolf wie verabredet seinen Freund, schießt sich, da er unversehrt geblieben ist, selbst zweimal in die Brust und überlebt nur knapp.

Dies ist der Tiefpunkt einer von Unglück, von inneren und äußeren Bedrängnissen verdunkelten Jugend. Schwer verletzt kommt Rudolf nach Jena. Hat er sich in Rudolstadt den unmäßigen Konsum von Tabak angewöhnt, wird hier, im Krankenhaus in Jena, ungewollt der Keim für eine neue Sucht gelegt: Man verabreicht dem Kranken Morphium gegen die Schmerzen. Die Mordanklage gegen Rudolf wird wegen Unzurechnungsfähigkeit fallengelassen, doch der Preis ist die Einweisung in eine geschlossene Anstalt.

Anderthalb Jahre verbringt er in der Heil- und Pflegeanstalt für Gemüts- und Nervenkranke in Tannenfeld bei Gera, lange bedroht von Selbstmordgedanken. Dann darf er eine Ausbildung als Landwirtschaftseleve auf dem benachbarten Gut in Posterstein beginnen. Die Zeit in Tannenfeld ist für ihn auf doppelte Weise prägend. Dreiundzwanzigmal wird er im Laufe seines Lebens Patient in Heilstätten und Sanatorien sein – in Tannenfeld übt er den Umgang mit dem medizinischen Personal, den Mitpatienten und den Usancen des psychiatrischen Betriebs ein. Zugleich weitet er mit Hilfe seiner Tante, der historisch und literarisch hochgebildeten Schwester des Vaters, seinen ästhetischen Horizont. In Gedichten und Novellen versucht er, die traumatischen Erlebnisse seiner Jugend zu verarbeiten, und entwickelt die exzessive Selbstbeobachtung zur literarischen Kunstform. »Ohne *ein großes Sterben geht's am Ende noch nicht ab*«, bemerkt Tante Ada ironisch über die schriftstellerischen Versuche ihres Neffen.[6]

Mit dem Abschluss seiner landwirtschaftlichen Ausbildung im August 1915 beginnt für den Zweiundzwanzigjährigen ein Leben in Selbständigkeit. Befreit vom Kriegsdienst, findet er nach Stationen in Pommern Arbeit bei einer Kartoffelbaugesellschaft in Berlin, der Stadt seiner Kinderjahre. Doch wie gewissenhaft er als »kleiner Kartoffelbeamter« seinen Aufgaben auch nachgeht – sein eigentliches Interesse gilt nach wie vor der Literatur.[7] In deren Zentrum rücken zunehmend erotische Themen. Erst jetzt, mit einigen Jahren Verspätung, hat er Gelegenheit, Bekanntschaft mit Frauen zu machen. Er verlobt sich mit einer Buchhalterin, die seinem erotischen Verlangen nicht nachzugeben bereit ist, und entlobt sich wieder. Eine Liaison mit der achtzehn Jahre älteren Antiquitätenhändlerin Lotte Fröhlich ist gleichfalls nur von kurzer Dauer.

Einschneidend dagegen ist Rudolfs Beziehung zu Anne Marie Seyerlen (1885–1971), der Frau des Schriftstellers und Gottfried-Benn-Freundes Egmont Seyerlen (1889–1972). Sie ermutigt ihn, sich vom Trauma seiner Jugend freizuschreiben. Doch ist es eine unglückliche Konstellation. Beide – Anne Marie, geplagt von Depressionen und einem schlechten Gewissen gegenüber ihrem Mann, und Rudolf, getrieben von seinem erotischen Begehren und dem Wunsch nach Behausung – überfordern einander. Das Drama kulminiert im Januar 1918 in einem Selbstmordversuch des Zurückgewiesenen.

Inzwischen hat Rudolf Gefallen am Morphium gefunden, mit dem er seine Depressionen betäubt. Im Frühjahr 1919 kommt Kokain hinzu.[8] Zusätzlich konsumiert er seit April 1920 Schlafmittel.[9] Halt findet er in dieser Zeit bei seinem

Freund Johannes Kagelmacher (1888–1952), zu dem er aufs Land flieht – einem Kauz, Sterndeuter und Bauern, mit dem man sich über Bücher unterhalten kann. Im Januar 1920 erscheint unter seinem Pseudonym Hans Fallada im Rowohlt Verlag der erste Roman von Rudolf Ditzen. »Der junge Goedeschal« ist ein Roman der eigenen Adoleszenz. Alle Nöte des Kindes und des Heranwachsenden sind hier gestaltet: die Außenseiterrolle, die Entfremdung von den Eltern, die »kalte Gerechtigkeit« des Vaters, Schulängste, sexuelle Bedrängnisse und die fehlende Aufklärung im Elternhaus. Das Buch wird ein Achtungserfolg, leben kann er von seinem Schreiben indes nicht.

Als sich Fallada im Januar 1921 in die Provinzialheilanstalt Stralsund selbst einliefert, liegen bereits drei Aufenthalte in Sanatorien hinter ihm, ohne dass der Morphiumentzug dauerhaft gelungen wäre. Seit einigen Monaten hat er sich auch noch das Trinken angewöhnt. *»Alle zehn, zwölf Wochen«* betrinkt er sich. Kagelmacher, bei dem er zwischen seinen Anstellungen häufig unterkommt, geht rigoros gegen den Alkoholismus seines Freundes vor, er sperrt ihn *»wegen Betrunkenheit 24 Stunden in einen eiskalten Kohlenkeller«*.[10] In den kommenden Monaten arbeitet Fallada als Rechnungsführer auf Gütern in Pommern, Westpreußen, Mecklenburg, Schlesien und Brandenburg und bleibt oft nur für wenige Wochen an einem Ort.

Längst reicht sein Einkommen für den »steigenden Bedarf an Narcoticis« nicht mehr aus.[11] Auf dem niederschlesischen Gut Neu Schönfeld nahe Bunzlau, wo er als Rendant angestellt ist, schafft Fallada Vorräte beiseite, veräußert sie und setzt den Erlös in Schnaps um. Als die Unterschlagungen im September 1922 entdeckt werden, zieht er weiter. Den Gutsbesitzer versucht er mit einem erpresserischen Brief von der Strafverfolgung abzuhalten: *»Sollten Sie gesonnen sein, mir aus diesem vorzeitigen Weggang Schwierigkeiten zu machen, so* möchte ich Sie darauf aufmerksam machen, dass ich in der Lage bin, Ihnen größere Schwierigkeiten zu bereiten. Das Finanzamt hätte zweifellos lebhaftes Interesse an Ihrer etwas lückenhaften Buchführung, an der auch spätere Korrekturen nichts ändern können, da der Abschluss ja bereits im Besitze des Finanzamtes ist. Unterlagen stehen mir zur Verfügung.«[12]

Im Jahr darauf kommt es zum Prozess in Bunzlau, bei dem Fallada »wegen fortgesetzter Unterschlagung« zu sechs Monaten Gefängnishaft verurteilt wird, die er jedoch erst ein Jahr später antreten muss. In der Zwischenzeit arbeitet er auf Gütern in Marzdorf in Westpreußen, im ostbrandenburgischen Radach und Drossen und verfolgt weiter seine literarischen Ambitionen. Im Dezember 1923 erscheint Falladas zweiter Roman, »Anton und Gerda«, die Liebesgeschichte eines ungleichen Paares, eines etwa dreißigjährigen Dichters, der bei Freunden auf dem Lande lebt, und einer älteren Prostituierten. Zum literarischen Durchbruch verhilft ihm das nicht, keine 500 Exemplare des Buchs können abgesetzt werden.

Ein knappes halbes Jahr sitzt er im Gefängnis in Greifswald. Nach seiner Entlassung gewöhnt er sich schnell wieder an Alkohol. In einem Brief an die Eltern, der sich in den Unterlagen zur Verhandlung in Kiel erhalten hat, kommt Fallada auf die Gründe seiner Sucht zu sprechen: »Ich habe mit Mutti manches Mal davon geredet, dass die Menschen mich auf der Strasse so peinigend anschauen, dass ich keine rechten Freunde habe, dass die schönste Freundschaft bei mir in kürzester Zeit vorbei ist. [...] auch damals, auf Rügen, merkte ich, sie wollten mich nicht, und da kam langsam und schwer die Traurigkeit. Ich war wehrlos gegen sie, und, um sie zu vergessen, fing ich immer häufiger an zu trinken. Wenn ich dann warm wurde im Trinken, dann schien mir alles leichter [...].«[13]

In dieser Zeit ist Fallada mit mehreren literarischen Vorhaben parallel beschäftigt. Er schreibt an »Ria. Ein kleiner Roman«, schließt im November 1924 den Roman »Im Blinzeln der großen Katze« ab, verfasst Aufsätze und Erzählungen, bietet Rowohlt ein »Tierbuch« an und plant eine »Morphium-Novelle«. Er trägt seinen Eltern den Plan vor, freiberuflich als Schriftsteller zu arbeiten, da sein Verleger sich verpflichtet habe, *»für ein Jahr lang eine auskömmliche Monatsrente zu zahlen«.*[14] Die Eltern sind bestürzt: *»Sie dachten an mein Schriftstellerjahr in Berlin, in dem ich mir das Morphium angewöhnt hatte«,* berichtet er dem Gutachter Ziemke. Schließlich gibt er dem Drängen der Eltern nach und nimmt zum 1. April 1925 eine Stelle als Rendant auf dem Gut im hinterpommerschen Lübgust an. Die Gutsverwaltung ist zufrieden mit ihm, er verrichte seine Büroarbeit mit *»Überlegung und Umsicht«,* allerdings sei er *»oft sinnlos betrunken gewesen«.*[15] Er selbst erinnert sich daran, dass es ihm gefallen habe, *»den großen Herren«* zu spielen und *»alle frei zu halten, zu erreichen, dass jeder ehrfurchtsvoll auf sein trunkenes Geschwätz gehört habe«.*[16]

Selbstverständlich übersteigt dies auf Dauer seine finanziellen Möglichkeiten. Fallada bedient sich aus der Gutskasse. Erst glaubt er noch, die Differenz ausgleichen zu können, und legt Quittungen über die entnommenen Beträge in die Kasse. Dann findet er eine andere Lösung, er richtet eine zweite Kasse ein und nimmt falsche Buchungen vor: *»Ich habe sie mit voller Ruhe und Kühle, ohne jede Trunkenheit vorgenommen«,* berichtet er später.[17] Ehe die Fälschungen auffliegen, entschließt er sich fortzugehen, um sich fernab in Neuhaus in Schleswig *»ein neues Leben«* aufzubauen. Das »neue Leben« beginnt mit einer Lüge: Um seine Haftzeit in Greifswald zu kaschieren, frisiert er das Arbeitszeugnis, das ihm Kagelmacher ausgestellt hat, und fälscht dessen Unterschrift. Für die Reise nach Neuhaus zum Vorstellungsgespräch entwendet er 800 Mark aus der Gutskasse in Lübgust, wenig später erhält er dort die Kündigung wegen Trunkenheit. »*Der andere in mir, der Trinker, der hat in mir alles ver-dorben*«, erklärt er im Rückblick. »*Also weggehen … Aber wo-hin? Ging ich etwa von dem Trinker fort? Ihn nahm ich mit und, was das Schlimmste war, er hinderte mich daran, in mei-ner Kunst zu schreiben.*«[18] Am 1. Juli 1925 tritt Fallada die Stelle als Rechnungsführer in Neuhaus an.

3.

Der neue Rendant auf dem Gut des Reichsgrafen von Hahn hat in nur wenigen Wochen das Wohlwollen und Vertrauen des Inspektors Gero-Gottfried Hoffmann gewonnen. Fallada fügt sich schnell ein in den »*sehr fröhlichen Kreis wohlerzoge-ner und geistig sehr regsamer junger Menschen*«, der sich all-abendlich beim Inspektor zusammenfindet. Sein Vorgesetz-ter ist von der »*außerordentlichen Verstandesschärfe und großen Geistesbildung*«, von der »*umfassenden Geschäftskenntnis*« sei-nes Angestellten beeindruckt, er betraut ihn bedenkenlos mit Aufgaben, die eigentlich der Geschäftsführung vorbehalten sind.[19] Es gibt allerdings auch Irritationen. Einmal verspricht der junge Rendant dem Kutscher, mit dem er sich angefreun-det hat, 100 Mark, »*wenn er ihm ein bestimmtes Mädchen zum Geschlechtsverkehr besorge*«.[20] Die junge Frau beschwert sich beim Inspektor, der den Untergebenen in die Schran-ken weist. Auch entgeht es Hoffmann nicht, dass der neue Rechnungsführer dem Alkohol mehr als nur mäßig zu-spricht. Doch was zählt das schon gegen dessen »*tadellose Kinderstube*«?[21]

Am 11. September 1925 schickt Fallada eine Postkarte an den Reichsgerichtsrat a. D. Wilhelm Ditzen in Leipzig: »Lie-ber Papa, ich nehme an, dass Du jetzt von Mama verlassen zu Haus sitzt, und sende Dir in Deine Einsamkeit die schöns-ten Grüße, und an Deine Pflegerin Rosa. Ich bin heute durch dieses schöne Land in ›unserem‹ Auto gefahren, es ist wirklich herrlich. Aber ich bin ein bisschen reisemüde, in den letzten 3 Wochen bin ich kaum 2 Tage hintereinander zu Haus gewesen. Morgen muss ich nach Kiel. Dann hoffentlich Ruhe. Schönste Grüße Dein R.«[22] Am folgenden Tag, einem Sonnabend, macht sich Fallada auf den Weg nach Kiel zum Getreidehändlertag. Er hat sich Urlaub bis zum Sonntagabend genommen. In Kiel soll er einen Wechsel über 6780 Mark zugunsten des Guts einlösen.

Was in den kommenden Tagen geschieht, war bisher nur in einer literarisierten Variante überliefert. Fallada schilderte das Geschehen im Abstand von etwa fünf Jahren in seiner Erzählung »Drei Jahre kein Mensch«. Folgt man dieser Schilderung, so ging er eine Wette mit sich selbst ein, als er bei seiner Abreise nach Kiel ein paar hundert Mark aus der Gutskasse entwendete: »Verlumpe ich die wieder restlos, so heißt das Schluss. Bringe ich die Abhebung heil nach hier, so gibt es noch ein Weiterkommen, ein aufwärts.«[23] Jahrelang schon liegt er an der »Kette der Sucht«. Geld zu beschaffen für den »Dämon Gift« gelingt ihm nur durch geschickte Betrügereien.

So hebt die Geschichte an, und man ahnt, dass es in Literatur und Leben immer nur die eine Richtung gibt, in die das Geschehen treibt: die von der Mitte an den Rand der Gesellschaft, in die moralische Isolation, auf den biographischen Tiefpunkt zu. Dank der wiederaufgefundenen Unterlagen aus dem Nachlass des Gerichtsmediziners Ernst Ziemke lassen sich jetzt die Stationen dieser rasanten und schauplatzreichen Talfahrt, die nicht länger als eine Woche dauerte, anhand von Falladas eigenen Aussagen authentisch nachvollziehen.

In Kiel löst Fallada am Sonnabend, dem 12. September 1925, bei einer Bank den Wechsel über 6780 Mark ein, überweist einen Teil des Geldes auf das Gutskonto und deponiert aus Furcht, die Summe anzureißen, die verbleibenden 4000 Mark in einem Schließfach im Hansa Hotel, wo er abgestiegen ist. Zusammen mit weiteren 750 Mark in bar, die er der Gutskasse entnommen hat, verfügt er nun über eine stattliche Reisekasse, nach heutigem Wert etwa 18 000 Euro.[24] Am Abend lenkt er seine Schritte in das Haus Wall 72 in Hafennähe. Hier hatte er sich schon sechs- bis siebenmal in den vergangenen Wochen aufgehalten. Er ist verliebt in das Fräulein Sievertsen, das an diesem Tag jedoch im Krankenhaus liegt. Dafür empfängt ihn Fräulein Knaprath, ein anderes »Kontrollmädchen«, wie die Prostituierten im Polizeijargon genannt werden. Fallada trinkt viel im Bordell, er ist freigiebig. *»Er könne sich noch erinnern, dass er nach dem Geschlechtsverkehr mit dem Mädchen wieder ins Gesellschaftszimmer gegangen sei und weitergekneipt habe. Wie er ins Hotel zurückgekommen sei, wisse er nicht«*, gibt er später gegenüber Ziemke an.[25]

Am nächsten Morgen entdeckt er, dass seine Brieftasche leer ist. Von den 750 Mark ist nichts mehr übrig, er kann nicht einmal mehr seinen Kaffee bezahlen. Da er so früh noch nicht an das Schließfach kommt, leiht er sich vom Kellner 200 Mark. Immerhin kann er sich erinnern, Fräulein Knaprath am Vorabend einen Sonntagsausflug versprochen zu haben. Er bestellt für 10 Uhr ein Taxi, fährt mit ihr hinaus nach Holtenau, dann nach Schilksee, wo sie sich ein Ruderboot ausleihen, bis sie vor dem Mittag wiederum mit einem Taxi zurück ins Hansa Hotel fahren. Dort speisen sie gemeinsam, und Fallada lässt sich das Geld aus dem Schließfach geben. Mittlerweile hat er in nicht einmal vierundzwanzig Stunden das Fünffache seines Monatseinkommens verprasst.

Nach dem Mittagessen kehrt er mit seiner Begleiterin ins Bordell zurück. Hier habe er sich, wie Fräulein Knaprath berichtet, *»bis gegen 7 Uhr mit ihr und 2 anderen Kontrollmäd-*

chen [...] auf ihrem Zimmer geschlechtlich amüsiert«.[26] Er belohnt alle drei großzügig, bestellt sich ein Taxi zum Bahnhof, löst eine Fahrkarte nach Hamburg und verabschiedet sich von seiner Begleiterin, die beobachtet, wie Fallada sein Geld zählt und noch etwas mehr als dreitausend Mark übrig hat. Hamburg ist die nächste Station seiner Reise, die von hier an mehr und mehr zur Flucht wird. Es ist Sonntagabend, sein Urlaub ist vorbei, er müsste zurück in Neuhaus sein. Stattdessen quartiert er sich in einem Hamburger Hotel ein und besucht anschließend ein Bordell in Altona.

Frühmorgens, inzwischen ist es Montag, lässt sich Fallada im Taxi durch die Innenstadt chauffieren und nimmt dann um neun Uhr ein Flugzeug nach Berlin. In der Maschine muss er sich übergeben, das Erbrochene sickert in seine Kleidung ein. Er kauft sich in Berlin im Kaufhaus Wertheim einen neuen Anzug und steigt noch am Abend des gleichen Tages in den Schlafwagenzug nach München. Am nächsten Morgen bezieht er dort ein Hotelzimmer und schläft sich aus, fährt daraufhin ziellos in der Stadt herum, besucht eine Theatervorstellung, die er bereits nach dem 1. Akt wieder verlässt, lädt ein Barmädchen zu einem Ausflug nach Schleißheim ein und kehrt am Abend ohne Begleitung ins Hotel zurück. Er nimmt sich keine Zeit zum Atemholen, quer durch Deutschland treibt es ihn. Mit dem Zug geht es weiter nach Leipzig, wo er am Abend ein Bordell besucht. Hier habe er *»zwei Mädchen gehabt«.*[27]

Längst ist Hoffmann in Neuhaus unruhig geworden. Während Fallada zwischen Hamburg, Berlin, München und Leipzig irrlichtert, zeigt der Inspektor dessen Ausbleiben bei der Polizei an. Dass sein Rendant Geld unterschlagen haben könnte, hält er für ausgeschlossen, er fürchtet stattdessen, dieser könne Opfer eines Verbrechens geworden sein. Telefonische Auskünfte des Portiers im Hansa Hotel ergeben, dass Fallada das Haus bereits am Sonntagnachmittag verlassen habe. Am Mittwoch benachrichtigt Hoffmann die Mutter seines Angestellten von dessen Verschwinden. Er hofft »auf baldige günstige Aufklärung«.[28] Nachdem Hoffmanns weitere Recherchen ohne Ergebnis bleiben, überprüft er die Rechnungsbücher und stellt einige Fehlbuchungen fest. Jetzt entschließt er sich, das Zimmer Falladas zu durchsuchen, und entdeckt dessen Entlassungspapiere aus dem Gefängnis in Greifswald. Er ist alarmiert und setzt sich erneut mit den Eltern des Vermissten in Verbindung, nunmehr in der Überzeugung, von seinem Angestellten hintergangen worden zu sein.

Fallada zieht es währenddessen zurück nach Berlin. Nach seinem Bordellbesuch in Leipzig überbrückt er die Wartezeit in einem Weinlokal und nimmt morgens einen Zug in die Hauptstadt, wo er im Hotel Sedan am Askanischen Platz unterkommt. Er rechnet damit, dass man bereits nach ihm fahnde und er im Hotel festgenommen werde, da er hier öfter absteigt. Aber nichts passiert. Er schläft sich aus und besucht eine Revue im Admiralspalast, tingelt durch einige Bars und landet spätabends wieder im Hotel.

Falladas Geisterfahrt nähert sich ihrem Ende. In den vergangenen Tagen hat er kaum etwas gegessen, dafür Unmengen Alkohol getrunken und sich oft übergeben. Er nimmt am nächsten Morgen ein Bad im Bahnhof Friedrichstraße, besucht am Nachmittag wieder einige Bars und beschließt, als das Geld fast aufgebraucht ist, sich auf der Polizeiwache am Bahnhof Zoo zu stellen. Doch erlebt er, dass es schwieriger als gedacht ist, sich festnehmen zu lassen. Die Beamten schenken der Selbstanzeige des Alkoholisierten keinen Glauben. Er fährt mit einem Taxi zum Polizeipräsidium am Alexanderplatz und wiederholt seine Selbstbezichtigung. Erst jetzt, am Freitag um 23 Uhr 15, wird er festgenommen.

Als er nach Mitternacht allein in seiner Zelle sitzt – seit seiner Abreise aus Neuhaus ist keine Woche vergangen –, hat

er die Wette gegen sich selbst längst verloren. »*Ich habe un-*
terschlagen, nicht, um Geld an mich zu bringen, sondern um
eine lange Gefängnisstrafe zu erhalten. Ich sehe darin meine
einzige Rettung«, bekennt er gegenüber Tante Ada.[29] Und die
Eltern bittet er: »*Versucht, wenn nicht, mich zu verstehen, so*
doch das nachzufühlen, dass ich weniger schlecht vielleicht als
schwach bin [...].«[30]

4.

Es sind qualvolle Tage der Alkohol- und Nikotinabstinenz,
die Fallada im Untersuchungsgefängnis in Moabit zubringt.
Rowohlt-Lektor Paul Mayer, der ihn hier besucht, erinnert
sich: »Ein Gitter trennte den Häftling vom Besucher. Ein
Wachtmeister überwachte das Gespräch. Zehn Minuten dauerte die Sprechzeit. Als ich sagte, ein Teil der zu erwartenden
Strafzeit würde ihm wohl erlassen, erwiderte Fallada: ›Das
wäre gar nicht nach meinem Wunsch. Die zwei Jahre, die mir
gebühren, will ich durchhalten. Das ist für mich die endgül-
tige Alkohol-Entziehungskur.‹ Als neun Minuten verstrichen
waren, sah der überwachende Beamte auf die Uhr.«[31] Fallada
behauptet in den Vernehmungen, bereits in Posterstein und
Stettin Geld unterschlagen bzw. Bestechungsgelder angenommen zu haben. Zumindest in Posterstein hätte er Gelegenheit dazu gehabt, da er hier für die Lohnbuchhaltung zuständig war.[32] Absichtlich verlegt er diese Delikte in die Zeit
vor seinem Morphiumkonsum, um als zurechnungsfähig zu
gelten und der Gefahr zu entrinnen, nach seiner Vorgeschichte in Rudolstadt lebenslang in eine geschlossene Anstalt eingesperrt zu werden.

Die Familie ist längst durch Briefe des Gutsinspektors Hoffmann an Rudolfs Mutter alarmiert. Gewissheit erhält sie
durch ein Telegramm aus Neuhaus am 20. September: »*ber-*

lin selbst gestellt brief folgt = hoffmann«.[33] Wilhelm Ditzen ist schockiert, er ist gesundheitlich angeschlagen und möchte die Angelegenheit von sich fernhalten. Auf sein Bitten wird Rudolfs Schwager Fritz Bechert, der als Anwalt in Zittau tätige Mann seiner Schwester Margarethe, mit der Vertretung der familiären Interessen gegenüber Staatsanwaltschaft und Geschädigten betraut. In Neuhaus packt Inspektor Hoffmann die Sachen des Rendanten Ditzen zusammen. Das amtliche Verzeichnis enthält u. a. »5 Anzüge, 3 Mäntel, 17 Schlipse, 1 Fotoapparat Jka Nr. 224, Kopierrahmen, 82 Bücher«.[34] Jetzt setzt ein reger Briefwechsel zwischen den Parteien ein. Es geht um die Höhe von Rückforderungen, um das gefälschte Arbeitszeugnis von Kagelmacher und die Einlösung von Falladas persönlichen Sachen. Von Berlin-Moabit wird der Gefangene zur Untersuchungshaft nach Kiel überstellt. Von dort schreibt Rudolf an Tante Ada: »So vielleicht darf ich aber wohl sagen, daß es mir seelisch gut geht, besser als jemals in den letzten Jahren, so seltsam das auch klingen mag.«[35] Den schwierigen ersten Teil der Entziehung hat Fallada zu dieser Zeit schon hinter sich. Er bezichtigt sich in den Vernehmungen absichtlich der Veruntreuung einer Summe, die höher als die tatsächliche ist, allein in Lübgust will er 5000 Mark unterschlagen haben. Nachforschungen ergeben dort lediglich einen Fehlbetrag von 1090,89 Mark, über den der Graf von Rohr einen Zahlungsbefehl erlässt.[36]

Der mit der Begutachtung von Falladas Zurechnungsfähigkeit beauftragte Ernst Ziemke holt nun umfassende Auskünfte bei Familienmitgliedern, früheren Arbeitgebern und beim Angeklagten selbst ein. Befragt werden Falladas Tante Ada, seine Schwester Elisabeth, sein Chef bei der Berliner Kartoffelbaugesellschaft, die Gutsverwaltung in Lübgust, Inspektor Hoffmann in Neuhaus, aber auch das *»Kontrollmädchen Knaprath«.* Außerdem wertet Ziemke Briefe von Bechert an den Oberstaatsanwalt in Kiel, Notizen von Wilhelm Ditzen, Briefe Falladas an seine Eltern und seine Tante sowie Akten der Provinzialheilanstalt in Stralsund und des Landgerichts in Bunzlau aus. Gelesen hat er auch das in der Stralsunder Krankenakte in Abschrift enthaltene Gutachten seines Jenenser Kollegen Binswanger, der Rudolf nach dem Duell in Rudolstadt 1911 eine »degenerierte konstitutionelle Psychopathie« bescheinigte. Die Fallhöhe von »außerordentlicher Verstandesschärfe« und moralischer Bedenkenlosigkeit muss Ziemke an Fallada beeindruckt haben. Im Gutachten notiert der Gerichtsmediziner: »Er sagt selbst, dass es Begriffe wie Ehre, Scham, Schande für ihn nicht gebe, die fürchterliche Gefühlsduselei könne er nicht vertragen, auch für seine Eltern fühle er keine besondere Liebe; am liebsten sei es ihm, wenn sie ihn ganz laufen liessen, mit seinen Geschwistern habe er schon gar nichts im Sinne, er stehe ihnen fremd gegenüber; die bürgerlichen Begriffe Pflichttreue, Eigentum empörten ihn; er halte die Eigentumsbegriffe für ein brutales Unrecht.«[37]

Lässt sich Falladas Verhalten als Ausbruchsversuch aus der Saturiertheit seiner bürgerlichen Herkunft verstehen? Geht es um das spätpubertäre Abstoßen vom väterlichen Vorbild, das zu erreichen außerhalb seiner Reichweite liegt? Sind die sexuellen Eskapaden pure Lustbefriedigung oder der forcierte Ausdruck erotischer Libertinage? In welchem Zusammenhang steht all das zur psychopathologischen Vorbelastung Falladas, zu seiner Abhängigkeit von Suchtmitteln, und wie glaubhaft sind überhaupt dessen Aussagen? Der Gutachter formuliert den Vorbehalt, dass es sich bei den Selbstauskünften Falladas auch um »Augenblicksäußerungen« handeln könne.[38] Von dessen Schwager Fritz Bechert hat Ziemke erfahren, dass sein Patient »eine sehr starke Neigung zum Dichten« habe und »dass er Darstellungen auch einfacher Art ohne irgend ersichtlichen Grund erfindet«.[39] Der Gutachter unternimmt es, die komplizierte Gemengelage im Hinblick auf seine gerichtsmedizinische Fragestellung zu ergründen. Im Mittelpunkt stehen dabei jene Zwangsvorstellungen, mit denen der junge Rudolf in Phasen der Depression seit seiner frühen Jugend zu kämpfen hat und die auch von den Ärzten in Stralsund 1921 diagnostiziert wurden. In der dort angelegten Krankenakte heißt es über Fallada: »*einseitig begabt, umfassendes Wissen in Literatur / [...] / Gefühl von Sattheit – gegen Lebensüberdr[uss] ankämpfen / fasst leicht auf – Zwang sich in die Fensterscheibe zu stürzen / Zwangsideen, Schwermut, und Sattheit – dumpfer Druck im Hinterkopf [...]*«.[40] Und an anderer Stelle: »*In der Depression unschlüssig, Druck im Kopf aus Einsamkeitshang – ›einer der sich selbst entflieht‹ [...].*«[41]

Tante Ada sowie Vater und Schwager deuten Rudolfs Eskapaden als Versuch, sich auf die eine oder andere Art Stoff für seine Literatur zu verschaffen. Damit zielen sie jedoch an dessen unerkanntem Leiden vorbei, zumal der Zusammenhang von Literarischem und Biographischem, zu dem auch seine Zwangsideen gehören, bei Fallada viel komplexer ist. Bereits der Jugendliche flieht in eine literarische Parallelwelt, die von Beginn an Züge der eigenen Wirklichkeit annimmt, während er die ihn umgebende Realität häufig nur noch als eine literarische wahrnimmt. Das Schreiben hat für ihn in diesen frühen Jahren eine therapeutische Komponente, es wird zum Medium der Selbstbeobachtung, das bis ins Intimste zielt. Schon in frühen Jahren hatte Rudolf kaum Scheu, direkt oder auf dem Umweg über seine Literatur Auskunft über sein Sexualleben zu geben.[42] Sicher ist die Freizügigkeit, mit der er sexuelle Themen anspricht, auch der Opposition gegen eine Atmosphäre der Prüderie und Scheinheiligkeit geschuldet, in die er hineingewachsen ist. So gibt er gegenüber den Stralsunder Ärzten und dem Gutachter Ziemke detailliert Auskunft über seine sexuellen Vorlieben. Er erwähnt eine homoerotische Episode und behauptet außerdem, im Zuge von

Zwangsvorstellungen sodomitische Neigungen ausgelebt zu haben.

Es lässt sich nicht mehr klären, ob die von ihm behaupteten Neigungen einen realen Hintergrund hatten oder ob sie dem Arsenal seiner lustvollen Provokationen zuzurechnen sind. Immerhin ziehen sich Spuren des Themas durch die Akten und finden sich an verschiedenen Stellen auch in Falladas Werk.[43] Aber schon der Psychiater Arthur Tecklenburg, den Rudolf 1913 in Tannenberg um Heilung von seinen angeblichen Neigungen durch Hypnose bat, bezweifelt sowohl den Anlass wie auch den vom Patienten behaupteten Erfolg der Sitzung und fügt hinzu: *»Manches seiner Ideen, Grübeleien, Erlebnisse, Gefühle u. ihre Schilderungen macht doch oft den Eindruck des Geltungsbedürfnisses (auch vor sich selbst).«*[44] Im Februar 1926 kommt Ernst Ziemke in seinem Gutachten zu dem Schluss, dass sein Patient zwar »als ein ausgesprochener entarteter Psychopath anzusehen« sei und diese Anlagen wesentlich beim »Zustandekommen der strafbaren Handlungen mitgewirkt« hätten, er für seine Straftaten aber dennoch verantwortlich gemacht werden könne, da er sich bei ihrer Begehung »nicht in einem Zustande krankhafter Störung der Geistestätigkeit befunden« habe.[45] Es ist ein Ergebnis in Falladas Sinne, denn er entgeht der Gefahr, dauerhaft hospitalisiert zu werden, und kann auf einen Neubeginn nach überstandener Haft hoffen.

5.

In der Untersuchungshaft in Kiel erhält Fallada die Erlaubnis zu schriftstellerischer Tätigkeit, mit der er hofft, den angerichteten finanziellen Schaden wiedergutmachen zu können.[46] Sind die im Gutachten Ernst Ziemkes überlieferten fünf Erzählungen hier entstanden? Oder hat sich der Gutachter die Manuskripte von der Ditzen-Familie bzw. vom

Gutsverwalter Hoffmann aus Neuhaus schicken lassen?[47] Abgesehen von inhaltlichen Anspielungen auf das gerade erst Erlebte in Pogg, der Feigling, gibt es keine Anhaltspunkte für eine genaue Datierung der Erzählungen.

Zunächst unterscheiden sich die fünf Texte deutlich in Umfang, Art und literarischer Bearbeitungsstufe. Während die hier erstmals veröffentlichte Erzählung Lilly und ihr Sklave wie auch die Erzählung Pogg, der Feigling kürzere Arbeiten sind, stehen Der Apparat der Liebe und Die große Liebe im Hinblick auf Umfang, Erzählzeit und -raum, Handlungsführung, Vielfalt und Charakteristik der Figuren zwischen Erzählung und Roman. Einen Sonderfall bildet das nur knapp dreiseitige Manuskript Robinson im Gefängnis, das sich als frühes Zeugnis für die literarische Beschäftigung mit einem Fallada'schen Lebensmotiv erweist.

Protagonistin der hier zum ersten Mal gedruckten Erzählung Lilly und ihr Sklave ist Sybil Margoniner, ein ungebändigtes Mädchen aus wohlhabendem jüdischem Haus in Berlin. Es gibt keine konkreten Signale, in welcher Zeit die Handlung angesiedelt ist, nach den geschilderten Moralvorstellungen und Verhaltensweisen zu urteilen, könnte aber das Berlin von Falladas eigener Jugend gemeint sein.

Das Manuskript, das wie der Robinson-Text nur in dieser einen Fassung überliefert ist, endet mit einer unter dem letzten Satz mittig auf der Zeile stehenden »2«. Dies legt die Vermutung nahe, dass Lilly und ihr Sklave als Teil einer größeren Arbeit angelegt war und sich noch in einer frühen Bearbeitungsstufe befand, was auch einige flüchtig wirkende Stellen im Text erklären würde. Dennoch ist Lilly und ihr Sklave ein interessanter literarischer Entwurf, in dem Fallada eine der unzähligen Möglichkeiten schildert, in der Liebe zu scheitern.

Lilly, wie Sybil genannt wird, fühlt sich ihren Mitmenschen seltsam unverbunden. Sie testet aus, wie weit sie ihre

Umgebung dazu bringen kann, ihr zu gehorchen. Auch im Verhältnis zu den Männern möchte sie »herrschen«, wie sie es zu Hause bei Eltern und Dienstboten und bei ihren Mitschülerinnen gewohnt ist. Die ersten Erfahrungen der Siebzehnjährigen gehen in dieser Hinsicht auch gut aus. Doch als sie wieder einmal mit einem jungen Mann nur »spielen« will, verliert sie die Kontrolle über das Geschehen und wird vergewaltigt. Sie versucht, die Vergewaltigung zu verbergen, muss aber feststellen, dass sie schwanger ist. Heimlich lässt sie das Kind abtreiben. Von ihrer Umwelt, den Eltern, der Schule und den Freundinnen, entfremdet sie sich zunehmend. Am Ende begibt sie sich in ein Sanatorium, wo andere Regeln im Verhältnis der Geschlechter gelten. Doch auch hier setzt sich das Beziehungsmuster fort, in dem Lilly gefangen ist. Sie lernt einen sterbenskranken Schriftsteller kennen. Die beiden verbindet eine Hassliebe, in der es um Herrschaft und Macht geht, nicht um Zuneigung und Vertrauen. Der Schriftsteller lehrt sie Zynismus, fördert ihren Willen, die Kontrolle zu behalten, und sie erweist sich als gelehrige Schülerin: »Sie feiert sein langsames Sterben, sie bewegt sich in seinem Rhythmus, noch die Blumen auf dem Tisch fügt sie so, dass sie sacht einklingen oder darüber frohlocken.« Der kranke Schriftsteller bleibt davon nicht unberührt, seine Sarkasmen werden nun beinahe zärtlich. Er »schmiegt sich ein in diesen jungen Frauenleib, noch einmal nimmt der Sterbende Maß in ihm wie zu einem Grab«. Als es wenig später ans Sterben geht, lässt sie ihn, ganz sein Geschöpf, allein zurück: »sie überspielt den Meister, sie überrumpelt seine Kühlheit«.

Was Fallada fast seit Beginn seines Schreibens interessiert hat – das komplexe Zusammenspiel psychologischer und erotischer Motive, die beunruhigende Differenz weiblicher und männlicher Wahrnehmung –, grundiert auch den Handlungsablauf in Lilly und ihr Sklave. Die wesentlichen Motive darin finden sich ebenfalls in anderen Erzählungen aus jenem Konvolut wieder – etwa die starke, selbstbewusste Frau als Protagonistin und die Themen Vergewaltigung und Abtreibung (vor allem in Der Apparat der Liebe). Gleich vier der fünf in den Ziemke-Akten aufgefundenen Erzählungen handeln zentral von der Beziehung zwischen den Geschlechtern. Es sind gewiss – neben dem sexualpsychologischen Interesse Falladas, dessen Freud-Lektüre für diese Jahre bezeugt ist – auch eigene Erfahrungen und Nöte gewesen, die sich in der Themenwahl für seine Erzählungen ausdrücken und in der weiblichen Perspektive transformieren. Dazu zählen auch die biographischen Parallelen von Lillys Tanzstundenteilnahme bis hin zu ihrem Sanatoriumsaufenthalt, die der Autor mit seiner Protagonistin gemeinsam hat. Im destruktiven Liebesverhältnis, das Lilly mit dem Schriftsteller eingeht, findet sich nicht zuletzt ein Widerschein jener Furcht, die Fallada seit der Zeit seiner Jugend, seit der Zeit seiner Zwangsvorstellungen auf immer neue Art ausgedrückt hat: der Angst, gerade die zu verletzen, die er liebt. Nur wenige Jahre vor Entstehung von Lilly und ihr Sklave war 1921 die Darstellung von Sexualität in Literatur und Theater im Prozess um Schnitzlers »Reigen« in den Mittelpunkt der gesellschaftlichen Aufmerksamkeit gerückt. Sicher wäre Falladas Erzählung ein Teil dieser vielstimmigen zeitgenössischen Debatte geworden, wenn sie damals publiziert worden wäre, gelingt es ihm doch hier, direkt an die literarische Moderne der 1920er Jahre anzuschließen.

Wie ein »grauenvoller Apparat« erscheint der Protagonistin Marie die Liebe in Der Apparat der Liebe. Auch hier variiert Fallada das Thema von Trieb und Herrschaft aus weiblicher Perspektive, indem er sich in die Perspektive einer einundvierzigjährigen Ehefrau und dreifachen Mutter hineinversetzt, die ihr Liebesleben rekapituliert. Als Marie fünfzehn ist, vertraut ihr ihre Schwester an, vergewaltigt worden zu sein. Die Schwester ist schwanger und sieht keinen anderen Ausweg, als sich das Leben zu nehmen. Diese traumatische Erfahrung überschattet Maries Weg ins Leben. Sie führt später eine Ehe mit einem Gymnasialprofessor, deren Liebe sie nicht erwidert, und lässt sich auf mehrere Affären ein: mit dem Maler Heinz Delbrück, der sie von ihren Verklemmtheiten befreit, mit dem jungen Ernst Hartwig, dem sie sexuell verfällt, und mit dem Dichter Tredup. Stellenweise nimmt die Erzählung die Form eines nüchternen Berichts an. Fallada hat Gelegenheit, die verschiedenen Spielarten und Temperaturzustände menschlicher Beziehungen erzählerisch zu modellieren: den nüchternen Alltag der Ehe, die Leidenschaft und das Gefühl der großen Liebe, die erotische Anziehung und das Versanden der Liebe in Machtspielen. Immer wieder entpuppt sich, was als großes Gefühl beginnt, schon bald als Illusion. Am Ende ist die Hoffnung erschöpft, es gäbe sie, die eine große Liebe.

Wieder spielt Fallada mit Versatzstücken seiner Biographie, wenn er in der Erzählung den Dichter, der einem Brotberuf nachgehen muss, mit Zügen eines Selbstporträts ausstattet: »Der kleine Bankbeamte dort, der tagsüber auf seinem Kontorblock hockte, ungestaltete Träume im Herzen, der sich schlecht nährte und kleidete, um die Bücher besitzen zu können, die er ersehnte, bei Straßenmädchen nach jener Liebe suchte, von der seine Träume voll waren – welch klägliches, schwaches, lebensuntüchtiges Geschöpf war er doch, und wie gläubig, wie zäh, wie schwer endgültig zu entmutigen!« Die Dreierkonstellation Marie, Sepherl und Tredup erinnert an Anne Marie Seyerlen, Lotte Fröhlich (deren Mann der Maler Max Fröhlich war) und Rudolf Ditzen im Berlin der Jahre 1917/18. Wie bei Rudolf seine Freundin Anne Marie ist es in der Erzählung Marie, die den jungen Dichter zu seinem ersten Buch ermutigt.

Auch die Namen sind alles andere als zufällig gewählt: Maries engelsgleiche Schwester Violet wird Weio genannt, ihre äußeren Züge sind nach dem Vorbild der Rittmeisterstochter Violet von Abercron gezeichnet, für die Fallada in Radach schwärmte und die später in »Wolf unter Wölfen« einen Auftritt als Weio bekommt.

Marie trägt stellenweise Züge von Falladas Freundin Anne Marie Seyerlen. Ihr Mädchenname in der Erzählung ist Schildt, Ria Schildt wiederum ist eine Liebschaft, an die Fallada bereits im Greifswalder Gefängnistagebuch von 1924 mit Wehmut zurückdenkt.[48] Im Apparat der Liebe verschmelzen mit »Marie Schildt« die Namen zweier Geliebter im Bild der einen literarischen Figur.

Der Dichter Tredup taucht später noch einmal in Falladas Werk auf, im Roman »Bauern, Bonzen und Bomben« ist er ebenfalls das Alter Ego des Autors. Wahrscheinlich geht man nicht fehl, in Der Apparat der Liebe auch ein Abbild der unterschiedlichen Liebeserfahrungen Falladas in jenen Jahren zu sehen, eine Selbstverständigung in Liebesfragen, die mit einem desillusionierten Resümee schließt. Dass er auch hier seine Geschichte aus der Perspektive einer Frau erzählt, spricht für die literarische Experimentierfreude und Modernität des Autors.

Auch in der Erzählung Die große Liebe nimmt Fallada beim Schildern einer ungleichen und letztlich scheiternden Beziehung über weite Strecken die weibliche Perspektive ein. Thilde, eine in religiöser Strenge unter dem Einfluss ihrer rechthaberischen Mutter aufwachsende »zarte blonde Schönheit«, flieht siebzehnjährig in die Arme von Fritz. Doch was sie sich als Rettung aus der Enge, als Kehrtwende in ihrem Leben ausmalt, bleibt für Fritz eine Episode. Die Wege der beiden trennen sich, sie schreibt Briefe, die er selten beantwortet. Sieben Jahre vergehen, ehe die beiden neu zueinanderfinden, doch nach der Hochzeit erweist sich Fritz als Tyrann, der seine Unabhängigkeit durch Thilde bedroht sieht. Gegen den Willen ihres despotischen Mannes lässt sie ihr erstes Kind taufen, was den Zerfall der Ehe beschleunigt. Fritz wendet sich schroff von ihr ab und betrügt sie. Sie glaubt, die Eifersucht ihres Mannes durch ein Verhältnis mit dessen Freund wecken zu können. Schließlich versuchen es die Eheleute noch einmal miteinander, aber das Scheitern, das angelegt ist in den unterschiedlichen Erwartungen, Gefühlen und Charakteren der beiden, ist nicht mehr abzuwenden. An ihrem Lebensende ist Thilde einsam und empfindet alle Mühe um die »ewige Liebe« als vergebens. Dennoch hat sie nicht aufgehört, Fritz die Treue zu halten: »Noch im Sterben würde sie ihn allein lieben.«

Fallada hat die erzählte Konstellation der Ehe seines Freundes Kagelmacher nachempfunden, die er bei seinen zahlreichen Aufenthalten in Gudderitz auf Rügen aus der Nähe kennengelernt hat. Er selbst schildert sich in der Rolle des Freundes.[49] Thilde flieht zielsicher in ein Beziehungsmuster, von dem sie in der Kindheit geprägt wurde, und Fritz glaubt die Nähe seiner Frau, ihre Liebe und ihren Wunsch nach Gemeinsamkeit mit seinem Drang nach Unabhängigkeit vereinen zu können. Beide kommen gegen ihr Schicksal nicht an. Fatalismus gehört zu den Grundzügen in Falladas Literatur weit über sein Frühwerk hinaus. Bereits in seiner Jugend hat ihn am philosophisch-literarischen Kosmos Schopenhauers, Nietzsches und Hamsuns gerade das angezogen, was er selbst in seiner Lebenswirklichkeit nur als Not erlebt: die Einsamkeit in ihrer literarisch überhöhten Spielart. Das Thema wird Fallada nicht loslassen. In der Schilderung des bis zum Starrsinn eigenwilligen Protagonisten und dessen unglücklicher Ehe liest sich die Erzählung wie eine Vorstudie zum Roman »Wir hatten mal ein Kind«, Falladas Lieblingsbuch, das ein knappes Jahrzehnt später entsteht.

Nicht minder vorbestimmt scheint der Weg des jungen Julius Pogg in der Erzählung Pogg, der Feigling. In der Pose des verhinderten Dandys – forsch, aber auf dünnem Erfahrungsgrund – berichtet Fallada vom Werdegang des jungen Mannes, indem er Versatzstücke eigenen Erlebens neu montiert. Deutlich werden die biographischen Parallelen bei der Schilderung der im Elternhaus empfundenen Bedrängnisse, der Tötung eines Freundes und der Haft. Der fünfunddreißigjährige Buchhalter Pogg, etwa im Alter des Autors, wird auf das Barockschlösschen seines Arbeitgebers Bradley eingeladen und verliebt sich hier in eine der Töchter des Bankiers. Doch Irmgard reist nach Weimar zum Studium der Musik ab, und Pogg verliert den Halt. Er verschwindet mit der Kasse. So wie Hoffmann in der Lebensrealität des Rendanten Rudolf Ditzen kann auch Bradley in der Erzählung nicht glauben, dass sein Angestellter mit der Kasse durchgebrannt sei. Es folgen »Polizeigefängnis, Transport, Untersuchungshaft, Vernehmung«.

Pogg gesteht mehr, als er müsste, er macht »clean breast. ›Endlich einmal den ganzen Salat erledigen, dass man Ruhe hat.‹« Es kommt heraus, dass er schon einmal gesessen hat. Der Richter fragt: »›Sie müssen sich doch etwas dabei gedacht haben, als Sie die Mädchen öffentlicher Häuser mit Tausenden beglückten?‹« Der Angeklagte erwidert: »›Vielleicht war es, dass ich mich hier bei Ihnen, in Ihren Zellen, zur Ruhe setzen wollte –?‹« Diesen Gefallen verweigert ihm der Richter, Pogg wird entlassen. Als »Frosch« (niederdeutsch Pogg), als »käsig, zum Umpusten« beschreibt Fallada seinen Helden, dem er Züge seiner selbst verliehen hat. Tatsächlich lässt sich Pogg leicht »umpusten« von seinem Misserfolg bei der Angebeteten, von den Verführungen durch Tabak und Alkohol. Er plündert eine Ladenkasse und landet umgehend wieder im Gefängnis. Hier findet er »seine kleine, saubere, warme, stille Zelle […], vor deren Tür die Welt aufhörte«.

Die Ratlosigkeit, die der Erzähler am Ende formuliert,

wenn er gesteht, die Geschichte nicht zu verstehen, lässt den Leser nicht unberührt. Gleich zu Beginn wird es ihm freigestellt, die Erzählung als Tatsachenbericht oder Literatur zu lesen. Ist das eine Verlegenheitslösung, weil die realen Ereignisse, auf die Fallada zurückgreift, zu nahe liegen, als dass sie sich der literarischen Gestaltung fügen würden? Die Charaktere bleiben blass, die Handlungen des Protagonisten eher unmotiviert. Angesichts der zahlreichen sehr spezifischen Anspielungen auf seine Situation ist es wahrscheinlich, dass Fallada diese Erzählung in der Kieler Untersuchungshaft geschrieben hat. Dass der Häftling nicht nur die Gelegenheit zum Schreiben hatte, sondern sie auch nutzte, hat Ziemke in seinem Gutachten überliefert: »Da ihm erlaubt war, sich in seiner Zelle schriftstellerisch zu beschäftigen, arbeitete er literarisch und hat eine Reihe kleinerer Arbeiten geschrieben, die meist eigene Erlebnisse behandeln.«[50] Aber sind auch die anderen Erzählungen in Kiel entstanden? Folgerungen, die sich aus der Überlieferungsgeschichte der Manuskripte ergeben, legen dies zumindest nahe.[51]

Im Mittelpunkt des kurzen Textes Robinson im Gefängnis steht ein Motiv, das für Falladas Schreiben lebenslang von Bedeutung war. Als Kind hat er eine Robinsonade mit Bleifiguren geschenkt bekommen, die ihn, wie er in seinem Erinnerungsbuch »Damals bei uns daheim« (1941) schreibt, zu seinen Robinson-Phantasien angeregt haben.[52] In Falladas bisher unbekanntem Robinson-Text bedenkt der Insasse eines Gefängnisses seine Lage und vergleicht sie mit dem Schicksal von Robinson Crusoe in Defoes gleichnamigem Roman. Auch er ist ein Gestrandeter, wie Robinson ist er darauf angewiesen, sein altes Leben hinter sich zu lassen und mit dem wenigen auszukommen, was das Gefängnis ihm bietet. Auch er ist bereit, Ödland zu beackern, wie Isak in Hamsuns »Segen der Erde«. Weil dem Gefängnisinsassen die Welt verwehrt bleibt, lässt er sie in sich neu entstehen. Zugleich deutet er seine Lage als Chance, Abstand zu gewinnen und zur Besinnung zu kommen. Die Zelle wird zum Schutzraum vor den Anfechtungen der Welt, zum Ort der Geborgenheit, Läuterung und der vagen Hoffnung auf ein besseres Leben.[53]

Schon Anfang Juli 1925, vor seiner Haft, erwähnt Fallada in einem Brief an Franz Hessel, er schreibe gerade an einem Roman mit dem Titel »Robinson im Gefängnis«.[54] Im Oktober 1929 wird der hier überlieferte Text grundlegend überarbeitet. Als Unterkapitel fließt er in neuer Gestalt in die postum veröffentlichte Erzählung »Drei Jahre kein Mensch« ein, in der Fallada die Ereignisse in Neuhaus und Kiel 1925 schildert. In einer dritten Überarbeitungsstufe entstehen im Frühjahr 1931 längere Passagen, die er in den Roman »Wer einmal aus dem Blechnapf frißt« übernimmt.[55]

Anders als später im Roman, der fatalistisch ausklingt, scheint in Robinson im Gefängnis noch die Hoffnung des Protagonisten auf Heilung auf. Der Gefangene begreift die disziplinierende Wirkung der Haft als Bedingung für ein glücklicheres Leben in Freiheit. Dies entspricht durchaus der Lebenslage Falladas in jenen Jahren. Die Haft erscheint ihm als letzte noch verbliebene Aussicht, den Umgang mit seinen Süchten zu lernen. »*Er wollte das in sich retten, was wertvoll sei, und darum habe er in den letzten Wochen es sinn- und sinnloser getrieben, er habe sich den Rückweg unmöglich machen wollen*«, zitiert Ziemke im Materialteil seines Gutachtens Fallada. »*Er wisse*«, heißt es weiter, »*dass dies seine Rettung sei und nun, da er im Gefängnis eine Woche sei mitten in den Qualen der Alkohol- und Nikotin-Abstinenz, wisse er um so mehr, dass er recht habe.*«[56]

Das Robinson-Motiv steht aber noch für eine andere, dem Leben eher zugewandte Form der Zuflucht, für die Sehnsucht nach Nähe und Geborgenheit, die bei Fallada sowohl eine infantil-regressive als auch eine erotische Komponente hat. In der emotionalen Beziehung zu Frauen sieht sich Fallada stets als Kind, als »Junge«. Noch der über Fünfzigjährige will von seiner zweiten Ehefrau Ulla gestreichelt werden. Er sieht sich als den letztlich schwächeren Part an der Seite einer starken Frau. Diese Konstellation taucht nicht selten prominent in seinem Werk auf, etwa in den Romanen »Kleiner Mann – was nun?« und »Der Trinker«. Zugleich erscheint die Robinson-Phantasie bei Fallada als Chiffre für sexuelle Erfüllung. Vom »Heimweh-Verlangen in Dich hinein« schreibt er 1917 in einem Brief an Anne Marie Seyerlen.[57] 1924 im Gefängnis in Greifswald hat er, sich selbst als Robinson beschreibend, »einen typischen Beischlaftraum«: »der Schacht die weibliche Scheide, in die ich gern hineinwollte, das Zimmer, in das ich nie kam, die Gebärmutter«.[58] Und in einer für die Buchveröffentlichung von 1932 gestrichenen Passage in »Kleiner Mann – was nun?« heißt es über Robinson/Pinneberg: »In seinen Wunschträumen kriecht er in die Erde zurück, in den Beutel, die Gebärmutter, in den Mutterschoß, in dem man ihm nichts tun kann, in dem er keine Angst zu haben braucht.«[59]

Nicht anders ersehnt Fallada 1944 »eine Zuflucht im Bauch der Erde« oder lässt im »Alpdruck« 1946 sein Alter Ego eine Einschlafphantasie träumen, in der er als »Robinson ohne Freitag« auf einer Insel in einer Höhle lebt: »Ja am liebsten erfand er sich einen tiefen Talkessel zwischen hohen und steilen Felswänden, und in diesen Kessel führte nur ein langer dunkler Felsentunnel, der leicht mit Steinen zu verrammeln war. [...] Im Grunde aber – und das wusste Doll seit der Lektüre der Freudschen Schriften recht gut – bedeutete diese Felsenhöhle oder der geschützte Talkessel nichts anderes als den Schoß der Mutter, in den sich der Bedrohte zurückwünschte.«[60] Die im Ziemke-Gutachten überlieferte Skizze Robinson im Gefängnis ist der früheste Beleg für die literarische Verdichtung eines Motivs, das für Falladas Sehnsucht nach menschlicher Nähe und nach dem Zustand seelischen Gleichgewichts steht, der ihm aufgrund seiner psychischen Konstitution immer nur für kurze Zeit vergönnt war.

6.

Ein halbes Jahr sitzt Fallada in Untersuchungshaft in Kiel. Nach seiner Verurteilung Ende März 1926 wird er am 17. April auf die Station C 4, Zelle 284, des Zentralgefängnisses Neumünster überführt. Das Kieler Gutachten Ernst Ziemkes verschwindet über Jahrzehnte im Archiv, mit ihm die Manuskripte der fünf hier abgedruckten Erzählungen. Ihre Wiederentdeckung schließt eine Lücke, denn die Erzählungen sind Zeugnisse eines literarischen Übergangs. Sie sind nicht mehr im avantgardistisch-spätexpressionistischen Stil des »Goedeschal«-Romans verfasst und noch nicht im Tonfall der Neuen Sachlichkeit wie der Roman »Bauern, Bonzen und Bomben«. Schon früh saugt Fallada in allen Sphären, in die es ihn verschlägt, das Material für seine Bücher auf – im Elternhaus, das vom Richterberuf des Vaters geprägt ist, in Schule, Sanatorium und Heilanstalt, in der Berliner Halb- und Künstlerwelt, auf den Landgütern und schließlich auch im Gefängnis. Aber erst nach seiner Haftzeit in Neumünster entstehen Bücher, die gesättigt sind von einer Lebenserfahrung, die hinausgeht über die Beschränkung des Autors auf sich selbst und den engen Kreis, in dem er sich beruflich bewegte.

Fast zwei Jahre verbringt Fallada im Zentralgefängnis in Neumünster. Literarisches ist aus dieser Zeit nicht überliefert. Er verfasst lediglich Briefe, die an seinen Schwager, den Rechtsanwalt Fritz Bechert, und an seine Mutter gerichtet sind. Nur Wochen vor seiner Entlassung beantragt der Gefangene im Januar 1928 die Wiederaufnahme seines Verfahrens. Er gibt an, seinerzeit »etwa 7 Straftaten«, die er »vor seiner Morphiumzeit« begangen haben will, erfunden zu haben – aus Angst, dauerhaft in eine psychiatrische Anstalt gesperrt zu werden.[61] Jetzt dreht er seine Argumentation um und möchte wegen seiner Sucht als unzurechnungsfähig gelten. Er hofft, dass seine Haft auf diese Weise aus dem Strafregister gelöscht wird und er ohne Belastung neu beginnen kann. Aus formalen Gründen wird sein Antrag jedoch abgelehnt. Im Mai 1928 wird Fallada auf freien Fuß gesetzt.

Kurz darauf lernt er seine spätere Frau kennen. Vor ihm liegen zwei Jahrzehnte, in denen sein Hauptwerk entsteht. Er wird als Schriftsteller erfolgreich und berühmt werden, eine Familie gründen, ein Haus kaufen, häufig abstürzen, wieder von vorn beginnen und sein Glück schließlich doch verspielen. Er wird sich politisch verstricken, ins Blickfeld von Goebbels geraten und schließlich die Hilfe von Johannes R. Becher annehmen. Während dieser Zeit, in der mehr als zwei Dutzend seiner Bücher entstehen, kämpft er mit unglaublicher Energie gegen die Anfechtung, in Phasen der Niedergeschlagenheit den »dumpfen Druck im Hinterkopf« mit Alkohol, Schlafmitteln oder Morphium zu betäuben.[62] Im Februar 1947 stirbt Fallada an den Folgen seiner Abhängigkeit, aber die produktive Kehrseite dieser Sucht überlebt ihn in Gestalt seiner Bücher.

Anmerkungen

1 Urteil des Landgerichts Kiel, HFA (Hans-Fallada-Archiv, Carwitz) S 90.

2 Die erste Auswertung des Aktenfunds erfolgte durch den Beitrag »Die forensisch-psychiatrische Begutachtung des Schriftstellers Hans Fallada durch den Gerichtsmediziner Ernst Ziemke im Jahr 1926« von Johanna Preuß-Wössner und Jan Armbruster, erschienen in: Archiv für Kriminologie, 245 (2020), S. 118–133.

3 Auskunft von Falladas Schwester Elisabeth Hörig. In: Gutachten Rudolf Ditzen, LASH (Landesarchiv Schleswig-Holstein), Acc34/89.

4 Ausgewählte Werke in Einzelausgaben, 10 Bde., hrsg. von Günter Caspar, Berlin 1962–1987, Band X, S. 73.

5 Selbstauskunft in der Krankenakte Rudolf Ditzens aus der Provinzialheilanstalt Stralsund, Landesarchiv Greifswald, Rep. 56, S. 4. Ditzen datiert den Zeitraum, in dem er von Zwangsvorstellungen betroffen war, auf die Zeit vom 16. bis 19. Lebensjahr.

6 Adelaide Ditzen an Paul Schönhals, 18. 3. 1912. In: Krankenakte Rudolf Ditzen aus der Provinzialheilanstalt Stralsund, Landesarchiv Greifswald, Rep. 56, S. 163.

7 Rudolf Ditzen an Anne Marie Seyerlen, 24. 12. 1917. In: Cecilia von Studnitz, Ich bin nicht der, den Du liebst. Die frühen Jahre des Hans Fallada in Berlin, Neubrandenburg 2007, S. 117.

8 Gutachten Rudolf Ditzen, LASH, Acc34/89, Bl. 8r.

9 Krankenakte Rudolf Ditzen aus der Provinzialheilanstalt Stralsund, Landesarchiv Greifswald, Rep. 56, S. 163.

10 Rudolf Ditzen an seine Eltern, 27. 9. 1925 (Abschrift). In: Gutachten Rudolf Ditzen, LASH, Acc34/89, S. 2.

11 Günter Caspar, Nachwort. In: Hans Fallada: Ausgewählte Werke in Einzelausgaben, 10 Bde., hrsg. von Günter Caspar, Berlin 1962 bis 1987, Band IX, S. 680.

12 Rudolf Ditzen an den Gutsbesitzer Hans Döring, 19. 9. 1922 (Abschrift aus den Bunzlauer Gerichtsakten). In: Gutachten Rudolf Ditzen, LASH, Acc34/89.

13 Rudolf Ditzen an seine Eltern, 27.9.1925 (Abschrift). In: Gutachten Rudolf Ditzen, LASH, Acc34/89, S.2.

14 Rudolf Ditzen an Ernst Ziemke, 4.11.1924. In: Gutachten Rudolf Ditzen, LASH, Acc34/89.

15 Gutachten Rudolf Ditzen, LASH, Acc34/89, Bl.11v.

16 Rudolf Ditzen an seine Eltern, 27.9.1925 (Abschrift). In: Gutachten Rudolf Ditzen, LASH, Acc34/89, S.3.

17 Ebenda.

18 Ebenda.

19 Ebenda, Bl.20v.

20 Ebenda, Bl.12v.

21 Ebenda, Bl.20v.

22 HFA S 90.

23 Hans Fallada, Drei Jahre kein Mensch, Sachlicher Bericht über das Glück, ein Morphinist zu sein, hrsg. von Günter Caspar, Berlin 2011, S.26.

24 Wert des Geldes nach dem von der Bundesbank für 1925 errechneten Kaufkraftäquivalent in Bezug auf das Jahr 2019 (Faktor 3,8 von Reichsmark zu Euro).

25 Gutachten Rudolf Ditzen, LASH, Acc34/89, Bl.13v.

26 Ebenda, Bl.1r.

27 Ebenda, Bl.14r.

28 An Elisabeth Ditzen, 16.9.1925, HFA S 90.

29 Rudolf Ditzen an seine Eltern, 27.9.1925 (Abschrift). In: Gutachten Rudolf Ditzen, LASH, Acc34/89, S.6.

30 Ebenda, S.1.

31 Zitiert nach: Jürgen Manthey: Hans Fallada mit Selbstzeugnissen und Bilddokumenten, Reinbek 2007, S.64.

32 Erinnerung von Margit Elbers, Tochter des Gutsbesitzers, 1.4.1973, DLA (Deutsches Literaturarchiv Marbach) A: Fallada/Bechert.

33 HFA S 90. Ein Schreiben des Oberstaatsanwalts in Kiel an Fritz Bechert vom 25.9.1925 (zu dieser Zeit war der Gefangene noch in Berlin) enthält die Auskunft, Fallada hätte sich in Gramenz der Polizei gestellt. (Abdruck in: Gunnar Müller-Waldeck, Roland Ulrich

[Herausgeber] unter Mitarbeit von Uli Ditzen: Hans Fallada. Sein Leben in Bildern und Briefen, Berlin 1997, erweiterte Neuauflage Berlin 2012, hier S. 73). Dies steht im Widerspruch zum Festnahmeprotokoll des Polizeipräsidiums Berlin vom 18. 9. 1925 in der jetzt aufgefundenen Akte sowie zum hier zitierten Telegramm Hoffmanns an die Ditzen-Eltern.

34 HFA S 90.

35 24. 10. 1925, zitiert nach: Jürgen Manthey: Hans Fallada mit Selbstzeugnissen und Bilddokumenten, Reinbek 2007, S. 64.

36 Zitiert nach: Caspar, Nachwort. In: Hans Fallada, Drei Jahre kein Mensch, Sachlicher Bericht über das Glück, ein Morphinist zu sein, hrsg. von Günter Caspar, Berlin 2011, S. 148.

37 Gutachten Rudolf Ditzen, LASH, Acc34/89, Bl. 19 r.

38 Ebenda.

39 Ebenda, Bl. 6v f. Ziemke zitiert in seinem Gutachten den Brief von Fritz Bechert an den Oberstaatsanwalt in Kiel, 30. 9. 1925 (HFA S 90).

40 Krankenakte Rudolf Ditzen aus der Provinzialheilanstalt Stralsund, Landesarchiv Greifswald, Rep. 56 (unpaginiert). Die Zwangsvorstellung, sich in Fensterscheiben stürzen zu müssen, verfolgt ihn in Krisensituationen ein Leben lang – noch im Dezember 1946 droht er in der Psychiatrischen und Nervenklinik der Charité, die Fenster eines Zimmers einzuschlagen. Als Motiv taucht die zerbrochene Fensterscheibe auch in seiner Literatur auf, etwa in der 1920 im Sanatorium in Carlsfeld entstandenen Novelle »Die Kuh, der Schuh, dann du«, in der die Pulsadern eines Anstaltsinsassen vom Glas der Fensterscheiben »zerscherbt« sind.

41 Krankenakte Rudolf Ditzen aus der Provinzialheilanstalt Stralsund, Landesarchiv Greifswald, Rep. 56.

42 So hat er in Tannenfeld seine Tante brieflich über seine erotischen Neigungen orientiert und der Schwester Elisabeth ein Exemplar seiner frühen Gedichtsammlung »Gestalten und Bilder« zugesandt, in der er sämtliche Spielarten der Sexualität inklusive Sodomie und Nekrophilie in Gedichtform durchspielt.

43 Etwa im Gedicht »Abendspaziergang«, das in einer Sammlung von zwischen 1912 und 1917 entstandenen Gedichten Ditzens enthalten ist (»Gestalten und Bilder«). Erste komplette Veröffentlichung in: Rudolf Ditzen, Versensporn – Heft für lyrische Reize 32, hrsg. von Tom Riebe, Jena 2018. Auch in der Novelle »Die Kuh, der Schuh, dann du« (1921) ist die Sexualität von Mensch und Tier als Motiv präsent. In der Erzählung »Blanka, eine geraubte Prinzessin«, die vermutlich in das Umfeld des verschollenen Manuskripts »Liebesgeschichten mit Tieren« gehört und die später in den Roman »Wir hatten mal ein Kind« (1934) eingefügt wird, taucht das Thema gleichfalls auf. Spuren finden sich außerdem in der Krankenakte aus Tannenfeld (Eintrag Tecklenburg vom 15. 9. 1913, HFA 59/2), in der Stralsunder Akte (Krankenakte Rudolf Ditzen aus der Provinzialheilanstalt Stralsund, Landesarchiv Greifswald, Rep. 56, S. 3 ff.), in den darin befindlichen Notizen vom 19. 10. 1921 (unpaginiert) sowie im Gutachten Ziemkes (Übernahme aus der Stralsunder Akte und Selbstauskunft Ditzens gegenüber Ziemke in: Gutachten Rudolf Ditzen, LASH, Acc34/89, Bl. 8r, 18v).

44 HFA 59/2, Krankenakte Tannenfeld. Den Hinweis auf diese Stelle verdanke ich Erika Becker, HFA Carwitz.

45 Gutachten Rudolf Ditzen, LASH, Acc34/89, Bl. 21v.

46 Ebenda, Bl. 2r, sowie: ebenda, Brief an Adelaide Ditzen vom 18. 10. 1925 (Abschrift), S. 6 (»Den angerichteten Schaden hoffe ich ersetzen zu können, da mir erlaubt ist, hier schriftstellerisch zu arbeiten.«).

47 So fragt etwa Falladas Schwester Elisabeth bei ihrem Schwager Fritz Bechert an, ob es sinnvoll sei, das in ihrem Besitz befindliche »sehr verrückte« Manuskript »Die Kuh, der Schuh, dann du« herbeizuschaffen (Elisabeth Hörig an Fritz Bechert, 14. 1. 1926, HFA S 90). In Neuhaus hat der Administrator Hoffmann neben 92 anderen Positionen auch »2 Mappen mit schriftstellerischen Arbeiten« seines Rendanten sichergestellt (HFA S 90).

48 Nach Ria, der Kurzform von Maria, benennt er auch die Protagonistin in »Länge der Leidenschaft«, einer anderen Erzählung.

49 Die Ehe Kagelmachers wurde später geschieden. Dessen Frau hat
    Fallada wegen seines aus ihrer Sicht schlechten Einflusses auf ihren
    Mann eine Mitschuld am Scheitern ihrer Ehe gegeben.

50 Gutachten Rudolf Ditzen, LASH, Acc34/89, Bl. 16v.

51 Vgl. Editorische Notiz.

52 Hans Fallada: Ausgewählte Werke in Einzelausgaben, 10 Bde., hrsg.
    von Günter Caspar, Berlin 1962–1987, Band X, S. 241 f. (»Damals
    bei uns daheim«).

53 In der Stralsunder Krankenakte steht: »erwünscht Gefängnis,
    um die Eindrücke der Umwelt auszuschalten« (Krankenakte Ru-
    dolf Ditzen aus der Provinzialheilanstalt Stralsund, Landesarchiv
    Greifswald, Rep. 56). Die Vorstellung vom Gefängnis als Insel,
    als Fluchtort und Ruhepunkt, variiert Fallada auch in der Erzäh-
    lung »Einbrecher träumt von der Zelle« (1931), die zugleich den
    Schluss des Romans »Wer einmal aus dem Blechnapf frißt« vor-
    wegnimmt, in dem der Kleinkriminelle Kufalt seine Rückkehr
    in die Zelle mit den Worten kommentiert: »Fein, wenn man wie-
    der so zu Hause ist« (Hans Fallada: Ausgewählte Werke in Ein-
    zelausgaben, 10 Bde., hrsg. von Günter Caspar, Berlin 1962 bis
    1987, Band III, S. 543).

54 7. 7. 1925, in: Michael Töteberg, Sabine Buck (Herausgeber),
    Hans Fallada, Ewig auf der Rutschbahn. Briefwechsel mit dem
    Rowohlt Verlag, Reinbek 2008, S. 46. In dieser Zeit hat Fallada
    seine Hafterfahrung in Greifswald auf verschiedene Weise ver-
    arbeitet, u. a. mit dem Beitrag »Stimme aus den Gefängnissen« für
    Rowohlts »Tage-Buch« (3. Januar 1925, wieder abgedruckt in:
    Hans Fallada: Ausgewählte Werke in Einzelausgaben, 10 Bde.,
    hrsg. von Günter Caspar, Berlin 1962–1987, Band III, S. 586 bis
    595).

55 In einem Brief an Will Vesper vom 4. 7. 1934 hat sich Fallada über
    die verschiedenen Bearbeitungsstufen von »Wer einmal aus dem
    Blechnapf frißt« geäußert, ein erster Entwurf gehe zurück auf die
    Zeit Juni bis August 1924 (DLA 76.2083/2).

56 Gutachten Rudolf Ditzen, LASH, Acc34/89, Bl. 5r.

57 14. 10. 1917, in: Cecilia von Studnitz, Ich bin nicht der, den Du liebst. Die frühen Jahre des Hans Fallada in Berlin, Neubrandenburg 2007, S. 101.

58 Hans Fallada, Strafgefangener Zelle 32, Tagebuch 22. Juni bis 2. September 1924, hrsg. von Günter Caspar, Berlin 1998, S. 90.

59 Hans Fallada, Kleiner Mann – was nun?, ungekürzte Neuausgabe 2016, S. 172.

60 Hans Fallada, In meinem fremden Land. Gefängnistagebuch 1944, hrsg. von Jenny Williams und Sabine Lange, Berlin 2009, S. 263, sowie: Hans Fallada: Ausgewählte Werke in Einzelausgaben, 10 Bde., hrsg. von Günter Caspar, Berlin 1962–1987, Band VII, S. 443 (Der Alpdruck).

61 HFA S 90.

62 Krankenakte Rudolf Ditzen aus der Provinzialheilanstalt Stralsund, Landesarchiv Greifswald, Rep. 56.

Das bisher unveröffentlichte Manuskript Wer kann da Richter sein? *gehört nicht zum Konvolut der im Ziemke-Gutachten aufgefundenen Erzählungen. Formale Merkmale legen jedoch eine enge Verbindung zu den Geschichten* Lilly und ihr Sklave, Der Apparat der Liebe *und* Die große Liebe *nahe (siehe Editorische Notiz).*

Wer kann da Richter sein? *fügt sich nicht nur formal in die Überlieferung ein, sondern weist auch zahlreiche inhaltliche Parallelen zu den im gleichen zeitlichen Kontext entstandenen Erzählungen auf, die etwa die juristische Sphäre als Sujet, den Wandel moralischer Normen im Hinblick auf Sexualität und die Stellung der Frau in der Gesellschaft als Thema betreffen.*

Hans Fallada

Wer kann da Richter sein?

Nun wird sich ja wohl über kurz oder lang in Berlin jener Prozess abspielen, in dem eine Tochter gegen ihren Vater wegen Körperverletzung, denke ich, klagen wird. Man erinnert sich gut: zwei Töchter des Kriminalbeamten Weber gingen mit einer Freundin ins Wasser, ertränkten sich, weil ihnen das Leben untragbar, schmutzig, hässlich geworden schien. Die dritte der Schwestern, unsäglich erschüttert, will gegen den Vater vortreten, der die Schuld an diesen vertanenen Leben tragen soll.

Manchmal, wenn ich nicht einschlafen kann, spiele ich mir diesen Prozess vor, mit fingierten Personen, ohne Detailkenntnis, einen Dutzendprozess, nur durch die Schwere des Opfers von unzähligen gleichgearteten unterschieden. Leicht, nicht wahr, scheint es, zu erraten, welche Beweggründe die Schwester zu ihrem Schritt getrieben: die tausendmal Gedemütigte, die Stille, die dem Kampf auswich, die von dem Vater, der neuen Mutter wegzog, ein Leben für sich zu beginnen, sie musste schrecklich aufhorchen, als die Nachricht von jenem dreifachen Tode sie erreichte. Hatte sie nicht eine Pflicht versäumt? Sie hatte gemeint, nur für sich stille zu sein, nur für sich auszuweichen, nun erwies es sich, dass sie für die Schwestern mit geschwiegen hatte. Nun, wenn sie für sich klagt, klagt sie für die schweigenden Toten, klagt sie gegen den Vater, entsühnt die Schwestern, entschuldet sie.

Mehr im Hintergrunde, eine halbdunkle Gestalt, dieser Vater. Man weiß so wenig von ihm, es liegt so nahe, gegen ihn Partei zu sein, die Jugend gegen das Alter, drei tote Mädchen gegen einen lebenden Beamten. Was hat er denn getan? Er hat erwachsenen Mädchen eine neue Mutter gegeben, seine Tochter »liederlich« und »verseucht« geschimpft, sie geschlagen.

Nein, hier weiß man nichts, alles dunkel. Alles Vorhergegangene müsste aufgerollt werden, und man würde kaum anderes finden als dieses: Scheltworte, Schläge. Irgendeinmal war es dann zu viel. Wer soll da Richter sein? Wo entscheiden, ob grade aus des Vaters Hand der Tropfen kam, der über den Rand des Gefäßes lief?

Zwar: ein Kriminalbeamter … Kaum wird dieser Mann ein Verehrer der Frauen, ein Freund der Menschen gewesen sein. Das war sein Schicksal, dass sein Beruf auf ihn abfärben musste. Wer tagaus, tagein, ein Leben hindurch, sein ganzes Leben hindurch, Dirnen und Zuhältern, Diebinnen und Einbrechern Fallen stellen, sie einschüchtern, überlisten, erraten muss, wer sein Lebtag in Elend und Verbrechen zu wühlen hat, er wird zu sehr geneigt sein, leichte, auch leichtsinnige, tänzerische Schritte junger Menschen für das zu nehmen, was sie nicht sind, doch sein könnten: Vergehen, Verbrechen, Vorboten dieser beiden.

Auch er hatte gemeint, das Rechte zu tun, einem alle Verachtenden war es nicht gegeben, Halt zu machen in seiner Verachtung vor dem eigenen Kinde.

Doch nun schiebt sich in meinem nächtlichen Schattentheater – man erinnert sich doch, in einer fingierten Welt, mit Durchschnittsfiguren, spiele ich mir eine Dutzendgeschichte ab, man erinnert sich doch? –, nun schiebt sich zwischen die Parteien eine dritte Figur, wächst, wird riesengroß, von ihr wird die Lösung erwartet, muss sie kommen: der Richter.

Alles ist ja so einfach. Da ist ein Amtsgericht mit so und so viel Richtern für so und so viele Bezirke, und der und der

Richter ist von Schemas wegen zuständig in dieser Sache, er hat zu entscheiden.

Wenn es auch Nacht ist, der Schlaf noch immer nicht kommt, ins Ungemessene wollen wir darum doch nicht phantasieren.

Keine Furcht! Wir wissen zu gut, derartig unwägbare Dinge sind erst recht in keinem Prozess zu wägen, es ist auch gar nicht Sache eines Prozesses, sie zu wägen. Der Richter hat festzustellen, ob eine Körperverletzung stattgefunden hat oder nicht, das ist alles.

Nein, die Klägerin wird wohl doch nur für sich handeln, nie für die toten beiden Schwestern. Nein.

Aber etwas anderes ereignet sich nun, ein grotesker Gedanke kommt mir, nach so viel Schwulst etwas sehr Triviales: ein Bedenken. Ja, sage ich in mir, wird man denn, kann ich denn dieser Tochter völlig glauben? Der Vater hat ihr Liederlichkeit vorgeworfen, sie wird also einen Liebhaber haben, sie ist nicht verheiratet, davon ist nichts bekannt, also –? Sie ist mündig, zweifelsohne, den Vater ging das eigentlich nichts mehr an, sicher, aber schließlich ist er doch der Vater. Das kann man am Ende verstehen, so ein Mädchen, gestern war sie unmündig, da durfte ich sie noch schlagen, heute ist sie mündig, wenn da die Hand noch einmal ausrutscht …

Sie ist unsittlich, und wer unsittlich ist, der lügt auch. Ihre Glaubhaftigkeit ist vermindert, ihre Angaben sind mit Vorsicht aufzunehmen, sie will sich entlasten.

Nun spricht wieder etwas anderes: manches Jahr ist es schon her, dass Alfred Kerr sagte, die Zeiten des geschlechtlichen Alleinbesitzes gingen vorüber, seien schon beinahe vorbei, es mehrten sich die Anzeichen … Mancher ist seiner Ansicht geworden. Aber hundert Jahre dauert das noch, bis es anerkannt wird, in den Kreis offizieller Betrachtungen einbezogen.

Wir, wir sind noch hundert Jahre zurück. Wir halten immer noch bei der Virginität des jungen Mädchens. Ein Mädchen, das keinen Liebhaber gehabt hat, ist anständig (und glaubwürdig), aber ein Mädel, das einen Liebhaber gehabt hat, ist unanständig (und vermindert glaubwürdig). Wer illegitim besessen worden ist, ist im Wert herabgesetzt.

Alte Geschichten? Uralte! Und doch sehen wir immer wieder und werden es auch diesmal wieder sehen, unsere ganze Umwelt steht auf und schreit: unsittlich! Recht ist ihr geschehen!

Wer kann da richten –? Einer jener, die auf Moral schwören, täte der Tochter Unrecht, und einer von denen – muss ich der Parallelität halber sagen, die auf Unmoral schwören –? – dem Vater!

Eine Sackgasse, nicht wahr, hier geht es nicht weiter, wenn der Urfall dieses Falls entschieden werden soll, so kann er eben nicht entschieden werden.

Dieser Dutzendfall für alle Fälle. Richter, die nie Kaufleute waren, entrüsten sich über einen, der einen Wechsel unterschreibt, für den noch keine Deckung da ist, der erst aus späteren, immerhin nicht mathematisch sicheren Einnahmen gedeckt werden soll, Richter, die politisch entschieden Partei sind, entscheiden politische Prozesse, Richter, deren künstlerische Bedürfnisse sich nicht über das Ullsteinbuch erheben, urteilen über Kunst. Wie kann das anders sein? Sind sie keine Menschen? Werden sie nicht ihre Töchter zu verteidigen meinen gegen jene Tochter?

Und: es ist nun einmal nicht anders, für den Richter gibt es eine rein fiktive Welt, eine Welt der festgesetzten Normen, dort ist die Jungfräulichkeit des Mädchens festgesetzt, das normale Schamgefühl urteilt über Kunst, und Kredit beansprucht nur, wer Deckung bereits hat. Eine irreale Welt, eine Welt, die nichts, nichts mit dem Leben gemein hat.

Wenn dem aber so ist, warum erregen wir uns so, warum

haben wir noch immer nicht gelernt, diese irreale Welt als etwas Gegebenes hinzunehmen? Warum schreien wir nach Gerechtigkeit?

Es sitzt in uns – mit anderen Lügen – von der Kindheit, von der Schule her, dass Recht und Gerechtigkeit sich decken, sich wenigstens decken sollen. Ach, sie decken sich nicht, sie haben nicht einmal etwas miteinander gemein. Wir müssen von unsern ungerechten Ansprüchen ablassen.

Kein Urteil, das gefällt wird, wird endgiltig gefällt. Es kommt eine andere Generation, mit ihr ein anderes Denken. Und jede Generation hat ihre Hexenprozesse gehabt, und jede kommende wird sie haben. Doch bleibt zu wünschen, dass der Richter nicht gar zu hartnäckig seine Welt gegen das Leben verteidige. Urteilen, verwerfen ist nichts, verstehen alles.

Doch auch dann noch kann kein Richter gerecht sein und kein Urteil irgendetwas entscheiden.

Editorische Notiz

Grundlage für die im vorliegenden Band publizierten Erzählungen sind die Manuskripte in Ernst Ziemkes Gutachtenmappe zu Rudolf Ditzen. Die Akte wurde 2018 von Johanna Preuß-Wössner im Landesarchiv in Schleswig wiederaufgefunden (LASH, Acc34/89) und 2020 von ihr zusammen mit Jan Armbruster erstmals in dem Beitrag »Die forensisch-psychiatrische Begutachtung des Schriftstellers Hans Fallada durch den Gerichtsmediziner Ernst Ziemke im Jahr 1926« ausgewertet (in: Archiv für Kriminologie, 245 [2020], S. 118–133).

Die Akte enthält neben dem eigentlichen Gutachten Ziemkes in einer handschriftlichen und einer maschinenschriftlichen Fassung einen handschriftlichen Brief Falladas an Ziemke, Abschriften von Briefen Falladas an seine Eltern und seine Tante Adelaide Ditzen, eine Notiz des Berliner Polizeipräsidiums, Kopien der psychiatrischen Vorgutachten sowie die hier gedruckten literarischen Arbeiten.

Fallada schreibt mit Tinte auf liniertem Schreibpapier. Er hat (zumeist fünf) großformatige Bogen durch Falten halbiert und heftartig zu einer losen Papierlage zusammengelegt. Lilly und ihr Sklave umfasst 18 handschriftliche Seiten auf einer eigenen Papierlage. Robinson im Gefängnis (S. 1–3), Pogg, der Feigling (S. 3–10) und Die große Liebe (S. 10–46) sind fortlaufend auf den Seiten einer gemeinsamen Papierlage geschrieben. Der Apparat der Liebe umfasst 65 handschriftliche Seiten wiederum auf einer eigenen Lage.

266

Die Texte Lilly und ihr Sklave und Robinson im Gefängnis werden hier zum ersten Mal veröffentlicht. Die Erzählungen Der Apparat der Liebe und Die große Liebe sind nach den im Archiv der Akademie der Künste in Berlin überlieferten Manuskripten in anderer Textgestalt bereits erschienen: Hans Fallada, Frühe Prosa in zwei Bänden, Band 2, hrsg. von Günter Caspar, Aufbau-Verlag, Berlin 1993, S. 113–174 bzw. S. 175–280. Pogg. der Feigling wurde (gleichfalls in anderer Textgestalt) nach einem im Hans-Fallada-Archiv in Carwitz überlieferten Manuskript erstmals gedruckt in: Hans Fallada, Junge Liebe zwischen Trümmern, hrsg. mit einem Nachwort von Peter Walther, Aufbau Verlag, Berlin 2018.

Bei den in der Gutachtenmappe Ziemkes aufgefundenen Manuskripten der Erzählungen Der Apparat der Liebe, Die große Liebe und Pogg. der Feigling handelt es sich um Überarbeitungen der bisher schon bekannten Textversionen. Fallada hat dabei durchgehende Textänderungen vorgenommen, die vor allem die Präzision des Ausdrucks, den Satzrhythmus, u. a. auch durch Änderungen der Interpunktion, sowie Korrekturen von Irrtümern oder Fehlern und die Abschwächung erzählerischer Redundanz betreffen.

Zu der frühen Fassung von Der Apparat der Liebe existiert ein weiterer, abweichender Schluss, den Fallada entweder vor der hier gedruckten verbesserten Fassung schrieb oder, was wahrscheinlicher ist, zu einem Zeitpunkt, da ihm besagte Abschrift nicht mehr vorlag.

Die Kollationierung aller Erzählungen erfolgte durch Magdalena Frank (Berlin).

Robinson im Gefängnis und Lilly und ihr Sklave liegen nur in der Textgestalt vor, wie sie in der Ziemke-Akte überliefert ist. Letzteres Manuskript weist eine formale Verwandtschaft mit den andernorts überlieferten Manuskripten der frühen Textversionen von Der Apparat der Liebe, Die große Liebe und Pogg, der Feigling auf, die sich in der Ähnlichkeit von Schrift, Papier, Blattaufteilung, Paginierung bis hin zu einem charakteristischen Falz der Manuskripte zeigt. Zur gleichen Überlieferungsgruppe gehört auch das bisher unveröffentlichte Fallada-Manuskript »Wer kann da Richter sein?« (HFA N 55), das allerdings nicht in der Gerichtsakte enthalten ist. Es wird wegen der inhaltlichen und entstehungszeitlichen Nähe im Anhang abgedruckt.

Die biographischen Bezüge in Pogg, der Feigling auf das gerade erst Erlebte deuten darauf hin, dass Fallada diese Erzählung in der Haft in Kiel geschrieben hat. Somit muss auch die hier gedruckte Überarbeitung im Gefängnis entstanden sein. Da Pogg, der Feigling auf einer gemeinsamen Papierlage mit Robinson im Gefängnis und Die große Liebe überliefert ist, trifft dies zumindest auch auf die Überarbeitung dieser Erzählungen zu. Ob die formalen Übereinstimmungen, wie sie Lilly und ihr Sklave sowie die Manuskripte der frühen Textversionen von Pogg, der Feigling und Die große Liebe aufweisen, überdies bedeuten, dass alle diese Texte in der Kieler Untersuchungshaft entstanden sind, bleibt indes unklar.

Orthographie und Interpunktion in dieser Ausgabe folgen der neuen Rechtschreibung. Offensichtliche Irrtümer oder falsche Schreibweisen wurden stillschweigend korrigiert, wobei Eigenheiten des Autors gewahrt blieben. Zitate aus der wiederaufgefundenen Ziemke-Akte wurden im Nachwort kursiv markiert.

Der Abdruck der Fallada-Handschriften (S. 2 und S. 204) erfolgt mit freundlicher Genehmigung des Landesarchivs Schleswig-Holstein (Kiel), der Abdruck der Abbildungen im

Nachwort von Johanna Preuß-Wössner mit freundlicher Genehmigung von

Justizvollzugsanstalt Neumünster: 8
Landesarchiv Schleswig-Holstein (Kiel): 1, 7
Tilmann Ziemke (Kiel): 2, 3, 4, 5, 6

Hans Fallada
Junge Liebe zwischen Trümmern
Erzählungen
298 Seiten. Broschur
ISBN 978-3-7466-3610-8
Auch als E-Book lieferbar

Hans Falladas unveröffentlichte Geschichten.

Welch ein Fund: Von den Erzählungen, die Hans Fallada im Laufe seines Lebens geschrieben hat, sind über zwanzig bedeutende Texte den Lesern unbekannt, da sie noch nie veröffentlicht wurden oder direkt für eine Zeitschrift verfasst waren. Sie zeigen den vertrauten Autor in Hochform und lassen uns zugleich neue Seiten an ihm entdecken.

Diese Geschichten aus vier Jahrzehnten führen in Falladas Welten – zu gefährlichen Büchern und glücklichen Schreibstunden, zu einer Bestatterin mit ungewöhnlicher Vorliebe, zu einem alten Pott in der U-Bahn, der unerwartet zur Liebeserklärung wird, und zu einer jungen Liebe, die sich zwischen den Trümmern der Nachkriegszeit behaupten muss.

»Fallada hatte die Energie, die Welthaltigkeit, das Gespür für gesellschaftliche Konflikte und das Talent, sie virtuos zu erzählen.« Thomas Hüetlin, DER SPIEGEL

Regelmäßige Informationen erhalten Sie über unseren Newsletter.
Jetzt anmelden unter: www.aufbau-verlag.de/newsletter

aufbau taschenbuch